超级聪明的学习者

（教师版）

揭秘培养学生学业韧性的原则和策略

［德］阿蒂姆·津琴科（Artyom Zinchenko）
［菲］苏宪平（Wallace Panlilio II）
著

陶尚芸 译

Wisest Learners

(Teacher Edition)

Unlock the Secrets to
Your Students' Academic Resilience

本书致力于为营造促进学生成长和发展的环境的教育同人提供一个"教学路线图"，帮助教师更好地了解最新的学习原则、思维方式和实践方法。本书论述了"学校大楼"模型，该模型分为五个部分，每个部分代表学习过程的一个重要方面：地基部分通过关注动机、任务价值、控制信念、自我效能感和目标设定，为学生的学业成功奠定基础；入口部分认为考试焦虑和求助行为是影响学生学习能力的两个关键因素，并提供了应对这些挑战的策略；窗户部分分析了学生学习和使用教材的多种方式，如排练、阐释、组织、批判性思维和元认知技能等策略；墙壁部分提供了结构框架和支撑体系，涉及时间和空间管理、努力程度调控和自我控制以及同伴学习等关键因素；屋顶部分论述了成长和自我调节，涉及培养学生的坚毅力、自我调节、成长型思维模式、自动性和心流等特质。通过探索经过验证和研究的高效学习策略，教师可以为学生开辟新的可能性，并培养他们对学习的终身热爱。

Wisest Learners（Teacher Edition）: Unlock the Secrets to Your Students'Academic Resilience
ISBN: 9798882102561

Copyright © Digital Ventures Pte. Ltd. FZ LLC. 2024

Simplified Chinese Translation Copyright © 2025 by China Machine Press. This edition is authorized for sale in the Chinese mainland (excluding Hong Kong SAR, Macao SAR and Taiwan).

All rights reserved.

北京市版权局著作权合同登记　图字：01-2024-3834号。

图书在版编目（CIP）数据

超级聪明的学习者：教师版：揭秘培养学生学业韧性的原则和策略／（德）阿蒂姆·津琴科（Artyom Zinchenko），（菲）苏宪平（Wallace Panlilio Ⅱ）著；陶尚芸译. -- 北京：机械工业出版社，2025.2. -- ISBN 978-7-111-77484-6

Ⅰ. G442

中国国家版本馆CIP数据核字第2025BM1928号

机械工业出版社（北京市百万庄大街22号　邮政编码100037）
策划编辑：坚喜斌　　　　　责任编辑：坚喜斌　陈　洁
责任校对：丁梦卓　李　杉　责任印制：刘　媛
唐山楠萍印务有限公司印刷
2025年4月第1版第1次印刷
145mm×210mm・12.5印张・1插页・256千字
标准书号：ISBN 978-7-111-77484-6
定价：79.00元

电话服务　　　　　　　　　网络服务
客服电话：010-88361066　　机　工　官　网：www.cmpbook.com
　　　　　010-88379833　　机　工　官　博：weibo.com/cmp1952
　　　　　010-68326294　　金　书　网：www.golden-book.com
封底无防伪标均为盗版　　　机工教育服务网：www.cmpedu.com

致　谢

我们向所有在塑造我们的人生和指引我们前进的道路上发挥过重要作用的教师致以最深切的谢意。他们的智慧、耐心和奉献精神在我们的性格塑造和职业生涯中留下了不可磨灭的印记，激励着我们从事教师这一崇高职业。

在此，阿蒂姆·津琴科博士特别感谢安娜·科赫涅娃（Anna Kochneva）、曼祖拉·卡姆拉耶芙娜（Manzura Khamraevna）、埃琳娜·莫尔查诺娃（Elena Molchanova）教授、埃琳娜·金（Elena Kim）教授、兰斯·蒂尔曼（Lance Tillman）教授、德拉甘·兰格洛夫（Dragan Rangelov）教授、保罗·泰勒（Paul Taylor）教授、索尼娅·科茨（Sonja Kotz）教授、马库斯·孔奇（Markus Conci）教授、托马斯·盖尔（Thomas Geyer）教授等，感谢他们在永无止境的教育之旅中给予的宝贵指导和支持。

苏宪平博士要衷心感谢他的导师库（Koo）博士、布恩维亚杰（Buenviaje）博士、贾维尼尔（Javiniar）博士、特尔穆洛（Termulo）博士、费雷拉（Ferreira）教授、纳西翁加约

（Naciongayo）女士、戈麦斯夫妇（Mr. & Mrs. Gomez）、布埃纳文图拉（Buenaventura）女士、马格西诺（Magsino）女士、奎（Que）女士、巴卡尼（Bacani）女士和贾洛索夫妇（Mr. & Mrs. Jalosjos）等，感谢他们的宝贵智慧、指导和支持，这些对苏宪平博士作为教育者的成长至关重要。

引 言

在当前这个技术突飞猛进、教育变革空前的时代，我们所处的环境呈现出现代技术、理论与实际解决方案快速演进的特征。发展速度之快，以至于我们很难跟上最新的趋势，这给我们的学习能力带来了巨大的压力。而今天的教育体系认识到了这一挑战，并致力于为学生提供超越基本阅读、写作和算术技能的全面教育。教育水平显著提升，反映出教育在社会中的重要性。1920年，美国成年人的平均受教育年限为8年，而如今，美国92%的成年人拥有高中文凭，36%的人拥有学士学位。此外，全球小学入学人数激增，已超过7亿人，覆盖了近90%的学龄儿童[1]。然而，想要在教育领域跟上快速的技术变革，这仍然是一个重大挑战。

过去几个世纪里，教育得到了显著的发展，其覆盖范围和质量不断提升。这种进步在过去几十年中尤为明显，教育的长足进步令人鼓舞。而教育的发展是一个复杂的过程，可以通过多种指标来衡量和观察。由于基础教育的普及，全球的识字率现已达到有史以来的最高水平。此外，随着越来越多的国家在人口教育方面投入资源，中等教育、高等教育和更高层次的教育也经历了显著发展。现代知识型经济对高技能和高学历工人的需求推动了这一发展。研究还表明,尽管这种关系不是线性(成比例)的(Hanushek & Woessmann,2020)[2],但接受更好的教育可以带来更高的个人收入、社会资本的发展和长期的经济增长。只要人们投资教育并促进其发展,社会就可以从一个知识丰富、技能娴熟、更加繁荣的未来中受益。

优质教育的价值从未像现在这样高,学生必须接受最好的学习和教学方法。教育是全球各大教育机构的首要任务。瓦尔基基金会(Varkey Foundation)每年一次的"全球教师奖"证明了优质教育的重要性,该奖项旨在表彰优秀教师,并向他们颁发100万美元的奖金(Rondinelli,2014)[3]。对于像计算机科学、经济学、数据科学、医学/保健、工程、法律、市场营销与广告、建筑、新闻与媒体、金融与会计、科学与研究等越来越依赖技术的行业而言,持续学习的需求尤其重要。这些领域的从业者要不断掌握新技能、新思想和新理念,如此才能在不断发展的社会环境中保持竞争力。我们作为教师,可以为学生提供必要的工具和资源,确保他们能够更好地应对未来的挑战,为社会进步做出贡献。

教师在塑造学生的生活和未来方面发挥着举足轻重的作用,而教师培训对于充分发挥学生的潜能和培养其学业韧性至关重要。为教育者提供帮助学生发挥其最大潜能的技能和知识至关重要。全面的培训确保教师能够及时了解最新的教学实践和技术,更有效地管理课堂,并营造一个安全且包容的学习环境。此外,有效的教师培训能够吸引和留住有技能的教育者,从而提高教师的教学效果，提升学生的学业成绩。

我们理解了有效的教师培训对学生成功的关键作用，就会认识到教师所面临的挑战，包括满足学生的不同需求和应对有限的支持资源。教师在课堂上要面对具有不同的学习能力、文化背景和情感需求的学生。尽管持续学习和专业发展的重要性不言而喻，但有些教师要么不参加培训计划，要么认为这些计划不能完全满足他们的需求。要使教师培训的效益最大化，我们就必须解决这些问题。

沿着这一思路，我们看到，尽管教师培训项目为有效的教学提供了必要的工具，但教育的旅程并未就此结束。教育行业一直在不断发展，要求教师不断更新自己的技能，接受新的教学方法、技术和教育策略，以便应对学生不断变化的需求和本领域的最新发展。杰出的教师要致力于终身学习和发展，密切关注最新的趋势和最佳实践，为学生提供尽可能全面的学习体验。

据报道，在参与"教与学国际调查"（TALIS）⊖的国家中，有11%的中学教师没有参加专业发展项目。在一些国家（如丹麦、斯洛伐克共和国和土耳其），甚至有25%的教师没有参加专业发展项目。然而，研究发现，即使是那些参加了专业发展项目的教师，平均每月用于这些活动的时间也不到一天。相当一部分教师表示，学校提供的专业发展项目并没有满足他们的需求。超过50%的教师希望获得比过去18个月更多的专业发

⊖ "教与学国际调查"（TALIS）向教师和学校领导了解学校的工作条件和学习环境，帮助各国应对各种挑战。

展机会。

我们认识到教师对高效、便捷的专业发展资源的需求,因此专门为教师设计了这本书,以便帮助他们更好地了解最新的学习原则、思维方式和实践方法——事实证明,这些都能够帮助学生取得巨大的成功。传统的专业发展课程可能会造成时间安排上的冲突,而本书的形式则不同,它可以实现自定进度的阅读,是一种灵活、方便的选择,可以随时查阅,便于参考和重新阅读。因此,本书将成为致力于继续专业发展和学习的教师的绝佳资源。

本书的主要读者是希望了解最新、最有效的学习原则、思维方式和实践方法的教师,但必须指出的是,学习和自我完善是一个终身过程。托马斯·爱迪生(Thomas Edison)曾说:"天才就是努力工作、坚持不懈和抛开成见。"[4]同样,教师也可以努力使自己具备引导学生终身学习的思维模式和视角。本书中分享的洞见对处于职业生涯任何阶段的教师都很实用,无论他们只是新手还是拥有多年教学经验的教师。通过探索经过验证和研究的高效学习策略,教师可以为学生开辟新的可能性,并培养他们对学习的终身热爱。因此,对于那些希望继续专业发展和学习的教师来说,本书是一本宝贵的资源,因为他们明白,他们在引导学生走向成功方面的作用是持续不断的。

老园丁和小园丁

很久以前,在一个郁郁葱葱的花园里有两个园丁:一个年幼的小园丁和一个年长的老园丁(见图1)。小园丁热爱自己的工作,花了很多时间照料自己种植的植物。然而,尽管她尽了最大的努力,但还是有一些种子发不出芽,她常常为此感到沮丧。

图1 老园丁和小园丁

小园丁尝试了各种方法,比如,调整每颗种子所接受的浇水量和光照时间,但似乎都没有效果。一些植物长得又高又壮,而另一些植物则枯萎死去。

有一天,在感到挫败之后,小园丁向老园丁寻求建议。"我不明白,"她说,"我给它们浇水,提供足够的阳光,还确保正确的种植方法。我到底错在哪里了呢？"

老园丁慈祥地看着小园丁，回答说："仅仅播下种子并给予它们理论上所需的生长条件是不够的。你还需要为它们创造一个适宜的成长环境。每颗种子都是独一无二的，需要不同的条件才能生长。"

小园丁百思不得其解："可我怎么知道每颗种子需要什么呢？"

老园丁笑了："宝贝，它们需要你的经验和观察。你需要关注每颗种子的具体需求，并相应地调整你的栽培方法。例如，有些种子需要比其他种子更多的水，而有些则需要更多的阳光。注意每颗种子的具体需求，并相应地调整你的栽培方法。树木的生长需要时间，你要有耐心，让它们按照自己的节奏充分发挥生长潜能。你要根据环境的变化，监测植物的健康状况。你要做一些修剪和修整工作以促进植物健康生长。你要了解植物养护与生长的基本知识。你要为植物的茁壮成长提供必要的生长环境，并管理它们的生长空间。你要不断学习植物养护知识，反思自己的栽培过程，并做出改进。只要有耐心、适应能力和学习精神，你就可以创造出一个美丽而繁荣的花园。"

老园丁的话让小园丁深受启发，于是，小园丁认真采纳了老园丁的建议，花更多的时间观察植物，并调整自己的栽培方法。她学会了保持耐心，不会过早地放弃任何一颗种子。

随着时间的推移，小园丁对植物的种植与养护技术越来越熟练，越来越有经验。她学会了识别每颗种子的不同需求，并为它们的茁壮成长创造了适宜的生长环境。她也记得那些很难发芽的种子，并尝试了能够帮助它们发芽的新方法。久而久之，她看到花园在自己的悉心养护下日益繁茂起来。

序 言

那些把学习当成第二天性的人,就是"超级聪明的学习者"的真正典范。他们很容易获得新知识,并且总是好奇地想要学习更多。对于这些人来说,学习并不是要刻意选择最好的学习方法,相反,学习是他们与生俱来的一种技能,引导他们去了解更多。这些学习者认为自己获取知识的潜能没有边界。他们的世界充满了无穷的兴趣和个人成长的潜力,而最深刻的学习往往萌芽于充满挑战的开端。那些被贴上"麻烦不断"或"精力过剩"等标签的孩子,如果他们拥有正确的方法、有效的资源和积极的榜样,就可能即将踏上一段非凡的成就之旅。

本书借鉴了保罗·平特里奇(Paul Pintrich)博士、巴里·齐默曼(Barry Zimmerman)博士和莫妮克·博埃卡特斯(Monique Boekaerts)博士等教育学家和心理学家的奠基性研究,旨在引导教师培养超级聪明的学习者。我们结合了前辈们久经考验的策略与最新研究(包括实证研究、综合评论、神经学见解和当代学习科学),目标是突出强调一系列的教学策略。我们会采取一种全面的教学方法,探讨培养终身学习者的众多要素。

无论孩子们在成长过程中得到了怎样的积极支持，他们在成为超级聪明的学习者的道路上都难免会遇到挑战。而作为一名教师，你应该积极发展自己的学习能力，培养提高教育目标所需的自律，同时还要考虑学生的情感健康。你在考虑孩子吸收新信息的能力（认知能力）的同时，还必须考虑他们的情绪状态。你要提出新的想法并提供新的机会，这意味着你要确保孩子们不会因为情绪过激而受到阻碍。教师在帮助孩子管理这些干扰方面发挥着重要作用，他们要为先进的学习策略以及深度参与和"心流"状态铺平道路，而这也是超级聪明的学习者的深切愿望。

幸运的是，相关研究有力地支持了这样一种观点，即教师的积极影响可以培养和发展学生的学习热情，以及他们成为超级聪明的学习者的能力。这种思维模式和学习热情可以在课堂环境中培养，这强调了教师所扮演的重要角色，而教师的重要价值也是我们将在本书中反复探讨的主题。

学习是一个多层面的过程，涉及各种关键要素，就像一个蛋糕配方，其中每个配料代表一个独特的但相互关联的角色。在学校环境中，培养超级聪明的学习者的故事涉及学习者、教师和学习过程。这个故事将探讨这三个方面，并阐述它们各自对学习者的旅程的独特贡献。虽然我们的指导对象是教师，但学生将受益最大。我们将了解这些要素之间的相互联系，并踏上一段智慧学习之旅，完成知识提升和孩子成长的循环过程。

本书中概括的策略必须反复练习才能奏效。为了强调这一点，我们将探讨上文中讨论的《老园丁和小园丁》的故事。就像植物一样，每个孩子都是独一无二的，需要不同的条件才能茁壮成长。有些学生可能需要更多的关注或指导，而有些学生则需要更多的独立性。观察每个孩子的需求并调整我们的教学方法是至关重要的。

就像小园丁一样，我们可能会在课堂上遇到挑战和挫折。但是，我们必须牢记，创造一个良好的育人环境与传授知识同样重要。我们必须为学生提供必要的资源、支持和鼓励，帮助他们成长，充分发挥他们的潜能。

18世纪哲学家让-雅克·卢梭（Jean-Jacques Rousseau）提出了一种具有变革意义的教育观，他把教师比作园丁，把学生比作植物。在其开创性著作《爱弥儿》（*Émile, Or Treatise On Education*）[1]中，卢梭主张教育是一个自然的过程，提倡营造一个良好的环境，让学习者根据自己与生俱来的能力和兴趣实现成长和发展。他强调通过体验和探索来学习，而不是拘泥于死板的课程，他还强调教师在提供有利于学生个人成长和发展的条件方面的作用。卢梭的思想是革命性的，奠定了现代教育理论的基础，但随着先进研究和循证实践的发展，这一领域也在不断进步，并增强了我们对有效教育的理解。

因此，我和苏宪平先生根据教育领域最新、最可信的研究成果撰写了本书。每一章都以同行评议的文章和博士论文为基础，汲取了世界各地研究人员的最新研究成果。我们通过整合科学研究，提炼教育研究界的集体智慧，使我们的讨论立足于最有效的、基于证据的、经过科学验证的策略。这种方法可确保教师获得一份可靠的实用指南，其中包含经过严格检验以提高教育成果的实践方法。

作为教育者，我和苏宪平先生坚定地致力于支持我们关怀下的每个学生的成长和发展。我们认识到，每个学生都是独一无二的，都有自己的长处、挑战和情感需求。在本书中，我们希望为致力于营造促进学生成长和发展的环境的教育同人提供一个"教学路线图"。为此，我们创建了一个象征学业学习和发展的"学校大楼"模型（见图2）。该模型分为五个部分，每个部分代表学习过程的一个重要方面。

地基：本部分通过关注动机、任务价值、控制信念、自我效能感和目标设定，为学生的学业成功奠定基础。

入口：考试焦虑和求助行为是影响学生学习能力的两个关键因素，本部分提供了应对这些挑战的策略。

窗户：学校的窗户代表了学生学习和使用教材的多种方式。这部分侧重于排练、阐释、组织、批判性思维和元认知技能等策略。

墙壁：学校的墙壁提供了结构框架和支撑体系。本部分涉及时间和空间管理、努力程度调控和自我控制以及同伴学习等关键因素。

屋顶：最后，学校的屋顶代表着成长和自我调节。本部分重点培养学生的坚毅力、自我调节、成长型思维模式、自动性和心流等特质。

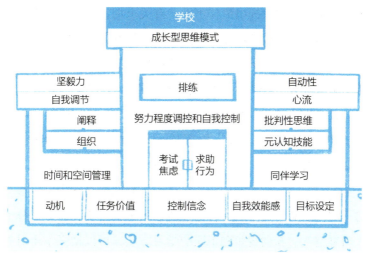

图2 "学校大楼"模型

"学校大楼"模型的"地基"部分就像建筑物的基础，为整个结构提供稳定性和支撑力。同样，一段学习体验的基础对于创建一个支持和维持整个教学和学习过程中所有后续策略和概念的稳固框架至关重要。因此，在地基部分解决影响学生学习动机、参与度和学业成功的关键因素至关重要，因为这些因素构成了有效学习的核心。教育者要关注这些有效学习的基本要素，以便创造一个积极的、充满力量的学习环境，支持学生的学业成长和发展。

"学校大楼"模型中的"入口"部分代表着学生进入学习环境的节点，这是一个关键的时刻，为学习者的整个学习体验奠定了基调。考试焦虑和求助行为是两个可能显著影响学生学习能力和成功的因素。考试焦虑可能会使学生感到不堪重负、压力重重，无法发挥出最佳水平。有关求助行为，学生不愿求助的心理则会导致他们在遇到困难时感到沮丧和孤独。

教育者可以为学生提供减少考试焦虑的策略。他们还可以鼓励学生去寻求帮助，帮助他们在学业上更有信心和获得支持，最终提高参与度和学习成绩。此外，"学校大楼"模型的"入口"部分还提醒学生，学习是一个持续的过程，学生必须感受到支持的力量，并敢于寻求帮助。

"学校大楼"模型中的"窗户"部分代表着学生可以参与的不同视角和学习方式。就像建筑物的窗户一样，这个部分引入新鲜空气、新的视角和不同的学习方法，可以增强学生对教材的理解和记忆。教育者要关注"学校大楼"模型的"窗户"部分的这些关键策略，以便帮助学生成为更投入、更有效、更高产的学习者。

"学校大楼"模型中的"墙壁"部分体现了结构框架和支撑体系对促进有效学习的重要性。正如墙壁为建筑物提供稳定性和支撑力一样，这一部分涉及的因素也能支持学生对学业的追求。教师和教育机构都要关注"墙壁"部分，以便为学生的学业成功打下坚实且安全的基础。这种方法凸显了建立保护性稳定框架的必要性。该框架可以保证学生的安全，强化他们的教育路径，确保学习氛围浓厚，并且有利于取得成就。这一部分重点关注了支持学生学业进步的关键因素。

最后，"学校大楼"模型中的"屋顶"部分代表了学业和智力成长以及自我调节的顶峰。"屋顶"是建筑物的最高点，象征着达到了精通和卓越的境界。"屋顶"部分专注于培养对学业和个人成功至关重要的关键品质，包括坚毅力、韧性和成长型思维模式。教育者要培养学生的坚毅力、自我调节、成长型思维模式、心流和自动性等特质，帮助学生充分发挥潜能，取得学业进步和个人成功。

本序言已接近尾声，下面我们将热烈欢迎大家开启本书的正式阅读之旅。作为科研人员、教育者和家长的经历，使我们能够收集并分享我们迫切想要与你们分享的见解、信息和智慧。我们的目标是为大家提供知识和工具，让你们的教育之旅更加顺畅和高效。

教育是一个持续不断的过程，当你读完本书的最后一页时，教育的旅程仍将继续。有时候，它可能具有挑战性，甚至令人不知所措。我们希望本书中的信息能够成为大家在教育旅程中的宝贵资源，帮助你们更深入地了解教育过程及其改变人生的潜能。无论你是经验丰富的教育者、刚刚起步的年轻教师、助教或学校管理者、课程开发人员或教育研究人员，还是教练或导师，我们都希望本书能带给你深刻的洞见和无尽的益处，并激励你成为更好的教育者和学习者。

阿蒂姆·津琴科

目　录

致　谢

引　言

老园丁和小园丁

序　言

第一部分　学习的基础
——"学校大楼"的地基

第一章　动机　　　　　　　　　　　　　　　　／004

第二章　任务价值　　　　　　　　　　　　　　／016

第三章　控制信念　　　　　　　　　　　　　　／031

第四章　自我效能感　　　　　　　　　　　　　／045

第五章　目标设定　　　　　　　　　　　　　　／062

第二部分　克服障碍
——学校的入口

第六章　考试焦虑　　　　　　　　　　　　　　／080

第七章　求助行为　　　　　　　　　　　　　　／094

第三部分　参与
——学校的窗户

第八章　排练　　　　　　　　　　　　　　／ 114

第九章　阐释　　　　　　　　　　　　　　／ 128

第十章　组织　　　　　　　　　　　　　　／ 144

第十一章　批判性思维　　　　　　　　　　／ 166

第十二章　元认知技能　　　　　　　　　　／ 179

第四部分　结构框架和支撑体系
——学校的墙壁

第十三章　时间和空间管理　　　　　　　　／ 193

第十四章　努力程度调控和自我控制　　　　／ 204

第十五章　同伴学习　　　　　　　　　　　／ 221

第五部分　结构框架和支撑体系
——学校的屋顶

第十六章　坚毅力	/ 235
第十七章　自我调节	/ 249
第十八章　成长型思维模式	/ 262
第十九章　自动性	/ 279
第二十章　心流	/ 294
附录　参考文献	/ 305
后记　培育终身学习的园地	/ 371
作者简介	/ 374

第一部分
学习的基础
——"学校大楼"的地基

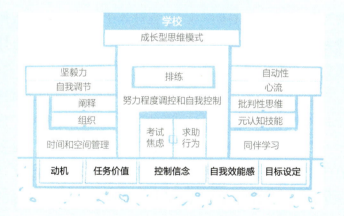

坚实的基础(包括学习的过程)对于任何事业的成功都是至关重要的。同样,它也是学业成功的基石。回顾美国历史,许多成功的国家领导人和创新者都是利用其早期对"学习的基础"的重视而在各自领域声名鹊起的。下面以美国历史上最多产的发明家托马斯·爱迪生为例来说明"地基"的重要性。爱迪生出生在俄亥俄州的一个低收入家庭,受教育程度很低,他很幸运没有接受太多的学校教育。尽管如此,他还是凭借自己的努力和坚定的决心自学成才。他对学习和实验的执着促使他成为美国顶尖的发明家,并成为成功的企业(爱迪生电灯公司)的老板。

爱迪生的主要成功得益于他对学习的专注。他很早就致力于获取知识并迎接新的挑战。他的发明数量之多,证明了他对学习的不懈追求。即使面对挫折,爱迪生也从未放弃。他坚信自己可以坚持不懈地克服困难。他在职业生涯的早期说了这样一句名言:"我没有失败过。我只是找到了一万种行不通的方法。"[1]纵观托马斯·爱迪生的一生,我们可以了解到,掌握学习的基础对于成为一名高效且成功的学习者至关重要。如果爱迪生今天还活着,他可能会是自我效能感、目标设定、控制信念、任务价值和学习动机方面的楷模,而这些都是学习基础的重要组成部分。

作为一名教师，你对学生的一生有着巨大的影响力。你是引导他们的力量，帮助塑造他们的早期发展，并为他们培养应对成年后将遇到的挑战所需的技能和心态。本书探讨了教师角色的重要性，提供了一套全面的策略，从整体上最大限度地发挥你对学生的作用。此外，本书还为家长提供了必要的工具，以便在孩子踏上学习旅程时，可以有效地支持和培养他们。

在下面的篇幅中，你将发现实用的方法、基于证据的洞见以及鼓舞人心的趣闻轶事，这些都将赋予你力量，帮助你创造一个学生能够茁壮成长并充分发挥潜能的环境。只要你采纳并实施本书中所概括的策略，就能为你的学生奠定坚实的基础，为他们开辟一条通往终身学习和成功的道路。

请记住，正如托马斯·爱迪生的卓越成就源于他打下了坚实的学习基础一样，你也可以为你的学生打造同样的基础。让我们一起开启这段影响深远的旅程，赋能我们的学习者，让他们一步一个脚印地塑造自己的未来。

第一章 动机

20 世纪 40 年代,心理学家卡尔·邓克尔(Karl Duncker)做了一个简单的实验。[1]他给受试者一根蜡烛、一盒图钉和一些火柴,让他们把蜡烛固定在墙上,以免蜡油滴在桌子上。这听起来很简单,但需要一些创造性思维:你必须意识到盒子不仅仅是一个容器,还可以用作蜡烛的底座。

邓克尔旨在研究我们如何解决问题,但多年后,萨姆·格鲁克斯伯格(Sam Glucksberg)用这个实验来研究奖励如何影响我们的思维。他告诉其中一组受试者,如果他们迅速解决问题,就会得到钱,而另一组受试者则没有奖励。有趣的是,没有得到奖励承诺的那一组受试者解决问题的速度更快。这一发现表明,奖励可能会让我们更快地完成简单的任务,但是,当我们需要创造性地思考问题时,奖励却会拖慢我们的速度。

这一发现对教师意义重大。它表明,发自内心的动机(比如好奇心、喜欢挑战或者单纯地想要学习的心理)有助于学生更好地学习,而不是仅仅为了分数或奖品而学习。这种内在动机有助于学生投入学习,更富创造性地思考,并且更好地解决问题。这不仅有益于学习,也有益于生活。

求知欲是人类与生俱来的特质,与生存和进化密不可分。人类从诞生之日起,就有了获取知识、技能和了解周围世界的动机。学习是一个让我们适应新环境、解决问题和创新的过程。它是取得进步的基础,也是解锁我们全部潜能的关键。无论是学习走路、阅读、演奏乐器,还是掌握一门新语言,求知欲和领悟力都是我们生而为人的根本所在。

然而,尽管学习的好处多多,但学习的过程往往充满挑战,需要我们的投入、努力和毅力。这就是动机发挥作用的地方。动机是推动我们朝着目标前进的驱动力,在学习过程中扮演着至关重要的角色。它赋予了我们克服困难和继续学习的能量和专注力,即使在困难的时候,我们也能坚持下去。如果没有学习动机,学习就会变成一件苦差事、一种负担,甚至是一项不可能完成的任务。因此,对于任何想要学习和成长的人来说,了解不同类型的动机以及培养合适的动机是非常重要的。

学生的动机水平可以说明他们对自己和在学校取得好成绩的能力的自信程度。那些觉得自己能够成功的学生更有可能迎接新的挑战,并完成艰巨的任务而不会过于紧张。作为教师,你很有必要确定一下每个学生的动机来源,比如,兴趣、特长、目标。这样,你就可以向他们推荐其喜欢的课程或寻找创造性的方法让任务变得更有趣,从而激励他们尽最大努力去学习。最终,当学生感到有动力时,他们在课堂上进步和成功的可能性就更大。

学习动机和学业成绩一直是研究的热点话题。在施泰因迈尔(Steinmayr)和斯皮纳特(Spinath)的一项研究[2](2007)

中，研究人员对德国一大批高中生进行了调查，以便确定他们的学习动机能否预测学习成绩。该研究采用问卷调查的方式来测量学生的"成绩需求"，然后将其与学生的数学成绩、德语成绩和总GPA进行比较。研究结果表明，学生自我报告的成绩需求是其总GPA的强大预测因子，解释了近20%的变异。当与数学和德语能力测量相结合时，成绩需求对GPA变异的解释比例增加到近30%。这些研究结果表明，即使考虑到学生在某些科目上的特殊能力，以学习成绩需求为衡量标准的一般动机也能显著预测学生的学业成绩。

在印度尼西亚进行的一项研究中，哈里里（Hariri）和同事[3]以408名六年级至九年级的中学生为样本，调查了学业成绩与学习策略之间的关系。研究人员使用"学习动机策略问卷"（MSLQ）来衡量学生的学习动机水平。MSLQ是一份包含81个项目的问卷，用于评估学习动机和自我调节的学习情况。除了与动机相关的项目，MSLQ还包括其他测量项目。具体来说，该问卷由31个与动机相关的项目组成，分为三个量表：价值、期望和情感。其中，价值量表是这三个量表中最重要的，包括三个要素：内部目标取向、外部目标取向和任务取向。本研究旨在调查MSLQ所测量的学习动机与学习成绩之间是否存在正相关的关系。

印度尼西亚的研究人员进行了一项回归分析，以便确定学生学习的内在动机和外在动机是否能预测他们使用有效学习策略的情况。结果表明，以MSLQ的价值量表衡量的动机，可以强烈地预测学生使用学习策略的情况。他们认为，学习和获取新信息的动机强烈的学生更有可能使用促进有效学习的策略。这些研究结果凸显了学习动机在成功提高学习成绩和掌握新知识与技能方面的作用。

值得注意的是,上述研究都依赖于横截面数据,这意味着研究人员依赖于学生自我报告的学习动机水平和 GPA 总分(合计各个学科和课程成绩的总分数)。与此相反,扎孔尼(Zaccone)和佩德里尼(Pedrini)在一项针对三个国家(布隆迪、摩洛哥和印度)的 1491 名学生的数字素养课程的研究(2019)[4]中采取了不同的方法。研究人员考察了学生在特定课程中的表现,以及这与他们的学习动机之间的关系。

这些研究人员发现,信息学技能的提升、计算机使用频率与内在动机之间存在正相关关系。简单来说,学习动机的增强与学习效果和课程成绩的提高有关。因此,研究人员得出结论:学生参与课程的动机对其在整个课程中的表现起着关键作用。具体来说,那些对参与课程有强烈内在动机的学生,即出于兴趣而报名参加教育项目的学生,是最有效率的学习者。值得注意的是,研究人员发现,性别或国家因素对学习动机与学业成绩之间的关系没有影响。换句话说,在来自不同国家和文化背景的学生中,观察到的效果同样存在于不同性别的学生中。总之,这项大规模的研究表明,学习动机可以在课程期间提供持久的个人承诺,从而对学习效果产生重大影响。

上述研究通常可以衡量不同类型的动机:内在动机(或内在激励)和外在动机(或外在激励)。内在动机和外在动机是学习动机的两个主要组成部分,可以产生积极的学习效果。下文将探讨这两种动机对学习的影响。

内在动机

理解并培养学生在学习过程中的内在动机至关重要。这需要我们创造教育环境和设计教育活动，不仅要吸引学生的兴趣，还要与他们更深层次的个人价值观和抱负产生共鸣。这种共鸣可以显著提高学习成果，加强学生对教材的熟练掌握，并促使他们采取更加自主和自我驱动的学习态度。

为了激发学生在学习过程中的内在动机，教师必须反思真正吸引学生或与他们内在价值观相符的因素。这些激励因素如何融入他们的学习策略？创造具有个人意义和深刻联系的教育体验可以彻底改变学习过程，使其更具影响力和更有价值。

那些对参与课程或学习本身有着强烈内在动机的学生会对以下陈述做出积极回应：

1. "我喜欢在这样的课堂上挑战自己的课业，这样我就能学到新东西。"

2. "我喜欢上那些能激发我好奇心的课程，因为我能从中学到很多东西。"

3. "在这门课上，如果有机会，我会选择有助于我学习的课程任务，即使这些任务不能保证我得高分也没关系。"

请注意，上述表述强调的是"为什么"自己是课堂的一部分。这种类型的动机可以通过内在的学习动力和学习兴趣来帮助孩子们更积极地参与学习活动。

外在动机

学生的动机有时并非源于自身,而是受到外部因素的影响,比如,学习成绩不好,害怕父母惩罚,或者学习成绩好,会得到奖励。在这种情况下,动机是外部的而非内部的。它包括成绩、奖励(见图1-1)、学习效率、同伴观察和竞争等方面的考量,凸显了激发学生参与学习活动的复杂性。值得注意的是,我们通过承认外部影响和推动学生参与的内在动机,巧妙地认识到了教育环境中动机的多层次性。

图1-1 获奖的孩子(外部奖励的一个例子)

当孩子的外部目标取向较高时,可以说,参与学习活动就是达到目的的一种手段。换句话说,孩子的主要兴趣在于与学习活动没有直接关系的事情,比如分数、奖励,以及跟别人比成绩。

那些对参与课程或学习本身具有强烈外在动机的学生会对以下陈述做出积极回应:

1. "现在,对我来说,最有成就感的事情就是在这门课上取得满分。"

2. "现在,对我来说,最重要的事情是提高我的总成绩,而在这门课上取得满分是我的首要任务。"

3. "我想在这门课上取得好成绩,向家人、朋友和亲戚证明我的能力。"

从上述陈述可以看出,外在动机是一种由外部鼓励驱动的激励,比如,良好的成绩、奖励和竞争等,好的学习成绩是实现其他目标的手段,而不是为了学习而学习(Deci & Ryan, 1985)。[5]

内在动机与外在动机

内在动机和外在动机是否会对学习成绩、分数和在校表现产生同样积极的影响。内在动机和外在动机对学习成绩、分数和在校表现的影响差异是一个耐人寻味的问题。20世纪70年代,马克·莱珀(Mark Lepper)、戴维·格林(David Greene)

和理查德·尼斯贝特（Richard Nisbett）等研究人员进行了一项研究，调查了奖励对儿童绘画动机的影响。[6]研究对象是喜欢画画的儿童，研究人员将他们分为三组：一组因为画画而得到奖励，一组没有获得奖励或教导，还有一组必须画画但得不到奖励。

在观察了孩子们一段时间的行为之后，研究人员发现，与其他两组相比，得到绘画奖励承诺的那一组花费在绘画上的时间更少，表现出的兴趣也更低。然而，没有得到奖励或教导的那一组和必须画画但得不到奖励的那一组都对绘画表现出了更大的兴趣，花了更多的时间画画。这项研究揭示了"过度理由效应"（overjustification effect）。当外部奖励削弱内在动机时，这种效应就会出现。在这种情况下，当孩子们因为绘画而获得奖励时，他们开始将绘画视为达到目的的一种手段，而不是一种愉快的活动，反而会导致他们绘画的内在动机下降。

扎孔尼和佩德里尼（2019）研究了不同动机如何影响计算机课程的学习成绩。他们研究了外在动机（涉及奖金等外部奖励）如何影响学生选修计算机课程的决定。他们发现，与对学习成绩有积极影响的内在动机不同，外在动机对学生的课程成绩没有帮助，有时甚至会造成伤害。受到外部奖励激励的学生很难跟上进度，可能是因为这些奖励让他们报了名，但不足以维持他们对课程的兴趣和在整个课程中的持续努力。此外，外部干扰也可能是导致他们陷入困境的原因之一。

泰勒及其同事进行了深入的分析（2014），[7]回顾了18项研究成果，探讨了不同类型的学习动机如何影响学习成绩。他们发现，内在动机（即学生受到个人兴趣和满足感的驱动）会带来更好的成绩。相比之下，主要受外部奖励或外来压力驱动的外在动机，从长远来看，往往会降低学业成绩。研究人员对加拿大和瑞典的高中生进行的进一步研究证实，内在动机能持续提高成绩。他们还发现，缺乏学习动机（或称"非学习动机"）会对学习成绩产生负面影响。重要的是，随着学生内在学习动机的增强，他们的"非学习动机"也随之降低，这表明内在动机在提高学习成绩和减少厌学情绪方面起着至关重要的作用。

最后，支持不同动机类型对学习成绩的影响存在差异的有力证据之一来自霍华德（Howard）及其同事的研究（2021）[8]。这项最新研究进行了广泛的荟萃分析，涵盖了344项研究样本，共计223209名受试者。该研究调查了学习动机在学生整体幸福感和目标取向水平中的作用。内在动机成为与学业成功和幸福感相关的关键因素。此外，受到奖励欲望驱使的外在动机与幸福感下降有关。"非学习动机"再次显示出与学生学业成绩的负相关。

在探索了内在动机和外在动机的本质及其对学习的深远影响之后，我们必须认识到，作为教育者，我们无法通过传统意义上的"教"来传授内在动机。相反，我们的角色应该转变为创造一个能够培养这种内在动机和支持这种内在动机成长的教育环境。我们需要了解激发学生内在动机的因素，并将这些因素融入我们的教学策略，营造出一种鼓励学生发现和培养自己内在动机的氛围。我们致力于营造一个让学生感到充满力量的学习空间，让他们能够深入探索、联系并以一种非常个人化的方式参与学习，从而培养出一种超越课堂范畴的持久动机。

既然认识到这一重要性，我们就必须关注教育者如何培养学生的内在动机，并创造一个鼓励好奇心和探索精神的积极的学习环境。以下是在课堂上促进学生内在动机的具体行动清单：

1. **提供有意义且具挑战性的任务**：如果学生觉得他们所做的工作有意义且具挑战性，那么，他们就更有可能受到激励。教师可以提供机会让学生去解决现实世界中的问题，或者开展一些能让学生发挥创造力和运用批判性思维的项目。

2. **培养自主意识**：当学生感到他们对自己的学习有一定的控制权时，他们就会更有动力。教师可以让学生选择学什么、怎么学以及如何展示自己的学习成果。

3. **营造积极的课堂环境**：一个支持性的、积极的课堂环境可以让学生感到更有学习动力。教师可以鼓励学生之间积极互动，提供注重努力和进步的反馈，营造重视学习的课堂文化。

4. **使用协作学习策略**：协作学习可以为学生提供合作、分享想法和相互学习的机会，从而帮助他们提高学习积极性。教师可以利用小组项目、讨论和同伴反馈来促进协作学习。

5. **鼓励自我反思**：对自己的学习进行反思的学生更容易产生学习动力和参与感。教师可以提供机会让学生去设定目标、反思自己的学习进度和评估自己的学习情况，以此来鼓励学生进行自我反思。

另外，必须指出的是，外在动机并非没有价值。外在动机可以发挥作用的领域包括：

1. 行为管理：外在动机可以鼓励小学生的积极行为，抑制其消极行为。例如，一名教师实施了一套综合奖励制度，利用贴纸或奖券来表彰和庆祝那些表现出良好行为的学生，比如，与同伴分享、积极参与课堂讨论或帮助保持教室整洁。每张贴纸或奖券都可以累积起来兑换更大的奖励，比如，一场班级聚会或一项特殊待遇，从而有效地强化积极的行为。反之，教师也可以引入一个透明的后果制度来管理学生的不良行为，如果学生屡次出现不良行为，就会失去奖券或特殊待遇，从而阻止此类行为。这种平衡的方法通过有形的奖励去激励学生表现出积极的行为，并为不良行为设定明确的期望和后果，从而营造一个积极有益的学习环境。

2. 课堂管理：外在动机可以帮助学生更有效地完成任务和管理时间。例如，教师可采用积分奖励制度，学生在规定时间内完成作业可获得积分。这些积分可以换取额外的课间休息时间或家庭作业及格等特权。这种方法不仅可以鼓励学生按时完成任务，还能教给学生时间管理和分清轻重缓急的宝贵技能，体现了外在动机在营造高效学习环境中的实际应用。

3. 学习：外在动机是保持学生参与度和积极性的重要工具，尤其是在学生完成具有挑战性的作业或任务时。假设教师引入了一种奖励制度，利用贴纸或证书来表彰学生的努力和成就。例如，学生在完成难度较大的数学作业或综合阅读作业后，会获得一张贴纸或一张成绩证书。这种实实在在的表彰不仅是对他们眼前成功的庆祝，也能激励他们和同伴在未来坚持完成具有挑战性的学习活动。教师将这些奖励与具体的学业成绩挂钩，有效地利用外在动机来营造一种环境，使学生的毅力和努力都得到了高度赞赏与奖励，从而鼓励他们热情地迎接挑战。

4. **体育活动**：外在动机能极大地鼓励小学生参加体育活动，帮助他们养成健康的生活习惯。想象这样一个场景：老师或体育教练引入了一个奖励制度，为那些经常参加学校运动队或体育活动项目的学生颁发奖品或奖杯。例如，如果学生参加了学校足球队的所有训练课，或者在跑步俱乐部中取得了最佳个人成绩，就可以在学期结束时获得奖品或奖杯。这种制度既肯定了某些学生的投入和成就，也给了其他学生参加体育活动并尽最大努力的强大动力。教育者提供这些外部奖励，有效地推广了学生积极参与的文化和增强了学生的健康意识，证明了外在动机对培养学生参与体育活动和养成终身健康习惯的积极影响。

动机主要体现为内在动机或外在动机，但两者兼而有之的情况并不罕见。个人在受到外部奖励的诱惑的同时，也经常会有参与某项活动的内在欲望。内在动机在促进卓越表现和面对挑战时的毅力方面的重要性不容小觑。相关研究一致表明，与那些主要受外部奖励驱动的人相比，主要受内在动机驱动的人往往更出色，表现出更强的韧性。一个人对外在动机的严重依赖会削弱他的内在动机。这种优异的表现和惊人的毅力归因于受内在动机驱动的人参与活动纯粹是为了获得快乐和满足感，而不是为了任何外部奖励或结果。

第二章　任务价值

想象这样一个场景:有一名学生对学习科目提不起兴趣。他经常无精打采,上课时注意力游离于复杂或乏味的教材之外。问题来了:这样的学生能对这些具有挑战性的学科产生亲近感吗?

在探究内在动机及其对学习的影响时,我们可以清楚地看到,并不是所有科目或任务都能自然而然地吸引学生,使他们产生兴趣或兴奋点。当学生面对复杂、乏味或不吸引人的课题时,老师的帮助就变得至关重要了。任务价值是提高学习参与度的关键因素,尤其是当内在动机减弱的时候。

任务价值是指一项学术活动或任务被感知到的重要性、相关性和个人意义。它对我们在教育事业中的参与度、毅力和成就起着至关重要的作用。从本质上讲,任务价值是我们对一项任务的价值及其结果的价值的信念。我们意识到某项任务是有价值的,这会激励我们投入时间、精力和资源去完成该任务,从而提高满意度和成就感。

正如威格菲尔德(Wigfield)和埃克尔斯(Eccles)的研究(1992)[1]指出的,任务价值的构成是多方面的,包括成就价值、内在价值、实用价值和任务成本。尤其是成就价值，它反映了一项任务与我们个人需求的契合程度，以及与我们理想的自我形象和实际的自我形象的关联程度。它超越了学术层面的关注，与我们的社会认同和个人身份紧密交织在一起。研究人员认为，与我们的自我意识产生共鸣的任务更有价值，这凸显了身份认同对学习动机和学习方法的深远影响（Eccles & Wigfield，2020）。[2]"身份认同"这一概念对于理解学业成就价值至关重要；它将任务与我们的自我认知紧密联系在一起，以至于参与这些任务成为我们身份的一种表达方式。

例如，苏宪平博士将自己的身份视为类似"达·芬奇"的学习者，他渴望吸收各门学科的知识。这种身份认同促使他学习了从经济学到心理学等众多学科，展示了强烈的自我意识如何让具有挑战性的任务变得更加可行和富有意义。同样，那些把自己视为领导者的学生自然会被社团角色、小组项目和协作工作吸引。那些自以为是"可持续发展的科学家"的学生会更加关注和致力于与保护地球资源有关的课题。这些例子凸显了身份认同对学生学习动机和参与度的重要影响。

另外，内在价值是我们在学习中发现的深层价值和意义。它独立于外部奖励或认可而出现，植根于某一学科或学习活动带给我们的内在喜悦、满足或兴趣。它是在探索和获取知识的过程中找到个人满足感和乐趣的本质所在。这种价值观培养了我们对终身学习的真正热爱，也促进了我们的自我激励、好奇心以及我们对教育之旅的投资。

内在价值的核心要素是沉浸式参与带来的纯粹乐趣。一个人被内心驱使去学习纯粹是为了学习过程提供的乐趣和满足感。苏宪平的侄子就是一个很好的例子，他选择了国际文凭（IB）课程，这是一种为 11 年级和 12 年级学生设计的具有挑战性的综合学术课程。他的这一选择充分体现了他对教育内在价值的深刻欣赏。他没有选择可能会提高其 GPA 的课程，而是有意选择了要求更高的科目，虽然他也充分意识到这些科目可能会降低他的考试分数。他的这一决定凸显了他对学习的坚定承诺，他重视丰富自己的头脑、培养自己的技能，而不是追求更高的分数。如此，他在好奇心和他对知识的真正热情的驱使下，接受了终身学习的精髓。

实用价值围绕着一项任务在实现个人目标方面的有用性而展开。它承认任务可能不是最终目标，但可以作为实现特定目标的垫脚石。实用价值衡量的是一项任务对当前或未来目标的贡献程度。例如，完成一门必修课程具有很高的实用价值，因为它可以让我们离毕业更进一步（Schunk et al., 2014）。[3]当一项任务直接与个人目标相一致并影响到我们的自我概念时，区分实用价值和成就价值的难度就会变大（Eccles & Wigfield, 2020）。

理解实用价值的关键概念是"有益"。感知到的"益处"和与特定任务相关的积极结果在决定其效用方面起着至关重要的作用。当学生评估一项任务时，他们会根据自己更广泛的目标和抱负来衡量任务的潜在益处。评估任务的实用性和相关性有助于确定任务的效用，使其成为决策的重要组成部分。学生可能会更积极地完成一项非常有益的任务，因为它有助于向预期目标迈进。

最后，任务价值与任务成本（从事一项任务所需的精力、时间或资源）相互交织在一起。提高学业成绩需要更多的学习时间、辅导课程或额外的阅读量，这可能会减少用于休闲或社交等其他活动的时间。因此，所有任务（包括学术努力）都会产生与参与任务相关的感知成本（Flake et al., 2015）。[4]

任务价值的关键在于"权衡取舍"。在考虑任何任务时，都要认真考虑完成该任务可能需要放弃的东西。篮球传奇人物科比·布莱恩特（Kobe Bryant）就是一个好例子，他每天从凌晨4点训练到早上6点，牺牲额外的睡眠时间来领先于自己的竞争对手。他相信，这种额外的练习会让他在未来的岁月中获得巨大的优势，因此，这种牺牲是值得的。

我们要解读任务价值的多面性，从而深入了解任务价值是如何影响我们的参与度、激发我们的动机和丰富我们的整体学习经验的。我们要认识和培养任务价值的不同组成部分，从而提高自己对具有挑战性学科的鉴赏力，并拓宽视野，充分释放我们作为学习者的潜能。任务价值使我们能够从目的性和相关性的角度来看待最艰巨的课题，推动我们成长和取得更大的成就。

与任务相关的成本和完成任务所需的努力（感知到的努力或实际付出的努力）密切相关，并与任务的潜在益处和价值相权衡。重视任务结果的学生往往认为成本较低，而不太重视任务结果的学生则认为成本较高。此外，选择这项任务而不是那项任务所带来的工作量与收益之间的权衡也会影响人们对任务成本的感知。任务的情感因素，包括与任务相关的潜在的负面情绪、情感和焦虑，也会进一步影响我们对任务成本的整体感知（Eccles & Wigfield，2020）。

作为教育者，掌握"任务价值"的概念对于激励学生积极参与学术活动至关重要。教师要了解任务价值的四个主要组成部分（成就价值、内在价值、实用价值和任务成本），以便精心设计符合学生需求、目标和兴趣的学习体验，从而增强他们的学习动力。此外，教师如果认识到与学术活动相关的任务成本，就可以理解为什么有些学生对特定任务的参与度较低，从而提供必要的支持和鼓励。教师在备课时考虑到任务价值和成本，就能为学生打造一段更有意义且令人着迷的学习旅程。

为了说明任务价值的实际应用，让我们设想这样一个场景：一位教师希望围绕植物光合作用的复杂过程设计一段令人着迷的学习活动。通过利用任务价值的概念，教师可以精心设计一种学习体验，吸引并激励学生深入探究这一生物现象的奥妙。

成就价值

为了强调学习（如光合作用）的成就价值，教师可以将该学科与学生的个人梦想和学术抱负联系起来。教师可以强调，了解这一过程不仅是学校课程的要求，也是学生在环境科学、生物学和可持续发展相关领域实现目标的垫脚石。例如，憧憬未来从事环境保护工作的学生可能会认为掌握光合作用对他们作为"地球守护者"的身份认同至关重要。这些知识直接应用于生态管理和政策制定领域的相关职业，使他们能够做出明智的决策，从而保护和管理自然资源。通过将光合作用的概念与学生自我定义的角色和期望对世界产生的影响联系起来，教师可以激发学生对这门学科的深度认可和赞赏，并强化自己在学生智力和职业成长过程中的价值。

内在价值

要发掘学习的内在价值，请为学生营造创意表达的氛围和创造人际交往的机会，以此来鼓励他们。比如，让他们拍摄周围的植物，并写下那些植物进行光合作用的细节（见图2-1），从而与研究对象建立起亲密互动。这项活动不仅将这一概念带

图2-1　正在研究光合作用的孩子

入生活，还展示了光合作用在自然界中的普遍性。此外，教师要鼓励学生进行实验，观察光合作用的实际过程。这样的亲身经历可以激发学生的好奇心和兴趣，加深他们对光合作用过程的理解和欣赏。通过这些方法，学生可以看到光合作用的相关性和奥妙之处，从而提高他们的参与度和学习体验。

实用价值

我们要专注于学习光合作用的实用价值，将该主题与农业、环境科学和医学等领域建立联系，展示其实际益处。强调这一知识可以帮助人们做出更环保的食品选择或改善园艺实践。我们必须认识到，实用价值是主观的，这意味着可以引起某一个学生共鸣的东西可能不会引起另一个学生的兴趣。在这样的知识背景之下，教师在展示话题相关性方面的创造力就起到了至关重要的作用。教师要确保学生了解光合作用与他们的目标和日常生活的关系，然后根据每个学生的情况调整自己的教学方法，使主题明确而有说服力。

任务成本

任务价值的概念为教育者和家长提供了一个宝贵的工具，用于理解任务成本或"权衡取舍"。苏宪平曾经是一位学校管理者，他与家长的互动凸显了教育面临的复杂挑战。在一次交流中，一位家长表示，尽管双语教学有各种优势，但她的儿子对学习中国普通话不感兴趣，这让她很苦恼。

苏宪平提出了一种更具策略性的方法，即允许孩子们追求激发他们热情的科目，无论是体育、视觉艺术还是表演艺术。这样做的目的是通过优先考虑具有个人意义的活动来培养孩子的参与意识。苏宪平承认，这是一个关于权衡利弊的问题。选择放弃中国普通话的学习，意味着无法享受这门语言的潜在好处。然而，事实证明，如果感知不到中国普通话的价值，继续努力就可能会收效甚微。

这种方法揭示了认识一项任务的价值与追求（或不追求）该任务的代价之间的微妙平衡。苏宪平强调教育要符合学生的兴趣，促进有意义且有吸引力的学习，甚至不惜放弃某些福利。最关键的因素是确保学生对那些对他们有个人意义的科目充满热情，并全身心地投入到学习中去。

教师可以通过考虑任务价值的四个要素，设计出符合学生需求、目标和兴趣的学习活动，从而提高他们的学习动机。教师可以通过强调成就价值、内在价值和实用价值，认识和减轻潜在的任务成本，为学生创造更有意义且更有吸引力的学习体验。

大量研究表明，任务价值与学习成绩呈正相关（Al-Harthy et al., 2010[5]; Liem et al., 2008[6]; Metallidou & Vlachou, 2010[7]）。例如，阿尔哈尔蒂（Al-Harthy）和阿尔扎夫拉（Aldhafri）进行了一项研究（2014），旨在调查任务价值是否能预测学生的自我效能感和学业成绩。他们采用问卷调查的方式，对苏丹卡布斯大学随机选取的一大批学生（284人）进行了任务价值和自我效能感的评估。他们用GPA来衡量学业成绩。研究结果显示，任务价值与自我效能感之间存在明显的正相关，这意味着，更加重视学习过程的学生往往具有更高的自我效能感。此外，任务价值和自我效能感与GPA之间也呈正相关，这意味着，重视课程的学生在GPA衡量的学术成绩方面会表现更好。因此，研究人员们建议大学机构在设计和实施教育项目时考虑学生对课程的重视程度（Al-Harthy & Aldhafri，2014）。[8]

那些高度重视自己任务的学生往往会在学习中投入更多的认知努力。例如，梅塔利杜（Metallidou）和弗拉乔（Vlachou）的一项研究（2010）调查了希腊中部263名五年级和六年级学生的教师评价与他们对任务价值的认知之间的关系。研究人员使用了"学习动机策略问卷"（MSLQ）中的任务量表来测量任务价值。结果表明，与数学任务价值信念较低的学生相比，数学任务价值信念较高的学生被描述为认知和元认知技能更强的学习者。这些发现也支持了先前的研究，即学生较高的任务价值与他们的动机水平、元认知技能和策略性行为密切相关。

就个人而言，作为教师，我相信你们一定遇到过对某些科目似乎不感兴趣或无心学习的学生。也许他们觉得这门学科枯燥乏味，或者认为这门学科与他们的未来无关。请允许我分享我的合著者苏宪平博士的一则轶事，这是关于他女儿的求学历程的故事，也许会引起你们的共鸣。苏宪平的女儿主修人力资源与数字文化，她对分析类课程感到很头疼。她发现这些课程与她未来的职业理想脱节，而且她常常做不完那些烦琐且乏味的作业。然而，当她在一家科技公司面试一个令人垂涎的职位时，面试官明确地询问了她关于数据分析的问题，接着，一个有趣的转折发生了。

突然间，数据科学的重要性对她来说变得清晰起来。让她惊讶的是，她主动报名参加了一个数据科学速成班，在数据分析课程中也变得更加积极和投入了。她甚至开始感激那些繁重的家庭作业。这个故事是学习中任务价值重要性的有力证明。理解任务价值的重要性可以显著影响学生的学习动机和学习成绩。作为教师，我们需要让学生清楚地了解每个科目的相关性和适用性，帮助他们感知任务价值，提高他们的学习积极性。

现在回头来看看实证研究，李（Li）和他的同事们报告了一项有趣的研究（2021）[9]，调查了两种任务价值（成就价值和实用价值）之间的关系，以及它们对学业成绩的影响和对学生抑郁症状的潜在影响。这项研究涉及中国一所小学的897名四年级学生，以及821名小学生的交叉验证样本，最终纳入了1718名受试者。学生们完成了相关测量，而他们的父母则在连续两个学期的中间报告了学生们的抑郁症状，每个学期末则会对他们的学业成绩进行评估。结果表明，成就值与效用值之间存在正相关关系。具体来说，一项任务的成就价值越高，实用价值就越高，反之亦然。这一发现意义重大，因为它表明，修改外部参数（实用价值）可以提高成就价值的内部价值成分。

研究人员还发现了一个值得注意的现象，即学生最初的学习成绩（即基础成绩）与后来的成就价值和感知的实用价值呈正相关。这表明，学生在体验到成功之后，开始更加欣赏这门学科,并认为它更有用且更适用了。这些研究结果表明,教育者应设计专门的干预措施,旨在提升成就价值和实用价值的高度协作,从而促进小学生的积极成长与进步。

在童年时期,尤其是在小学阶段,孩子们习得的任务价值观以及他们对教育与工作的态度,可以继续塑造和影响他们的个人动机和行为。安德鲁·卡内基(Andrew Carnegie)就是这一理念的代表人物之一。1835年,卡内基出生在苏格兰,13岁时随家人移民到美国,他一路崛起并跻身于世界富豪之列的历程充分证明了勤奋、决心和对知识价值的坚定信念的力量。尽管出身贫寒,卡内基还是奋发向上,从一名工厂工人,一步步晋升为一名电报员。他最终成为宾夕法尼亚铁路公司总裁托马斯·A. 斯科特(Thomas A. Scott)的私人秘书,斯科特也成了卡内基的良师益友。

卡内基凭借自己的勤奋和决心,在企业的阶梯上节节攀升,最终成为世界领先的实业家和大富豪。然而,尽管取得了成功,卡内基仍然保持谦逊,从未忘记自己贫寒的出身。他将自己大部分的成功归功于自学的学习方法和他对知识力量的坚定信念。卡内基是一个如饥似渴的读者,总是寻找学习和拓展自己对周围世界理解的机会。他认为教育是成功的关键,即使在忙碌且成功的商人生涯中,他也把教育放在了首位。卡内基还相信自我调节和控制的重要性,总是努力提升自我和发展自己的能力以实现自己的目标。这些价值观和信念在卡内基成为世界首富的旅程中发挥了重要作用。这些价值观和信念还帮助他脱颖而出,成为一位虚怀若谷且自强不息的人(Carnegie

Corporation of New York, n. d.)。[10]

安德鲁·卡内基从出身贫寒到成为历史上最成功的实业家之一,这一非凡的崛起充分体现了内在动机和终生追求知识的重要影响。正如纽维尔(Neuville)等人开创性的研究(2007)所探索的那样,这种关于个人成长和坚定不移地相信教育是通往成功之路的叙述,为理解学习动机与学习成绩之间错综复杂的关系提供了一个令人信服的背景。

纽维尔等人在研究(2007)[11]中探讨了动机变量如何影响184名比利时心理学一年级学生的成就行为。研究人员结合任务价值、自我效能感和目标取向等因素进行分析,不但能预测学生的学习成绩,还能预测他们的选课情况。研究结果显示,任务价值的增加与学业选择、成绩、学习策略和行为结果呈正相关。这表明,虽然任务价值可能不会直接影响学习成绩,但它在塑造重要的行为参数(如选择学术课程和采取有效的学习策略)方面起着至关重要的作用。这项研究强调了任务价值是如何通过影响其他重要的行为方面来间接影响学习成绩的,这与卡内基关于将个人追求与教育努力结合起来以获得持久成功的信念不谋而合。

鉴于任务价值在传统环境中对学习的影响,让我们来探讨它在快速发展的线上教育领域中的作用。近年来,线上教育大受欢迎。根据美国高等教育综合数据系统(IPEDS)的数据,2018年秋季,超过690万名学生(占美国学生总数的35.3%)在授予学位的高等教育机构参加远程教育课程。而至少选修过一门线上课程的学生的人数从2008年的约20%增至2018年的

50%以上。在欧盟，线上学习的人数比例甚至更高。例如，在塞浦路斯，2020年有高达85%的人学习过某些学科的线上课程，其次是荷兰，这一比例高达83%。在欧盟接受研究的所有国家中，至少有50%的个人参加了某些学科的线上课程。因此，一个重要的问题是，在线上教育中，"任务价值"等参数是否同样有效，就像在常规的线下课堂中那样成功。

李（Lee）及其同事的研究（2020）[12]对这一问题进行了更详细的探讨，他们调查了大规模的线上公开课程（MOOC）学习者的任务价值、自我调节学习策略和学习成绩之间的关系。为此，研究人员与184名受试者合作，后者参加了两门MOOC课程并完成了多项调查。通过相关分析，研究人员发现，任务价值与自我调节学习策略之间存在正向线性关系。更详细的分析表明，任务价值是"自我调节学习"（简称SRL，详见第十七章）的重要预测因素。具体来说，从统计学角度看，任务价值高的学习者的自我调节学习的平均得分明显高于任务价值低的学习者。因此，这些研究结果表明，任务价值不是影响学习成绩本身的一个基本因素，而是影响自我调节学习的一个关键点。重要的是，任务价值对于线上学习和线下课堂学习同样重要。

这些研究结果向我们展示了价值在学习过程中所起的重要作用。当学生看到一门课程及其内容帮助他们实现目标时，他们更有可能不仅按时上课并完成作业，而且会享受学习的乐趣。例如，苏宪平的女儿从"敷衍了事地走过场"转变为全身心地投入有关数据科学的学习，就是因为她看到了学习对她未来的帮助。迪特里希（Dietrich）及其团队的研究（2019）[13]揭示了任务价值对我们选择参与学校工作的原因的启示。这些原因源于我们认为任务多有趣、多有用和多重要，以及是否值得我们付出努力。对苏宪平的女儿来说，努力学习和获得更多知识的益处变得比她付出的努力更有价值。

下面再回头看看苏宪平女儿的例子：她成功地改变了重要课程的成就价值和实用价值，这是否意味着普通学校的学生也能塑造自己的学习动机呢？一般来说，动机水平可以调节吗？研究人员指出，人们对成就的需求并不一定在其一生中都保持稳定不变。当学生从小学升入初中或高中时，他们的动机、信念、价值观和行为通常会发生变化（Eccles & Midgley, 1989）[14]。在这种转变过程中，随着他们适应新的学业和社会期望以及潜在的新环境，他们对成就的需求和动机可能会发生变化。

教师可以通过多种方式提高课堂任务的价值。其中一个切实可行的步骤就是将学习材料和与学生息息相关的现实生活中的实际行动联系起来。苏宪平博士回忆起他担任学校管理者时发生的一件事：当时，一位女老师注意到她的一名学生在数学课上很难保持学习的积极性。这个男同学是个天赋异禀的运动员。这位老师知道，可以利用该学生对篮球的热情来提高他学习数学的积极性，虽然说，在这名学生的眼中，数学与他的运动目标无关。

这位老师在数学课上融入了篮球统计数据和比赛策略。例如，她让学生们计算不同球员的投篮命中率，或者根据球队的战绩确定球队获胜的概率。她还强调了数学技能在分析比赛数据和制定策略方面的重要性。

让她高兴的是，这名学生对数学的学习态度逐渐发生了变化。他开始认识到数学对他未来作为篮球运动员的职业生涯多么有用，学习的积极性也随之提高。这个例子说明了成就价值（或任务与个人目标的相关性）如何极大地影响学习动机和学习成果。

研究表明，重视学习任务的学生往往在学业上表现更好。作为教师，了解学生对课程的重视程度并帮助他们认识到学习的重要性是很重要的。当学生将自己的身份与所学的内容联系起来时，他们更有可能投入到学习中，从而取得更高的学业成就。教师还可以提供外部线索（比如，强调课程内容的实用性和相关性）来增强学生的内在价值成分。这样做可以提高学生的学业成绩，并减少学生的抑郁症状。因此，教师在课堂上提升学生的价值感和目标感对于帮助学生充分发挥潜能至关重要。

第三章 控制信念

你有没有想过，为什么有些孩子对自己更有信心，似乎能更好地控制自己的行为和行动？这个问题的答案在于"控制信念"。控制信念对孩子的学习成绩至关重要，因为它塑造了孩子对自己影响学习和成绩的能力的想法和态度。那些控制信念坚定的孩子往往会自信地完成任务，即使遇到困难也更有可能坚持到底。相反，那些控制信念薄弱的孩子可能会轻易放弃，面对挑战也会气馁。在孩子身上培养强大的控制信念有助于培养他们的成长型思维模式，使他们相信自己有能力学习和成长，从而提高学习成绩，获得更大的成就感和满足感。

在继续讨论之前，我们必须先区分两个关键概念：控制信念和能力信念。在教育心理学中，理解能力信念和控制信念之间的微妙差异，对于教学设计和学生的参与度至关重要。能力信念是指学习者对自己的智力和体能的自我评价。这就好比学生的内部审计，他们会衡量自己的技能组合，以便确定自己是否能够完成某项任务。例如，学生可能会问自己："我是否具备解这个方程的数学技能？"

控制信念的核心是学生对自己影响结果的能力的认知。简单地说，控制信念就是指学习者对自己能否有效运用技能以获得预期结果的信念。因此，问题的焦点从"我能做这件事吗"转变为"我能通过我所做的事情来控制结果吗"。

在课堂环境中，能力信念会影响学生投入学习的意愿，而控制信念则会影响他们持续努力的程度和策略的应用。如果你认识到其中的细微差别，就能调整你的教学方法，增强这两种信念，从而提高学生的学习效果。

为了更清楚地区分这两个概念，我们可以将控制信念理解为涵盖一个人自我认知的更广泛方面，而将能力信念聚焦一个人能力的更具体方面。当一个人拥有强烈的控制信念时，就好像他在宣布："我掌握着自己学习旅程的缰绳及其最终的结果。"相反，强大的能力信念则传达了这样的信息："由于我在某一特定领域的精通，我完全有能力完成这项任务"（Schunk & Zimmerman，2006）[1]。请记住，控制信念和能力信念会影响任务执行的不同阶段，我们不能将两者混为一谈。

控制信念和能力信念之间的关系在塑造孩子的学业旅程和整体自我认知方面起着至关重要的作用。强大的控制信念往往为培养健康的能力信念铺平道路，形成了一种积极的反馈循环，增强了孩子应对学业挑战的信心和能力。这是因为，当孩子们相信他们能够控制自己的学习结果时，他们就更有可能投入到学习中去，并坚持不懈，克服重重困难，直到取得成功，这样也增强了他们对自己能力的信念。

然而，重要的是要认识到，对自己能力的坚定信念并不等同于对结果具有强大控制力的信念。比如，一个篮球运动员知道自己是一个出色的投手，却怀疑自己是否有能力影响比赛结果。他认为比赛结果是球队的整体战略或对手实力等因素造成的，自己无法控制。同样，学生可能认识到自己的能力，但因为外部挑战（如考试焦虑、时间限制或资源有限）而感到自己对学业成功无能为力。在这种情况下，培养学生对自己有能力控制结果的坚定信念就变得至关重要了。强烈的控制感就是强大的杠杆，它可以放大强大的能力信念对学生的学业成绩和整体福祉的益处。而控制信念与能力信念之间的这种协同作用还可以形成一个自我强化的循环，提升学生在学业追求中的自信、韧性和成功率。

想象一下，索菲亚（Sophia）和莎拉（Sarah）是两个正在准备数学考试的学生。索菲亚的数学能力很强，数学成绩一直很好，而且她知道自己能够解答复杂的难题。然而，她的控制信念较低，因为她担心自己的考试焦虑和考试时限。莎拉在数学方面的能力信念较低。她在数学方面一直很吃力，总是怀疑自己是否有能力解答数学考试中的难题。然而，莎拉的控制信念较高，因为她养成了有效的学习习惯，知道通过练习可以提高自己的数学技能。

索菲亚在考试期间感到极度焦虑，她觉得自己记不起来学过的任何东西。她把注意力都集中在自己无法控制的情绪上，以至于没有尝试着去努力解答数学题。而莎拉运用自己学到的学习技巧，以坚定的态度对待每一道题。虽然莎拉也会遇到一些较难的问题，但她会保持专注，努力完成考试。

在这种情况下，莎拉强烈的控制信念使她能够坚持下去，克服了她那薄弱的能力信念。相比之下，索菲亚薄弱的控制信念阻碍了她利用强大的能力信念来取得成功。这说明了控制信念和能力信念如何对任务绩效产生重大影响（见图3-1）。

图3-1　焦虑情绪（左）与控制信念（右）在行动中的对比

事实上，艾奇森（Ajzen）[2]认为，一个人的控制信念既可以提高也可以降低他的任务绩效（2002）。他指出，控制信念对于塑造我们的行为和影响我们实现目标的能力至关重要。我们可以通过培养坚定的控制信念，在生活的各个领域提高成功的机会，包括学业成绩、职业成功和人际关系。穆万热（Muwonge）及其同事对来自7所大学的1081名学生进行了研究（2019年，首次发表于2018年）。[3]研究人员让所有学生填写修改后的"学习动机策略问卷"的几个子量表，然后将这些数据提交给结构方程模型（一种用于分析和估计变量之间关系的统计技术）。学习控制部分的问卷包括以下项目："如果我足够努力，就能理解学习材料"或"如果我以适当的方式学习，就能掌握这门课的学习材料"。学业成绩是通过学生的GPA来衡量的。研究发现，学生对学习的控制信念可以对其学业成绩产生显著的间接影响。这种影响是通过提高批判性思维和组织技能来实现的。因此，那些重视自己的任务并感觉能掌控自己学习的学生，往往认知参与度会更高，学习成绩也会更好。

内在控制点

控制信念与心理学中的"控制点"理论密切相关，特别是"内在控制点"，正如佩里（Perry）等人研究的那样（2001）[4]。该研究探讨了学生对学业成果控制感的认知（可视为控制信念的一个方面）如何影响他们的学业成绩。这种观点与"控制点"理论相吻合，其中"内在控制点"意味着通过自己的行为（如学业成绩、人际关系和职业成功）来控制结果的个人信念。

内在控制点高的学生相信可以通过积极的行为和动机来影响自己的学业成绩，从而减少厌学和焦虑情绪，并获得更高的分数。与此形成鲜明对比的是，内在控制点低或外在控制点高的学生则认为自己的学习成绩是由运气或命运等外部力量决定的，从而导致学习动机降低，厌学和焦虑情绪加重，最终导致学习成绩下降。

简而言之，控制信念和控制点会影响一个人对自己影响结果的能力的感知和参与程度。控制信念更专注于个人在特定领域中行动的有效感知，而控制点则提供了一个更广阔的视角，用以审视个人对成功是由个人能动性还是外部因素决定的普遍信念（Rotter，1966）[5]。理解这两种信念之间的区别以及它们之间的相互关系，可以为学习成绩的提升和整体生活的成功提供有价值的洞见。

佩里等人的研究（2001）进一步探讨了"行为控制"中的"学业控制"与"对失败耿耿于怀的心态"之间的相互作用。研究发现，那些既拥有较高的学业控制感，又对失败有所认知和关注的学生通常能取得更好的学业成绩。这些学生坚信自己有能力影响自己的学业成绩，并注意避免失败，通常比同龄人表现更好。他们的成绩通常比学业控制能力较弱的学生高出将近两个学分。

此外，该研究还表明，仅凭高水平的学业控制能力就能获得某些优势。具备这种特质的学生通常比那些不太关注失败的学生表现更好，通常至少能多得一个学分。佩里等人的研究成果（2001）为教育者和学生提供了重要的启示。他们强调培养学生的控制感和自我效能感的必要性，并建议采用平衡的学习方法，既要意识到潜在的困难，又要保持对自己能力的信心。学生可以通过理解和实施这些理念来提高自己的学习成绩，教师也可以调整自己的教学方法来培养这种思维模式。

鉴于培养学业控制感所具有的明显优势，在学生面临重大教育转型时，解决他们面临的挑战就显得尤为重要，这些挑战可能会严重影响他们的控制感，进而影响他们的学习毅力和学业成绩。对学生来说，无论是开始上学，还是在不同的教育水平或环境之间过渡，都可能遇到挑战和压力。学生可能会被新的学习环境压得喘不过气来，承受着追求成功的压力，甚至可能因此辍学。大学辍学是一个严重的问题，因为它可能导致市场上可用的专业人员减少。那些没有继续接受高等教育的学生收入会减少，压力会增大，甚至可能导致抑郁情绪。针对经济合作与发展组织（OECD）中的23个国家的调查显示，大约有1/3的大学生辍学（OECD，2022）。[6]2014年，德国大学生的辍学率约为33%（Heublein，2014）。[7]第一年的辍学率很高，随后的几年中也会有少量的学生辍学（Mabel & Britton，2018）。[8]德国大学的一项研究显示，47%的学生在第一学年辍学，29%的学生在第二学年辍学，12%的学生在第三学年辍学，第三学年之后还会有12%的学生辍学（Heublein et al., 2017）。[9]针对这一问题，雷斯蓬德克（Respondek）及其同事（2020）[10]研究了"学业控制感"（简称PAC）在整个本科课程中的变化，以及这种变化如何预测大学辍学率和大学成绩。

更具体地说，雷斯蓬德克等人（2020）在长达三年的时间里跟踪了一大批学生（1007人）的学习进度和控制信念。研究者们报告称，在此期间有271名学生辍学（约占27%）。他们还发现，尽管大一学生的学业控制感平均而言有所下降，但学生之间的差异很大，因此一些学生的学业控制感反而增强了。此外，研究还表明，感知控制方面的这种积极变化与辍学率的降低有关。感知控制能力的增强也预示着随后的大学成绩的提高。最后，研究还证实，大学成绩在感知控制与辍学之间的关系中起中介作用。也就是说，该研究发现，学业控制信念与大学辍学之间存在着显著的间接关系。大二时，PAC的积极变化与大二成绩的提高相关，而大二成绩的提高又与大二辍学率的降低相关。这些研究结果强调了学业控制感与大学成绩之间的纵向关系及其对随后辍学的影响。

该研究凸显了学生受教育历程中的关键时期，尤其是在学习初期，这一时期面临着重大的挑战和很高的辍学率（Respondek et al.，2017）。[11]据观察，在这关键的第一年，学生对自己影响学业成绩的能力的信念可能会明显下降。

该研究还表明，更高的内在控制点与更强烈的自我效能感及更优秀的学业成绩相关（Nunn et al.，1986）。[12]例如，谢泼德（Shepherd）及其同事（2006）[13]发现，GPA较高的学生更相信内在控制点的力量，这意味着他们将自己的学业成功归因于自己的努力和能力，而不是外部因素。这一发现在来自不同学校、具有不同社会和种族背景的学生中都得到了证实，凸显了内在控制点积极影响的广泛适用性。

众多其他研究也牢牢地确立了内在控制点与学业成功之间的正相关关系。哈尔（Hall）等人（2008）[14]发现，学生在入学第一年的内在控制点出现了令人担忧的下降趋势，这可能会对他们的学业轨迹产生负面影响，甚至导致辍学。雷斯蓬德克等人（2020）进一步研究了这一现象，考察了学生在本科学习期间对学业控制的感知是如何演变的，并发现了较低的内在控制点和较高的大学辍学率及较低的分数有关。值得注意的是，吉福德（Gifford）等人（2006）[15]对3000多名大一新生进行了大规模研究，结果表明，那些内在控制点更高的学生，学习成绩更好，这与大学预科ACT分数的预测能力相当。这一发现表明，由于在学校表现良好而形成的内在控制点可能成为一种适应机制，有助于提高学生学业成功的概率，还能体现总体的智力水平。总之，这些研究强调了在学生中培养强烈的内部控制感的重要性，因为这一概念的动态性质表明，有针对性的支持和积极的反馈可以帮助学生重新控制他们的学习环境，增强他们的自主感，最终改善他们的学习成绩和个人成果。

内在控制点的缺失不仅可能成为学生取得优异的学业成就的障碍，还可能引发消极的行为模式，进一步影响他们的学业表现。例如，詹森（Janssen）和卡特恩（Carton）的研究（1999）[16]表明，那些自称外在控制力较强的大学生在完成任务时也会拖延，而且更容易受到任务难度的影响。换句话说，如果一个学生无法在付出的努力和学业成果之间建立清晰的心理连接，他就会在面对挑战性的任务时失去动机或热情，他会感到无聊，因为他的行为似乎与未来的事件无关。这种态度会导致学习成绩（或其他成绩）下降，而学习成绩下降又反过来支持缺乏控制的观点，并且这个过程会不断重复。值得注意的是，这种重复的模式不受性别的影响，在不同种族和社会经济背景的人群中都有相同的发现。

上述关于控制点在学业成就中所起作用的研究主要集中在高中生和大学生身上。但是，控制点是否也在小学阶段发挥作用呢？为了回答这个问题，斯泰佩克（Stipek）对89名来自中低收入家庭的一年级学生进行了研究（1980）[17]。他在学年开始时调查了他们的控制点与学习成绩之间的关系，并在七个月后进行了第二次调查。

他发现了一个非常有趣的现象。与来自低收入家庭的孩子相比，来自中等收入家庭的孩子在入学之初更相信他们有能力控制自己的学习成绩。这种信念似乎给了他们一个良好的开端，他们在入学第一年的学习成绩也较好。另外，低收入家庭的孩子在学年中控制自己成绩的信念也显著增强。斯泰佩克的研究表明，孩子对自己生活的控制信念与他们的学习成绩之间存在直接联系，这对其他只关注短期数据的研究结果提出了挑战。这些研究结果凸显了从小培养孩子控制感的重要性，尤其是因为这可能会影响到他们的学业成绩。

鉴于内在控制点对从小学到大学的学生的学业成绩的显著影响，人们不禁要问：如何才能培养内在控制感？这种能力是与生俱来的、由基因决定的特质，还是可以随着时间的推移而得到培养和增强的呢？先前讨论的研究表明，控制点是可塑的。在中学和大学的最初几年这一充满挑战的阶段，控制感往往会下降，但也可以在小学就开始的一系列磨炼中得到加强。这种适应能力表明，如果采取适当的策略和干预措施，就有可能培养更多的内在控制感，增强学生对自己有能力影响学业成绩的信念。

有趣的是，影响儿童控制点和智力水平的主要因素之一是父母的控制点。戈尔丁（Golding）及其同事的一项研究（2017）[18]发现，母亲在分娩前如何看待自己对事件的控制力（即"控制点"）会影响孩子8岁时的能力。他们研究了一大批母子，即6801名母亲和她们的孩子，他们发现，与那些母亲拥有较高的外在控制点（认为外部因素控制着事件）的孩子相比，母亲拥有较高的内在控制点（即相信自己对事件有更多的控制力）的孩子在 8 岁时的智商得分更高。当有研究对 986 名 4 岁幼儿的智力水平进行测试时，也得到了类似的结果。该研究表明，年轻的成年人在为人父母之前努力加强个人控制力，可能会改善其孩子的认知发展和智力水平。鉴于母亲的控制点会影响孩子的智力水平，控制点是不是由遗传因素驱动，而受到环境因素和养育方式的影响较少呢？薛（Xue）及其同事对 1830 名女性受试者的控制感（控制点）与各种表现指标（如职业地位和体育锻炼）之间的关系进行了研究（2020）[19]。为了控制遗传因素的影响，研究对象囊括了来自澳大利亚的单卵（同卵）和双卵（异卵）双胞胎。该研究通过对双胞胎的比较，确定了内在控制点的变异中有多少可以归因于遗传。结果显示，遗传和环境因素共同塑造了一个人的控制点，其中遗传因素约占变异的 34%，这与之前的相关研究结果基本一致。

除了遗传倾向，加强学生控制信念的另一种方法就是向学生介绍来自他们特定研究领域的那些重视学术成就的榜样人物（Hoy & Spero，2005）[20]。学生往往会模仿榜样人物或老师。通过模仿，学生在执行任务时会获得自信，从而增加他们的内在控制点，因为他们体验到自己的努力可预见地提升学业成绩。同样，尤（You）及其同事的研究（2011）[21] 表明，高中学生对教师和家长支持的感知可以对他们的内在控制点产生积极的影响，从而进一步提高他们的学业成绩。

苏宪平博士回顾了戈尔丁及其同事（2017）和尤及其同事（2011）关于父母和教师的榜样对儿童认知能力影响的研究，他的叙述为"榜样"的概念在实践中的应用提供了一个鲜明的例子。苏宪平回忆了受有限的正规教育的母亲如何极大地影响了他的智力发展。尽管他的父亲只读到小学一年级，他的母亲也只读到高中二年级，但他们并没有因为自己的教育局限束缚住他们对苏宪平的期望。每年夏天，苏宪平的母亲都会为他安排各种课程，旨在丰富他的知识，并为他们的家庭带来实际利益，包括帮助他们改善经济状况的创业课程。

母亲强烈的内在控制感和她对积极塑造命运而不是被动接受环境的信念深深地影响了苏宪平。母亲对苏宪平的教育采取了积极主动和富有创造性的方法，努力为他提供她从未有过的机会，这说明学习和潜能并不局限于正规的教育环境，而是可以通过远见卓识和努力奋斗得到提升的。

父母或其他有影响力的人提供的榜样在小学生的学习中非常重要，因为他们为学生提供了可能实现的榜样，可以激励学生努力学习并追求自己的目标。榜样人物还可以扮演导师的角色，指导和支持学生应对学习和生活中的挑战。安妮·莎莉文（Anne Sullivan）就是教育榜样的一个好例子，她是著名盲聋作家兼活动家海伦·凯勒（Helen Keller）[22]的家庭教师兼人生导师。莎莉文老师与小凯勒并肩作战，帮助她培养交流技能，并教她如何使用盲文阅读和书写。莎莉文帮助小凯勒充分发挥潜能的耐心和奉献精神激励着后辈的教育者和学生们。因此，榜样人物对小学生的学习和成长起着至关重要的作用，榜样的力量可以对学生的一生产生持久的影响。

这里有一些实用的方法，教师可以用来培养学生的信念，让他们相信努力和自主的力量可以助他们成功。

1. **鼓励努力**：内在控制感强的孩子相信自己的努力会带来成功。因此，教师必须鼓励孩子刻苦学习，为实现目标而付出努力。

2. **提供反馈**：反馈对于帮助孩子发展对学习的控制感非常重要。教师提供建设性的、具体的和及时的反馈，可以帮助孩子们看到自己的努力与取得的成果之间的联系。教师以支持性的语气、积极的肢体语言、迷人的面部表情和全神贯注的态度提供反馈，可以加强学生的控制信念，建立情感联系。这种方法还能增强能力信念，使反馈更有影响力，并鼓励学生更深入地参与学习过程。

3. **给予自主权**：让孩子们对自己的学习有一定的控制权，可以帮助他们培养对自己生活的控制感。这可能包括允许他们选择自己的学习活动，让他们对自己的日程安排有一定的控制权，或者允许他们对自己的学习目标做出决定。

4. **教给孩子解决问题的技能**：教师教给学生解决问题的技能，可以让他们感觉更能掌控自己的生活。当他们遇到挑战时，他们将有能力找出可行的方案，并付诸行动去解决问题。

5. **鼓励孩子的乐观态度**：乐观心态与内在控制感密切相关。教师鼓励学生拥有积极乐观的人生态度和对自己能力的坚定信念，可以帮助他们增强对生活的控制感。

6. **在学年开始时组织一次入门研讨会**：为了有效地介绍和示范控制信念等关键概念，教师可以考虑在学年开始时组织一场引人入胜的研讨会或安排一系列互动环节。你可以让学生参与讨论、活动和游戏，以切实可行和贴近生活的方式阐释这些概念。该研讨会应帮助学生了解他们的努力、心态和策略如何影响他们的学习和个人成长。教师可以使用游戏化和小组讨论等互动方法，以一种有趣和令人难忘的方式让学生更加熟悉这些理念。这种方法为本学年定下了积极的基调，并为学生驾驭自己的教育之旅打下了基础。

最后要注意的是，任何神奇的秘诀或标准化的课程都无法调节或培养儿童的内在控制感。从上述研究中可以看出，无论社会经济地位如何，随着时间的推移，小学生与学校教育制度的接触越来越多，他们的内部控制感往往也会增强。换句话说，经验可以提高孩子对环境的期望。内在控制点还与学生认知技能和表现的变化有关，包括注意力和遵守规则的能力。因此，一个支持和促进这些技能发展的家庭环境可以促进孩子内在控制点的发展。此外，只要是合适的榜样，无论是父母、老师，还是来自同一领域的人，都能在培养内在控制点方面发挥积极作用。最后，来自老师或家长的温暖和支持似乎也是内在控制点的重要影响因素。

第四章 自我效能感

20世纪初，凯瑟琳·约翰逊（Katherine Johnson）的求学之路始于西弗吉尼亚州的种族隔离学校，在那里，她出众的数学天赋很快就使她崭露头角。[1]作为一名年轻的非裔美国女孩，她在学业上表现出色，升学速度远远超过同龄人。尽管她的能力有目共睹，但当时的社会壁垒还是给她的前途蒙上了一层阴影。在那个时代，许多人认为她的性别和种族都是她在科学和数学领域取得成功不可逾越的障碍，她的胜算显然很低。

凯瑟琳·约翰逊进入美国国家航空航天局（简称NASA）的历程以早期优异的学习成绩和坚定的决心为标志，这表明她对自己的能力有着根深蒂固的信念。她14岁高中毕业，18岁以最优异的成绩考入大学，她的学业成绩证明了她的数学天赋和学习毅力。尽管凯瑟琳取得了这些成就，但由于当时普遍存在的种族和性别偏见，她的才华迟迟得不到世人的认可。她从教师（当时她可以选择的有限职业之一）转变为美国国家航空航天局（当时简称为NACA）的先驱数学家，这不仅反映了她的雄心壮志，也反映了她对自己有能力为开创性的工作做出贡献的坚定信心。虽然没有公开记载，但这种潜在的自信无疑是她克服社会障碍和实现职业目标不可或缺的因素。

　　凯瑟琳以数学家或"人类计算机"的身份进入美国国家航空航天局，这标志着她以对太空探索的贡献为标志的非凡职业生涯的开始。在美国国家航空航天局，她将自己的数学专长用于解决复杂的问题，包括为美国首个载人航天计划"水星计划"（Project Mercury）计算飞行轨迹。她的工作对确保艾伦·谢泼德（Alan Shepard）1961年的太空飞行和约翰·格伦（John Glenn）1962年的轨道飞行等任务的成功至关重要。谢泼德得益于她的计算成果，成为进入太空的第一个美国人。格伦得益于她的精确计算，安全引导宇宙飞船返回地球。也许最值得一提的是，凯瑟琳在阿波罗11号任务中发挥了至关重要的作用，最终促成了1969年的首次登月。她对登月飞船运行轨迹的计算确保了尼尔·阿姆斯特朗（Neil Armstrong）和巴兹·奥尔德林（Buzz Aldrin）不仅能在月球上着陆，而且还能安全返回地球。这一成就证明了凯瑟琳的卓越技能和她对自己能力的坚定信念。

　　通过观察凯瑟琳·约翰逊的故事，我们可以清楚地看到，她的成功不仅源于她的智力，也源于她的自我效能感。由于种族和性别的原因，凯瑟琳面临着社会的质疑和重重障碍，但她坚信自己有能力为人类历史上一些最重要的成就做出自己的贡献。她的事迹有力地提醒我们，自我效能感对于克服障碍、达到新的高度是非常重要的。

　　自我效能感是心理学中的一个术语，用来描述一个人对自己有能力实现特定目标或完成特定任务的信念。换句话说，它是指一个人相信自己能够在特定情况下取得成功的程度。这种信念基于一个人过去的经验、观察和来自他人的反馈。高水平的自我效能感可以增强面对障碍时的动机、毅力和韧性。与此相反，低水平的自我效能感可能与动机下降、自我怀疑和焦虑有关。自我效能感是心理学多个关键领域中的一个核心概念，涵盖了教育、健康和运动表现等方面。

在上一章中，我们探讨了"控制信念"和"能力信念"，研究了它们如何对我们的学习过程产生影响。自我效能感、控制信念和能力信念是三个截然不同但又相互关联的心理学概念。自我效能感是一个人对自己在特定情况下取得成功的能力的信念。例如，有些学生可能在代数方面具有较高的自我效能感，他们对自己解决代数问题的能力充满信心。控制信念的核心在于个体感知到自己能够在多大程度上影响生活中的结果。对于学习代数课程的学生来说，这可能表现为一种强烈的内在控制感，即学生认为代数学习的成功与否完全取决于自己的努力和能力。他们可能会相信，只要自己投入足够的时间和精力去学习，就一定能学好这门课程。能力信念更为具体，指的是一个人对自己掌握了某一领域某一方面的技能的信心。在我们的例子中，学生可能在代数方面的总体自我效能感很高，对自己理解和解决代数问题的能力充满信心。然而，对于代数的某个特定方面，如复变多项式，他们可能会表现出较低的能力信念。这种区别凸显了自我效能感可以涵盖广泛的技能领域，而能力信念则聚焦于特定的技能或主题。

自我效能感与一个人以往在某一特定领域的经历密切相

关，比如学校里的一门学科或一项运动（Maddux & Gosselin, 2003）。[2] 这种联系意味着，一个人过去在某一特定领域或范畴的经历会极大地影响其在该领域的自我效能感水平。例如，如果一个学生曾在数学方面取得过成功，那么，他就更有可能相信自己有能力在未来的数学相关任务中取得成功。另外，如果一个学生过去曾经在数学学习中苦苦挣扎，那么，他在该领域的自我效能感可能较低，并怀疑自己是否有能力在未来取得成功。然而，自我效能感并不是一个人在生活的所有领域都具有的普遍特征，它只针对特定的领域或任务。例如，一个学生可能对自己的写作能力很有信心，但对自己学习几何的能力不太自信。因此，我们应该针对具体领域的自我效能感进行评估，以便评定一个人的感知能力。这是因为一个人的技能和经验在不同的领域会有很大的差异，其自我效能感的水平也会相应不同。因此，自我效能感的评估往往侧重于特定的领域或范畴（Bandura, 1997）。[3] 本章介绍并讨论了不同年龄段和文化背景下的自我效能感对学业成绩的影响。它探讨了个人对自身能力的信念如何影响他们的学业成绩，并借鉴了不同背景下的研究来阐明这些影响。

施泰因迈尔和他的同事们进行了一项研究（2018），[4] 旨在了解哪些因素能影响八年级和九年级学生的学业成绩。他们研究了各种因素，比如学生的幸福感、他们对学校环境的看法、他们对考试的焦虑程度以及他们对自己能力的信念（即自我效能感）。研究人员让学生填写一份调查问卷，并用他们的GPA来衡量学业成绩。自我效能感对学业成功的预测作用很大，甚至超过了学校的整体环境。这表明，自信且相信自己的能力可能是一个人学习成绩好坏的重要因素。

在另一项研究（2020）[5]中，海亚特（Hayat）和他的同事们旨在探索医科学生对自己学业的自我效能感的信念与这些学生在校表现之间有何关系，以及情绪状态（积极、消极）和学习策略等因素在这种关系中是否扮演了重要的角色。研究者让设拉子医科大学的279名医学生填写了有关其情绪、学习策略和自我效能感的问卷。结果显示，自信的学生倾向于使用更好的学习策略，拥有更多的积极情绪，从而取得了更好的学习成绩。研究还发现，学生的情绪通过学习策略的中介作用而间接影响了学习成绩。这些结果表明，学生的情绪和学习策略等因素会影响他们在学校的表现，而相信自己则能为学生带来巨大的改变。

结合我的个人经历，我发现，在教授患有脑瘫的儿童和青少年英语时，我有幸可以直接观察到自我效能感对学生学业的影响。我注意到，随着时间的推移，我的一些学生似乎在这门学科上表现出色，而另一些学生尽管看起来同样天赋异禀，却在学习英语方面步履维艰。直到我了解了自我效能感的概念后，才开始理解这种成绩差异背后的原因。我记得有一个叫阿列克谢（Alexey）的学生，他一直对自己的能力充满信心，有着很强的自我效能感。他敢于冒险，勇于尝试新事物，从而在英语技能方面取得了长足的进步。

另一个孩子阿努拉（Aynura）很有天赋，但她在完成英语作业和任务时，一直面临着一种特定的自我效能感问题。她对于自己能否有效地完成这些任务感到焦虑和怀疑，这影响了她的课堂表现。据我观察，当阿努拉收到与她在英语任务（如写作文或阅读复杂的读物）中的表现直接相关的积极反馈和鼓励时，她在这些方面的自信心就会明显增强。这种自我效能感的提升使她更积极地参与课堂活动，并以更强的信心和动力去完成英语作业。

这些经历让我意识到，对于学生的学业成功来说，自我效能感是多么重要，尤其是在那些曾经难倒过他们的科目上。作为一名教师，我努力去认可和肯定学生的成绩，并提供建设性的反馈，帮助他们建立自信和自我效能感。这些行动反过来又让我的学生在英语课上表现得更好，并达成目标。

与我的观察结果相呼应的是，积极态度和自我效能感对学习的影响也得到了实证研究的证实。在霍伊加德（Høigaard）及其同事的最新研究（2015）[6]中，他们对挪威482名九年级和十年级的学生进行了调查，这些学生填写了一份有关学校目标、行为、成绩和自我效能感的问卷。研究人员对调查数据进行了分析，以了解这些因素之间的关系。结果表明，自我效能感是各种自我信念与学业成绩之间的中介因素，也就是说，自信的学生往往对学校持更积极的态度，在学业上表现得更好。也就是说，自我效能感作为一种中介因素的事实意味着，那些相信自己能够在学业任务上取得成功的学生往往有着更好的学习态度，因此，他们的学业成绩也会更好。换句话说，自我效能感会影响学生对学校的态度和信念，进而影响他们的学业成绩。自我效能感对学业成功至关重要，自信的学生能在学校取得积极的成果。

自我效能感的另一个显著的间接作用体现在它和参与水平的相互作用上。研究表明，当学生的参与水平较高时，他们更有可能实现自己的学业目标，更快地学习新材料和掌握新技能。参与度是学业成功的关键因素，因为它可以直接调节学生的表现水平。这样一来，学生可能会对自学某一概念或技能的能力充满信心。然而，这种自信只有在学习过程中达到所需的参与水平时才能转化为显著的学业成就。另外，如果学生的自我效能感水平较高，那么，他们参与教育活动的积极性可能会大大提高。托马斯及其同事最近的一项研究（2019）很好地说明了这一点。[7]研究人员对614名学生进行了大样本测试，以便探究自我效能感、学业成绩、期望值和参与水平之间的关联。所有这些因素都是通过各自的问卷调查或考试成绩来衡量的。该中介模式揭示了自我效能感是所有其他过程的基础之一，它影响了参与水平，而参与水平反过来又进一步调节学业成绩。更实际地说，这些研究结果证明，学校课程和其他教育培训项目和干预措施应该强调和激发学生的自我效能感和整体参与度，从而提高他们的学业成绩。

请注意，"参与"这一概念既包括行为参与，也包括情感参与。行为参与是指学生参与学习的活动。这些可观察的活动包括在课堂内外积极参与学术活动、注意听讲、认真遵循与学习相关的指示。情感参与是对学习要求的某种主观情感反应，表现为对学习过程的热情、兴趣和享受（Fredricks et al., 2004）。[8]在研究中，这两类参与往往被放在一起研究，而没有被明确区分开来。这两个维度对于学生的学习过程和学校的日常运作都至关重要（Eccles & Wang, 2012）。[9]

奥利维尔（Olivier）及其同事进行了一项有趣的研究（2020）。[10]他们对671名学生的自我效能感、行为参与和情感参与进行了为期三年（四年级到六年级）的调研，并跟踪了他们的数学成绩进展情况。不出所料，他们发现，从四年级到六年级，自我效能感和数学成绩是相互关联的。早期的自我效能感也与后来的情感参与和学业成绩有关。研究人员发现，五年级学生的自我效能感在四年级的学习成绩与六年级的情感参与之间的关系中起到了中介作用。这是一个重要的发现，强调了这三个因素之间的紧密联系。教师可以根据学生的具体情况调整教学方法和支持策略，从而培养学生的自信心，促进他们的学业成功和情感健康。

早期的学业成功可以促进自我效能感提升，进而促进情感参与度。然而，在大多数情况下，这一过程并不是立竿见影的，可能需要数年的时间才能发展起来。因此，教育者应该制订长期计划，耐心地培养学生的这些关键素质。因此，我们经常可以看到一些从高中起就成绩优异的大学生，他们的成功在很大程度上归功于长期坚持这些有效的习惯。从很小的时候就开始养成良好的学习习惯和保持自我效能感，并一直坚持下去，这对他们在大学阶段取得较高的学业成绩起着举足轻重的作用。

除了针对特定领域，教师的简单指示也能构建或影响自我效能感。这一观点最早由雄克（Schunk）提出，他进行了一项研究（1983）[11]，旨在探讨不同的培训方案如何影响自我效能感和特定领域的成功率。为此，研究人员挑选了40名在数学除法问题上有困难、成绩得分低于30分（百分制）的四年级和五年级的学生。他们将这些学生按照年龄和性别分成四组。在两天的培训中，每个小组都得到了不同的指示。所有学生都得到了一个"任务包"，包括如何做除法题的例子，还有他们可以独立完成的任务。学生们还必须填写一份问卷，目的是在没有实际操作的情况下评定他们对解决这些问题的信心有多大。

然而，有趣的事情发生了：各组学生收到了不同的指示。其中一组学生被告知，许多其他学生已经完成了培训，至少可以解决任务包中的25个问题（"对比"组）。还有一组被告知，练习的目标是解决至少25个问题，但他们没有听到任何关于其他学生如何完成练习的信息（"目标"组）。第三组接受了两个指示：他们被告知其他学生的成功经验，以及他们至少要解决25个问题的目标（"对比+目标"组）。此外，第四组（"控制"组）没有接受特定的指示。

结果显示，"对比+目标"组在训练后的分组测试中表现出最高的成绩，而其他三组没有显著的差异。这些发现表明，目标信息和比较性信息的结合提高了学生在学校的表现。此外，对自我效能感的判断得分的后续分析表明，"对比+目标"组的学生对自我效能感的判断明显高于只接受比较性信息的学生和"控制"组的学生。

雄克的研究证明了为学生设定明确目标并提供比较性信息以激励和支持他们所产生的积极影响。这种结合可以有效促进数学和其他学习技能的发展，还能提升学生的自我效能感。比较性信息之所以能发挥有益的作用，一个可能的原因是，它让学生相信，既然其他许多学生已经成功完成了这项任务，那么这项任务就是可以实现的。教师告诉学生目标是可以实现的，并告诉他们已经有同学完成同样的任务，如此可以激励这些学生成功完成任务。

雄克及其同事的研究探讨了教导学生了解他人的表现，以及鼓励他们接受支持会增强他们对自身能力的信心。根据同龄人的实际成绩或假想成绩为学生提供参照点，可以激励他们向更高的目标迈进。然而，这种方法需要谨慎使用。

普尔福德（Pulford）及其同事的研究（2018）[12]强调了进行社会性比较的风险。他们开发了"学术社会比较量表"（Academic Social Comparison Scale），旨在研究大学生在了解同龄人的成绩之后对自己的自信心有何影响。该研究发现，与更成功的同龄人进行对比会降低自己的自信心，尤其是对女学生而言。相反，较少进行对比的学生往往在阅读、写作和管理时间等技能方面拥有更强的自信心。

这些研究结果强调，在以同龄人的成绩作为参照时，需要采取一种平衡的方法。虽然对比的方法可以推动学生进步，提高他们对可实现性的认知度，但过分注重对比也会损害学生的自信心。教育者应该提倡个人进步和自我提升，营造一个支持性的学习环境。

教师要鼓励学生理解目标"可实现性"的积极一面，这是激发学生的学习动机和提高他们学业成功可能性的重要组成部分。这一点在加齐亚（Gartzia）等人的最新研究（2021）[13]中得到了证实。这项研究针对2165名学生进行了广泛抽样。值得注意的是，该研究发现，随着学生完成任务的能力增强，他们的自我效能感也会随之提高，从而取得了更大的进步。这项研究表明，自我效能感不仅取决于个人的努力和学习成绩，还可能受到学生所处环境和社会交往的影响，甚至可以被这些因素"塑造"和"编程"。这对学生来说尤其重要，因为教师在塑造他们的学业进步和个人发展方面扮演着至关重要的角色。教师应对学生寄予厚望，并提供积极的反馈意见和支持，这样可以增强学生的自我效能感，从而提高学业成绩，促进个人成长。

遗憾的是，尽管该研究一再强调教师在提升学生自信心和学业成绩方面所起的关键作用，但教师自身的反馈意见却往往指向一个更为复杂的情况。这表明教师的看法和期望与学生在遇到学业困境或个人障碍时所需的额外帮助之间存在脱节现象。最近的一项调查报告就阐明了这一观点，该调查的研究对象是来自印度、肯尼亚、马来西亚和印度尼西亚的教师和学校领导，结果显示，只有不到50%的教师认为，无论学生的家庭背景或教育经历如何，所有学生都能学好。世界银行又开展了另一项综合调查（见图4-1），在来自拉丁美洲、非洲和亚洲八个中低收入国家的16000名教师中，有25%~60%的人认为自己没有能力帮助起点低于年级平均水平或来自问题家庭的学生（Sabarwal & Abu-Jawdeh，2018）。[14]

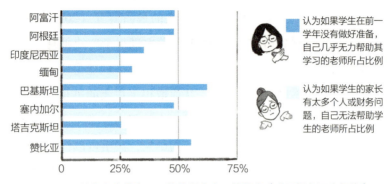

图 4-1 教师在支持表现不佳的学生方面的信心（世界银行调查报告）

朱西姆（Jussim）和哈伯（Harber）在一项审议工作（2005）[15]中总结了 30 多年来对这一主题的研究结果，阐明了教师期望在塑造学生学习成绩方面所起的关键作用。他们发现，教师的期望无论是积极的还是消极的，都可以对学生的学业成绩产生关键性的影响。这项研究还特别强调了"自我实现预言"效应，即教师对学生能力的期望会影响学生的实际表现。

如果将自我效能感与自我实现预言进行类比，你就可以发现，个人的信念和期望对于塑造其行为和产生的结果至关重要。自我实现预言是一种现象，指一个人对未来事件的信念或期望会影响其行为，从而导致假设或期望变成现实。在教育领域，当教师对学生学习成绩的期望影响到学生的实际成绩时，就会出现自我实现预言效应，这通常被称为"皮格马利翁效应"，得名于神话人物皮格马利翁，他创造了一座雕像，因为他相信雕像会复活。

自我实现预言是一种认知偏差，因为它扭曲了个人对现实的感知或诠释。就教师的期望而言，认知偏差可能导致教师根据学生的种族、性别或社会经济地位等因素过高或过低地估计学生的能力。自我实现预言效应并不是学生的实际成绩发生了变化，而是教师对学生成绩的看法影响了他们对学生的行为。例如，如果教师相信学生能取得高分，就会为他们布置更具挑战性的作业和提供学习进步的机会，从而使学生取得比原来更好的成绩。另外，如果教师认为学生不可能取得成功，则可能较少地为他们布置具有挑战性的作业和提供学习进步的机会，从而导致学生的成绩不如预期。朱西姆和哈伯得出了结论（2005），即教师也可以成为强大的变革推动者。如果教师提高对自身偏见的认识并积极加以克服，就可以帮助创造一个更加公平且包容的学习环境。

自我效能感，即学生对自己能够成功的信念，对于塑造他们的期望并促成教育环境中的自我实现预言效应至关重要。在多梅内奇·贝洛特（Doménech-Betoret）及其同事的研究（2017）[16]中，将近800名年龄在12～17岁之间的西班牙学生回答了关于他们的信念、期望和自我效能感（即他们对自己能够成功的自信水平）的问题。研究人员发现，学生的信念和期望对他们的学业成绩和对学校的满意度有一定的影响。学生对教育相关活动和任务的具体信念受其自我效能感的影响，而这些信念又影响着他们的学业成绩和对学校的满意度。由此看来，学生对自己的信念和期望也是决定其学业成功与否的关键。

这项研究具有非常重要的现实意义。研究者们强调的一个要点是，学生在学年之初（开学后的前几个星期）形成的期望值信念㈠可以准确预测他们在整个课程中的成绩和满意度。因此，在课程初期评估学生的期望值信念，有利于发现任何需要改进的地方，并及时加以解决。

为了帮助中学生发展自我效能感，教师必须关注自我效能信念的四个来源：精熟经验、替代经验、社会性说服以及情绪和心理状态（Bandura，1997；Usher & Pajares，2008[17]）。精熟经验包括学生对自己在挑战性任务中的成功进行的解读和评价，这会使他们对自己能力的自信增强。因此，教师应给予学生复杂的任务和成功的机会。学生往往依靠自己的经验来衡量自己的能力。在这种情况下，教育者必须鼓励学生进行自我反思和争取个人进步。教师不应向学生海量灌输关于其他同学成绩的"对比"信息，而应强调设定个人目标和里程碑的重要性，帮助学生建立参照点，鼓励他们通过努力取得个人成功。这种方法可以培养学生更健康的竞争意识，确保学生因自己的成长和成就而受到激励。情绪和心理状态会影响学生的自我效能感，因为消极的心态可以被解释为缺乏技能的证据。相反，积极的心态则可被视为个人能力的指标。当你制订旨在培养学生自我效能感的计划时，应考虑这四个来源。

自我效能感是一种信念，会随着时间的推移而发生变化，并受到许多因素的影响，包括社会支持、过去的经验和感知到的控制力。教师可以给学生提供成功的机会、指导和支持，并

㈠ 期望值信念是指个人对某项任务或活动的成功潜能（期望值）的信心，以及对该任务或活动的重视程度。

强调学习过程而不是结果，以便帮助学生培养自我效能感。

以下是教师帮助学生提高自我效能感的几种实用方法：

1. **为学生提供成功的机会**：教师可以给学生布置具有挑战性但可以完成的任务，这样可以帮助学生建立对自己能力的信心。比如，设定难度逐渐增加的渐进式小目标。

2. **使用正向强化手段**：当学生实现目标或完成任务时，教师应给予积极的反馈，强调学生的努力和能力。这有助于学生明白，他们的成功是由于他们的努力和能力，而不是运气或外部因素。

3. **树立自我效能感的榜样**：教师可以向学生展示自信的力量，并坚持不懈地面对挑战，这样可以树立自我效能感的榜样，让学生明白一个道理：遇到障碍是正常的，重要的是要不断尝试。

4. **鼓励学生自主学习**：教师可以让学生对自己的学习有一定的控制权，比如，让他们自己选择课题或项目，这样可以帮助他们培养对学习的主人翁意识和责任感，让他们感到更受鼓舞，并对自己的能力更有信心。

5. **提供指导和支持**：教师可在必要时提供指导和支持，帮助学生培养自我效能感。这可以包括教给学生解决问题的策略、给予建设性的反馈意见，以及提供机会让学生练习技能并获得反馈。

6. **强调学习过程**：教师可以通过强调学习过程比结果更重要的观念来帮助学生培养自我效能感。通过关注学习过程，学生可以发现努力、坚持和勤奋的价值，这有助于让他们明白自己的能力是可以培养和提高的。

7. 谨防轻易评判和"贴标签"：教师应该不断反思自己如何看待学生和如何对学生进行"分类"的问题，因为这些评判会极大地影响师生互动和师生关系。避免过早"放弃"某些学生是至关重要的。即使在困难时刻，教师也要看到并肯定每个学生克服困难的潜力。这可能需要解决信念问题，特别是围绕学生对其学习历程的控制感。

8. 培养情感参与度：教师与学生建立情感联系，可以提高他们在学习过程中的参与度和投入度。无论是传授教材还是布置学生作业，教师都可以挖掘和利用学生的情感，这样可以增强他们的自我效能感和学习热情。

本章阐明了自我效能感在学业成就中的关键作用。研究表明，自我效能感可以预测学业成功和成就（Høigaard et al., 2015），甚至在移民和少数族裔大学生中也是如此（Zajacova et al., 2005）[18]。自我效能感与学生积极参与课堂活动的愿望增强、学习和考试时的努力程度提高有关（Galyon et al., 2012）。[19] 相反，自我效能感水平的降低会导致学生高估学习任务的难度，从而导致对失败的恐惧感、与成绩相关的压力水平升高，进而导致失败的可能性增大（Bandura, 1997; Feldman & Kubota, 2015[20]; Honicke & Broadbent, 2016[21]）。我们强调，自我效能感可能与学生的智力或体能无关；自我效能感是对自身优势和能力的一种主观印象。学生的学业自我效能感与学习质量高度相关。教育者应密切关注学生自我效能信念的状况，并寻求改善的途径。

在反思自我效能的多面性及其对学业成功的深远影响时，教师采取的培养学生自我效能感的举措显然超越了单纯的学业指导。这里描述的策略强调的是一种综合方法，将认知、情感和社会维度交织在一起，为学生营造一个能够茁壮成长的环境。精熟经验、替代经验、社会性说服以及情绪和心理状态的管理，不仅是教学工具，还是培养坚韧不拔的学习者的基础，让他们有能力应对复杂的教育历程和未来。

教育者应该强调个人成长，而不是相对成功，这就要求教育者重新认识传统的成绩衡量标准。此外，还要强调一下教育者的多重角色，他们不仅是知识的传播者，还是导师、向导和自我效能感的典范。教师的信念和行为对学生认知的影响不容小觑。教育者有能力塑造要么阻碍要么增强自我效能信念的环境。因此，教育者面临的挑战不仅在于如何采用这些策略，还在于体现教育者试图向学生灌输的自我效能感原则。

总之，培养学生的自我效能感是一项反思性的、细致入微的、影响深远的工作。它要求教育者与学生深入接触，为他们提出挑战和提供支持，并不断反思自己的实践和信念。如此，教育者可以释放每个学生的潜能，这不仅为学生学业成功铺平道路，还为培养有韧性、有能力的个人铺平道路，使他们能够为社会做出有意义的贡献。因此，教师培养学生自我效能感的举措不仅是教育的目标，也是社会的当务之急，彰显了教育塑造后代的变革力量。

第五章　目标设定

大约十年前，面对新出现的健康挑战，苏宪平希望通过健身来提高自己的健康水平。起初，他只是想让自己变得更健康。但当他开始接触游泳时，他发现他需要一个更大的目标来激励自己。这让他萌生了一个伟大的梦想：游泳横渡英吉利海峡。这个大胆的目标彻底改变了他对健康和健身的态度，让他踏上了一段坚定的旅程。

苏宪平开始以这个目标来规划生活的每一部分。他逐步增加游泳距离，改进游泳技术，改变饮食习惯以确保摄入适当的营养。他甚至调整了自己的睡眠习惯，以便更好地休息和恢复元气。横渡英吉利海峡的梦想促使苏宪平坚持锻炼，并改变了他的生活方式。

有了这个新目标，苏宪平每天都坚持去游泳池游泳，他不断挑战自己的极限，不断学习，不断进步。他从渐进式的胜利中找到了快乐，比如，今天多游了一圈，体力明显增强了。他对横渡英吉利海峡的追求从一个单一的目标演变成了一个不断成长和自我完善的旅程。这一变化凸显了目标设定的重要影响，而目标设定在教育领域同样具有现实意义和影响力。

教师可以利用这一概念，引导学生树立远大的目标，将其分解为易于管理的小步骤，并庆祝前进道路上的每一个里程碑。本章深入探讨了教师可以用来促进这一过程的方法，阐明目标设定的力量，并提供策略帮助学生充分发挥潜能。苏宪平坚定不移的奉献精神和不懈追求自我完善的故事就是一个生动感人的例证。

虽然横渡英吉利海峡的挑战仍未完成，但苏宪平的旅程绝非徒劳无功。他可能无法完成这项艰巨的游泳任务，但他坚定不移的承诺促使他的生活发生了重大转变。他不仅变得更健康、更健美，而且充满了挑战极限的新激情。他顽强的毅力使他在其他耐力比赛中取得了成功，并在一次盛大的 10 公里游泳比赛中达到了巅峰时刻。苏宪平的经历揭示了一个强大的真理：追逐挑战性的目标所带来的个人成长和意外收获往往超越了目标本身的价值。

设定目标是一个必要的过程，它能让学生掌控自己的学习，并对自己的学业成绩负有责任感（Mayse，2016）。[1]当学生设定目标时，他们会更有动力去提高自己的学科成绩，并采取循序渐进的步骤去取得他们想要的结果（Lee，2010[2]；Mayse，2016；Morisano et al.，2010[3]）。大量调查研究一致表明，目标设定可以提高学习动机和学业成功率。

然而，尽管目标设定非常重要，但对学生来说却充满挑战，因为设定目标的方法五花八门，效率参差不齐，而且缺乏一个行之有效的统一系统，因为大多数学校通常没有充分教授这一关键技能（Rowe et al.，2017）。因此，教师有必要教导学生如何有效地设定目标，因为这有助于学生分析自己的长处和短处，并确定自己需要做些什么来改进（Rowe et al., 2017）。[4]这项技能不仅对于取得学业上的成功至关重要，对于改善学习过程也是必不可少的。最终，目标设定可以成为帮助学生取得成功的终身习惯。因此，教育者应了解目标设定的相关知识，并支持学生努力去实现自己的目标。

教师向学生提供有效的目标设定策略，可以取得显著成效。当学生设定了具体的目标时，他们可以集中精力，并保持动力去实现目标。席珀斯（Schippers）等人最近的一项研究（2020）[5]证明了目标设定对学业成绩的积极影响。这项研究涉及近3000名本科生，分为干预组和对照组。干预组参加了一个简短的研讨会（4～6小时），学习如何设定和记录学业目标和非学业目标。对照组没有参加研讨会。研究人员将大学生的学习成绩（获得的大学学分，简称ECTS）作为关注的因变量进行测量。结果显示，干预组的学习成绩比对照组提高了22%。研究还发现，学生参加培训研讨会的次数越多，他们的成绩提高得越多。研究人员的衡量标准是看这些学生在练习中写了多少字，以及他们实现目标的计划有多详细。

该研究发现，学生无论是专注于学业追求、非学业目标，还是两者兼而有之，都没有区别。这意味着，写下个人目标的纯粹行为、目标实现策略的详细程度以及他们参与干预的程度，都有助于提高学生的学习成绩。这项研究对目标设定理论提出了一项重要变革：写下个人目标可能会间接地提高学习成绩，因为设定目标可以在不经意间鼓励学生取得更好的学习成绩。

作为教师，了解目标设定理论的细微差别至关重要，这不仅关系到我们个人的发展，也关系到学生的成功。在下面的章节中，我们将探讨目标明确性的概念及其在激励教师和学生制定并实现目标方面的相关性。我们还将研究不同类型的目标，如短期目标和长期目标，并讨论如何有效地指导我们的学生设定并实现他们的学业目标和个人目标。通过运用目标设定理论的这些洞见，我们可以创造一个更适宜的学习环境，促进学生的成长和发展，最终提高学业成绩，并取得全面成功。

目标明确性

目标明确性可以显著预测学生的学业成绩（Locke & Latham，2006[6]；Schippers et al.，2020）。在对25年来400项实验室研究的回顾分析（1990[7]，2002[8]）中，洛克（Locke）和莱瑟姆（Latham）发现，与"尽力而为"之类的模糊目标相比，设定明确的目标能带来更好的表现。这意味着，如果一个人致力于实现某个目标，具备实现目标所需的技能，并且不存在相互冲突的目标，那么，目标越复杂，他的表现就会越好。设定目标的行为表明一个人渴望进步和取得预期结果的愿望。目标设定可以对学习成绩产生积极影响，自然会带来更好的结果。

研究员塞兹（Sides）和奎瓦斯（Cuevas）进行了一项为期八周的研究（2020），[9]旨在探索目标设定对三年级和四年级学生的学习动机、自我效能感和数学成绩的影响。这项研究调查了70名学生,将他们分为实验组和对照组。实验组的学生接受指导,为顺利掌握"乘法口诀"制订具体的成绩目标。此外,教育者还鼓励这些学生通过图表跟踪和反思自己每周的进步。结果表明,参与目标设定的学生在乘法口诀方面的数学成绩有了显著提高,而未设定目标的对照组则没有进步。这些成果强调了将目标设定项目纳入小学课程以提高学业成绩的重要性。

以上两项研究都提倡设定学生想要达到的明确目标。为了区分明确目标和非明确目标,下面举几个例子(见表5-1)。

表5-1 明确目标和非明确目标举例

目标类型	举例说明
非明确目标	"我想在数学方面更上一层楼。"
明确目标	"我想通过每天学习30分钟来提高下次数学考试的成绩,争取考试成绩提升10%。"
非明确目标	"我想加强锻炼。"
明确目标	"我想每天放学后跑步或跟着健身视频锻炼30分钟。"
非明确目标	"我想变得更有条理。"
明确目标	"我想每天晚上清理桌面并将所有物品放回原处,从而保持桌面整洁有序。"

为了使目标更明确,可以通过问"什么""为什么""如何""何时"等问题来评估和澄清目标。例如,一个人应该问自己:"我真正想要实现什么?这个目标对我有多重要?我将如何实现这个目标?我想在何时实现这个目标?"回答这些问题有助于个人获得更清晰的认识,并制订更详细的行动计划。

在课堂上,老师可以首先讨论设定明确目标的重要性,以此来帮助学生设定明确的目标。例如，教师可能会要求学生设定一个提高数学技能的目标。这时，教师可以引导学生将这个较大的、长期的目标分解成较小的、更容易实现的目标，而不是简单地将其搁置。这些小目标可能包括承诺每天完成数学作业、参加额外的辅导课程，以及每天练习一定量的数学题。

教师还可以使用"目标设定"活页表（见图5-1）和日志等工具进一步支持学生设定目标。这些资源可以让学生有条理地规划自己的目标，并随着时间的推移而监控自己的进展。例如，"目标设定"活页表可以提示学生确定他们的终极目标、实现目标的具体步骤，以及跟踪进度的日程安排表。教师可以为学生提供明确的指导，将较大的目标分解为更小的目标，并提供诸如活页表和日记等资源，以便帮助学生培养实现目标所需的技能和信心。

图5-1 "目标设定"活页表

目标设定对学习动机的影响

目标设定可以增强学生的学习动机，这一点有确凿的证据可以证实。让学生对自己的学习和目标拥有自主权，对激发他们的学习动机至关重要（Mayse，2016）。当学生觉得自己完全掌控自己的任务和整个学习过程时，他们更有可能迎难而上，为实现自己设定的目标而努力。教师可以通过教小学生如何设定目标来增强他们学习学术技能和非学术技能的动机。目标设定还可以帮助学生培养自我意识，激发他们继续设定和实现目标的积极性。此外，当学生可以自己设定目标时，他们更倾向于专注自己的工作，而不是关注同伴的表现。

我们在评测学习成果和评估目标达成情况时，很有必要定义一下学生对某一学科或任务"精熟"的标准是什么。"精熟"的定义应该是明确的、可测量的、可实现的，并反映出我们对自己通过学习所能达到的目标的清晰认识。下面的几个例子体现了可量化且可测量的"精熟"的定义：

1. 本学期结束时，学生将能够以至少 80% 的准确率解决与优化相关的微积分问题。

2. 在本单元结束时，学生能写出一篇议论文，要有清晰的主题陈述，有充分支持的主张，并有效地使用证据。

3. 在本周结束时，学生能够背诵 10 组新词汇，并能在句子中正确使用这些新词。

4. 在本学年结束时，学生应该能够以正确的技巧和诠释方式演奏至少两首乐器曲目。

5. 在本项目结束时，学生可以设计并制作出一个能够执行特定任务的功能机器人。

理解了上述定义，教师可以使用各种工具和方法来评估学生是否达到了"精熟"程度，如测验、考试、做项目。

研究表明，目标设定是提高学生成绩和促进其掌握知识的有效手段。特别是，研究还发现，与那些不使用目标设定技巧的同龄人相比，这些设定明确而具有挑战性的目标、采用适当的学习策略并定期监测学习进度的学生，其成绩往往更高（Locke & Latham，1990；Zimmerman，1989[10]；Zimmerman & Schunk，1989[11]）。这一发现凸显了教导学生制订切实可行的目标、监控他们的学习进度并进行调整以达到"精熟"程度且充分发挥其潜能的重要性。

多项更深入的研究提供了有力的证据，证明了目标设定干预措施在提高各级教育的学业成绩方面卓有成效。莫里萨诺（Morisano）等人的研究（2010）发现，那些在完成线上目标设定强化课程方面苦苦挣扎的大学生，其成绩显著优于对照组的学生，这表明此类干预措施可以成为克服成功障碍的宝贵工具。在此基础上，罗韦（Rowe）等人专门针对面临学业失败风险的初中生进行了研究（2017），他们发现，目标设定教学对他们的学业参与度产生了积极的影响，这进一步凸显了此类干预措施在不同环境中的潜力。多特森（Dotson）的研究

(2016)[12]将上述研究结果延伸到了更低年级的学生身上,他专攻了目标设定对五年级学生阅读测试成绩的影响。他发现,与没有设定目标的学生相比,设定目标后成绩提高的学生比例更高。总之,这些研究强调了将目标设定教学纳入教育计划的重要性,因为设定明确的、可衡量的、有时效性的目标的过程可以帮助各个年级的学生明确目标、保持专注,并最终提高他们的学业成绩。

需要注意的是,在小学环境中实施目标设定程序可能更具挑战性,因为小学生可能更难专注于目标指令。为了探讨这一可能性,斯奈德(Snyder)进行了一项研究(2016)[13],旨在探索在小学生的目标设定过程中结合使用图表等视觉辅助工具,从而提高他们的学习动机和成绩。该研究实施了关于进度监测和目标设定的每周例会制度,并使用了基于课程的评估方法。研究人员发现,视觉辅助工具的使用有助于提高学生的积极性,并让他们看到自己的进步,从而鼓励他们制订有意义的目标。学生们还表示,因为他们知道老师可以客观地观察他们的成长,所以,他们感到更有动力。这些研究结果显示,在制定目标时使用视觉辅助工具的手段可以有效地激发小学生的学习动机,提高他们的学习成绩。

此外,教师在目标设定过程中的作用也是举足轻重的。正如克莱纳特(Kleinert)等人(2017)[14]强调的那样,教师如果能积极表现出对学生自我设定目标的兴趣,并提供建设性的反馈意见,就会极大地激发学生的学习动机。当老师与学生讨论学习目标时,这就等于老师肯定了学生在学习旅程中的努力和投入。这种个性化的关注会增加学生在学业活动中花费的时间和精力，培养他们不断追求进步的愿望。教师应该认可和重视学生为实现目标所做的努力，这样可以鼓励学生持之以恒，尤其是当目标具有挑战性的时候。因此，教师可以根据学生所追求的明确的、可衡量的、个人意义深远的目标提供反馈和支持，从而提高学生的学习效果。这样做的话，教师不仅证实了目标的重要性，还证明了为之努力的过程同样重要，而这正是深入持久学习的关键所在。

我们认识到了目标设定的巨大影响力，下面就看看它在实践中是如何展开的。新学期伊始，八年级英语教师约翰逊（Johnson）女士决定将目标设定课题纳入课堂常规日程。她首先让学生反思自己的优势、需要改进的地方以及本学年的个人愿望。在与不善写作的学生雅各布（Jacob）进行一对一面谈时，她引导他设定了一个明确的目标："到学期末，我将提高我的记叙文写作技巧，并在下一次写作任务中获得 B 或更高的分数。"他们一起将这个目标分解为更具操作性的小目标，比如，练习描述性写作技巧、征求同学和老师的反馈意见、报名参加写作辅导课。

在整个学期中，约翰逊老师会定期在课堂上了解雅各布的情况，询问他的写作进度，并对他的写作草稿提出建设性的意见。当雅各布在使用生动的语言或进行结构严谨的叙述方面展现出进步时，她就会表扬他的努力。当雅各布因作文分数较低而灰心丧气时，她就会提醒他注意自己的目标，并鼓励他参考反馈意见进行修改，继续努力实现自己的目标。除了个别辅导外，约翰逊老师还在她的课程中融入了目标导向型活动。例如，在一个关于个人叙事的单元中，她布置的作业是让学生写自己生活中的一件大事，这与雅各布提高叙事写作能力的目标不谋而合。

随着学期的推进，雅各布在英语课上的积极性和参与度越来越高，他花了更多的时间修改自己的作业，并向约翰逊老师和写作辅导老师寻求指导。他的写作水平有了显著提高，学期结束时，他在期末记叙文作业中获得了B+，实现了自己的目标。通过这一情景，约翰逊老师展示了教师在目标设定过程中的关键作用，即对学生的目标表现出真正的兴趣，提供个性化的反馈和支持，并使课堂活动与学生的个人目标相一致。

目标设定对于在校学生来说是一个非常有价值的工具，但正如上文中简要提到的那样，教师需要认识到，在这种环境下，目标设定也可能具有挑战性。例如，一些年龄较小的学生可能注意力不集中，学习动力不足，不能充分理解制定目标和实现目标的长期益处。为了应对这些挑战，教师可以采用多种策略。首先，重要的是要让这些低年级学生感到目标设定的乐趣和吸引力。教师可以使用游戏、故事和其他互动活动来帮助学生理解设定目标的好处以及如何去设定可实现的目标。

此外，教师可以将较大的目标分解为更小且更易于管理的目标。例如，长期目标是独立阅读一本书，分解为更小的目标就是每次阅读一章内容。将较大的任务分解为更小的步骤，有助于学生在完成每个步骤时都能获得成就感，从而激励他们继续努力去完成较大的任务。此外，教师还可以在学生努力实现目标时，为他们提供定期的反馈和支持。教师可以与学生进行一对一面谈或小组会面，讨论学生学业的进展，提出改进建议，并庆祝学生的成功。

最后，教师可以邀请家长参与目标制订，提供额外的支持和鼓励。家长可以在家中帮助孩子设定目标，为他们实现目标提供积极的环境，并与他们一起庆祝成功。通过采用这些策略，教师可以在小学环境中帮助学生克服制定目标所面临的挑战，促使小学生培养在学业和生活各方面取得成功的宝贵技能。

目标设定对小学生的成长至关重要，但这不仅仅局限于一个长期目标。为了做到真正有效，目标设定必须包含短期目标和长期目标。下面我们将探讨不同类型的目标，以及如何在小学环境中使用这些目标来促进学业成功。

不同类型的目标

短期目标是指在相对较短的时间内（如同一天、一周或一个月）要实现的目标或达到的目的。这些目标旨在快速取得令人满意的成就，并可作为实现更宏大且更长远的目标的垫脚石。这些目标可能对低年级学生特别有益，对于那些想要激发动力或养成良好习惯的人来说，也是有帮助的。举个短期目标的例子，每天读一本书的一章，坚持两个星期，可以提高阅读技巧和增加阅读时长。

对于更复杂的目标，学生应该把重点放在需要较长时间才能实现的目标上，如整个学年或一个学期的目标。这些目标可能涉及多个步骤，需要定期检查，以便确保学生按计划完成。在实现目标的过程中，划分一些有助于实现主要目标的较小的短期目标，可能会有所帮助。适当的鼓励和提醒，对于帮助学生保持积极性和按部就班地实现长期目标至关重要。例如，一名学生可能会设定一个目标，即在一学年内将自己的科学成绩从 D 提高到 B。这个长期目标需要多个步骤和长期不懈的努力。教师和学生可以共同规划通往成功的最佳途径。

小学生必须了解短期目标和长期目标，原因有几个。首先，制定目标有助于培养学生的重要技能，如做计划、时间管理和决策。通过设定短期目标和长期目标，学生可以学会将大目标分解成更小且更易于管理的任务，并确定任务的优先次序，相应地分配时间。其次，了解短期目标和长期目标可以帮助学生在努力实现明确的目标的过程中培养一种使命感和方向感。对于年龄较小的学生，培养这种使命感尤为重要，因为他们可能才刚刚开始培养自己的兴趣和热情。最后，细致入微的目标设定可以帮助学生在朝着目标努力的过程中建立自信心和获得成就感，并看到自己随着时间的推移而取得的进步。通过设定和实现短期目标和长期目标，学生可以学会相信自己的能力，并培养一种成长型思维模式。

我们不仅要区分目标设定的具体时间，还要区分各种类型的目标，比如，学科领域目标、行为目标、学生应该考虑的特定知识目标。更详细地说，学科领域目标是指与数学、科学或英语等特定学科相关的目标。这些目标涉及提高特定学科的成绩或分数，或者参与更高级或更广泛的学习。为了实现学科领域的目标，学生可能需要确定哪个学科最需要关注，然后通过具体的步骤或任务来取得预期的结果。例如，一个英语成绩优秀的学生，如果希望从这门学科中学到更多的东西，可能会追求一些更高级的目标，比如，写长篇文章、做更有创意的研究论文、参加新闻活动或加入读书俱乐部。总之，学科领域目标旨在帮助学生将精力和注意力集中在学习兴趣或学术界的特定领域。

行为目标是指改进或改变特定行为或习惯的目标。这些目标包括更好地与同班同学相处、培养耐心或在需要时保持安静。鉴于目标的性质，最好由教师和学生私下设定这些目标，并邀请家长或其他支持人员参与其中。另外，如果目标适用于整个班级，则最好在所有学生都在场的班会上制订。在制订行为目标时，教师要和学生讨论在这些方面取得进步的重要性，并提供合理的行为目标的具体范例，这可能会有所帮助。奖励制度是激励学生向行为目标迈进的重要方法。例如，如果达成了班级行为目标，全班同学都可以获得奖励，如开一场爆米花派对或看一场电影。如果重点是个人目标，那么，在实现目标方面取得进步的学生可以获得额外的阅读时间或玩电脑的时间。行为目标的典型例子就是缩短过渡时间，比如，从一项任务快速过渡到下一项任务。为了实现这一目标，教师和学生可以共同为过渡目标设定一个具体时间，比如一分钟，然后计划在目标实现时给予奖励。

最后，特定知识目标是指学习或掌握新知识或技能的目标。这些目标可以在任何班级的任何时间设定，因为总有更多的东西需要理解和改进。学生可以选择专注于自己感兴趣的特定科目或技能，也可以探索全新的概念。这些目标尤其适合个性化的学习计划，学生可以根据自己的兴趣和目标来调整学习。通过了解学生想学什么，教师可以开展符合学生兴趣的课程和活动，甚至允许学生向同伴传授所学知识。例如，如果学生想提高乘法技能，教师可以分配额外的练习时间或开展有趣的算术游戏。学生可以使用图表跟踪自己的进步情况，并逐步设定更复杂或更多样的目标。特定知识目标可以让学生专注于感兴趣或关注的领域，进行更深入且更有针对性的学习。

目标设定是学习和个人发展的重要工具。一旦掌握了目标设定的方法，它就能成为一种宝贵的技能，帮助学生充分发挥潜能，过上更充实、更有成效的学习生活。目标设定可以提供明确的方向感和使命感，提高学生的学习动力、学业成功率和自尊心。通过设定长期目标和短期目标，学生可以更好地了解实现目标所需的时间和精力。需要特别注意的是，家长和教师要和学生一起设定目标，因为这可以帮助他们了解自己的优势和局限，并制定迈向成功的策略。

第二部分
克服障碍
——学校的入口

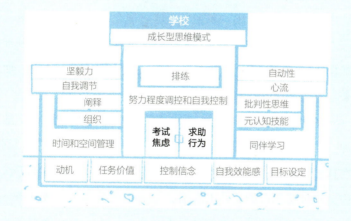

生活中的障碍是不可避免的,但克服这些障碍是人类力量和韧性的证明。从历史上最杰出的人物到普通的个体,我们都曾遇到过艰难时刻,也曾在各种里程碑式的事件中举步维艰。在本书的第二部分,我们将深入探讨大家可能面临的挑战,比如考试焦虑和害怕寻求帮助的心理,以及如何学会应对这些挑战。

无论一个人面临什么样的问题,拥有直面问题的能力才是最好且最有效的方法。多年来,这一理念在各个国家和时代都广为传颂。以印度19世纪和20世纪的精神领袖兼政治领袖圣雄甘地的名言为例。他曾经说过:"力量并非来自体力,而是来自不屈不挠的意志。"[1]

在面对考试和其他测试时,我们需要具备不屈不挠的精神,而那些希望发挥出最佳水平的人往往会比平时更加紧张。在这种情况下,自我怀疑和不知所措的感觉会发展成考试焦虑。这种焦虑可能会让人崩溃,无法集中精力去完成任务。因此,重要的是要了解如何减轻不必要的压力,并在面对测验和考试时保持冷静和镇定,这也正是本书第二部分要探讨的内容。

此外,在需要帮助的时候及时寻求帮助也是很重要的。无论是向朋友、家人还是专业助手寻求帮助，都是无可厚非的。获得支持可能是至关重要的。然而，同样重要的是，在寻求帮助时，我们既要以尊重他人的方式进行，也要避免贬低自己。特别是在学校环境中，我们要确保自己得到适合自己学习经历的适当指导。

在本书的第二部分，我们将探讨在面对测验和考试时可能遇到的问题，例如，在学校环境中萌生的考试焦虑和害怕求助的心理。这部分章节将通过不同的例子和贴近生活的故事，为我们在准备考试和寻求帮助时提供建议和可供选择的策略。本部分内容旨在汇集不同的观点和集体经验，帮助个人在即将到来的入学考试中掌握适当的工具和资源。当我们进入第二部分时，我们会更深入地探讨如何帮助学生应对考试焦虑并学会何时寻求帮助，以便获得有价值的见解。

第六章　考试焦虑

老师为学生提供定期评估和反馈，对他们的学业进步和成功至关重要。实现这一目标的一种方式就是通过反馈回路来客观地衡量学习进度。在 K-12 教育阶段（从学前班到十二年级），考试是评价学生进步的常用评估方法。这些评估贯穿学生在 K-12 教育体系中的 11~12 年。实际上，学生在 K-12 教育期间可能参加多达 112 场正式考试和州级考试（Strauss，2020）。[1]然而，这个数据不包括其他形式的评估过程，比如突击测验、模拟考试、报告、口试和其他在每节课中定期进行的评判。这些评估对于跟踪学生的进步和确保他们在每个年级实现必要的学习目标至关重要。通过这些评估，教师和学校可以发现个别学生的强项和弱项，调整教学方法以更好地满足学生的需要，并跟踪学生在实现更广泛的教育目标方面的进展情况。

考试是学生学业生涯的重要组成部分，影响着他们的成绩和未来的学习机会。然而，即使学生努力学习并做好了充分准备，他们也可能会遭遇考试焦虑，这可能会对他们的成绩产生负面影响。考试焦虑是指在考试前或考试过程中出现的生理过度亢奋、紧张和躯体化症状，以及担忧、恐惧、害怕失败和灾难化思维等心理状态的综合体（Spielberger & Vagg，1995）。[2]考试焦虑是范围更广的"学习焦虑"的一个分支，许多学生都不同程度地经历过这样的状况。症状从轻微的紧张到严重的生理反应和情绪反应不等。随着考试日期的临近，这些症状会变得更加强烈，导致注意力无法集中、记忆困难和过度担忧，从而影响考试成绩。

考试焦虑是一种与测试或评估情境相关的特定类型的焦虑状态。斯皮尔伯格（Spielberger）等人的研究（1978）[3]发现，与没有考试焦虑的人相比，考试焦虑者更容易认为考试情境具有威胁性，并在评估过程中体验到更高程度的焦虑和担忧。这一结论也得到了许多其他研究考试焦虑的学者的支持。考试焦虑是一种常见的焦虑形式，可能会影响各个年龄段的人，但在学龄儿童和青少年中尤为常见。其表现形式多种多样，包括头晕、恶心和呼吸急促等生理症状，以及难以集中注意力、思绪纷乱和进行消极的自我对话等认知症状。

需要注意的是，考试焦虑不同于重要事件发生前的正常焦虑。患有考试焦虑症的人的症状更为严重，这使得他们在考试期间难以正常发挥，并可能对其学业成功产生负面影响。我们必须识别并解决考试焦虑问题，以便支持学生对学业的追求。应对考试焦虑的策略可能包括放松技巧、进行积极的自我对话（见图6-1）、时间管理以及向老师和辅导员寻求帮助。通过解决考试焦虑问题，学生可以增加在考试中取得好成绩和学业成功的机会。

图6-1 孩子在考试中开展积极的自我对话

考试焦虑是各个年龄段学生中普遍存在的问题。普兰特（Plante）等人的报告（2022）[4]称，学龄儿童的考试焦虑发生率为10%~40%，而比施夫斯伯格（Bischofsberger）等人的研究（2021）[5]发现，10%~50%的大学生存在明显的考试焦虑。考试焦虑可能产生严重的后果，尤其是对年幼的中小学生而言（Putwain & Pescod，2018[6]；Whitaker Sena et al.，2007[7]）。如果不加以治疗，考试焦虑会长期存在（Weems et al.，2015[8]；Yeo et al.，2016[9]），导致学业成绩不佳、标准化考试成绩下降（Chapell et al.，2005[10]；von der Embse et al.，2018[11]）、工作记忆减弱（Owens et al.，2014[12]），甚至辍学（Cizek & Burg，2006[13]）。

普兰特及其同事想了解升入中学的学生是如何产生考试焦虑的（2022）。他们使用一种经过验证的"五项测试焦虑量表"（简称TAI-5），对1569名平均年龄为12.71岁的学生进行了调研。调查问卷询问学生在重要考试中感到焦虑的频率,学生可以回答"几乎从不""有时""经常"或"几乎总是"。研究人员还查看了这些学生从六年级下学期到七年级上学期的秋季成绩。

研究者们在收集完这些信息后,使用了多层次回归分析法研究了学习成绩和考试焦虑之间的关系。他们发现,学生小学毕业时的数学成绩可以预测他们中学入学时的考试焦虑情况。研究人员还发现,学生在学年开始时的数学和语文成绩可以预测他们在学年结束时的考试焦虑情况。然而,这种关系并不简单。数学成绩超级差或超级好(比平均分高出20%)的学生都更有可能出现考试焦虑。这些研究成果表明,考试焦虑会影响不同成绩水平的学生,而不仅仅是那些在学校表现不佳的学生。

苏宪平在担任校长期间目睹了这些现象。他观察到,即使在成绩优秀的学生中,考试焦虑也是一种普遍现象。对于这种现象,一种可能的解释是,成绩优秀的学生在保持学习成绩的过程中可能会感受到更大的压力,从而在重要考试时产生更高的焦虑情绪。家长、老师甚至学生自己也可能对他们寄予了更高的期望,这也会导致考试焦虑。同样,数学成绩很差的学生可能会对升入中学的前景感到不知所措和焦虑(可能是因为害怕失败),因为中学的学业要求会越来越高。

有趣的是,这种现象让我想起苏宪平最近与一位家族朋友的小儿子的谈话。后者刚刚在澳大利亚开始了他的本科学习之旅,进入了一个全新的学术世界。他一开始对学习生涯新篇章的开启感到兴奋，但后来，他还是向苏宪平倾诉了他的严重焦虑，甚至连续几个星期以泪洗面。当苏宪平问起他焦虑的根源时，他坦诚地说："我害怕自己会失败，因为我在学业上一直表现不佳。"这一发自内心的坦白与许多学生产生了共鸣，尤其是那些一生中都面临学业挑战的学生，这说明考试焦虑并不局限于任何特定的学业水平，而是会对学生产生普遍的影响。

请注意，虽然考试焦虑会对所有学生的学习成绩产生负面影响，但其影响可能因学生的成绩水平而异。对于成绩较差的学生来说，考试焦虑的危害尤其严重，会导致他们的学习成绩更差，并强化他们的自卑感。然而对于成绩优秀的学生来说，考试焦虑可能会导致他们不必要地把学习复杂化，并产生心理上的困难，因为他们要努力维持自己高水平的学业成绩。在这种情况下，来自同学、老师或父母的期望所产生的社会压力会让人喘不过气来。想想一个成绩优秀的学生，他的成绩一直都是 A。如果他突然得到一个仍然值得称赞的 B+，这对他而言，可能是令人失望甚至毁灭性的经历。这位学生可能会纠结于内心的自我对话，他会问自己："现在我的成绩不如以前了，别人会怎么想？"教育者必须识别并解决考试焦虑，帮助学生充分发挥潜能，减少不必要的压力。

比施夫斯伯格及其同事对大学一年级医学生的考试焦虑问题进行了研究（2021）。他们使用一份名为"Prüfungsangstfragebogen"（简称 PAF，考试焦虑之意）的问卷，在学期开始和为期六个月的三次强制性口腔解剖测试前两天对 625 名医学生进行评估。他们发现，大约有一半的受试者在观察期间至少在一个方面出现了严重的考试焦虑情绪。"担心"是最常见的考试焦虑类型,影响了多达48%的学生,而"干扰"是最不常见的考试焦虑类型,大约为5%。"情绪化"保持在17%左右的水平,而"缺乏信心"的比例在观察期间从15.2%增加到了24.0%。研究人员得出结论,考试焦虑是大学生中一个重大问题,尤其是在"担心"和"缺乏信心"方面,需要进一步研究。

2014年,卡瓦克奇(Kavakci)及其同事[14]开展了一项研究,调查了考试焦虑在准备参加大学入学考试的土耳其学生中的普遍程度。研究人员从四所不同的学校招募了436名学生,并要求他们完成各种问卷调查,其中包括关于焦虑和抑郁的问题。研究结果显示,近一半的学生(48.0%)出现考试焦虑,其中女性(55.8%)报告的焦虑程度高于男性(40.3%)。研究还发现,考试焦虑与注意缺陷多动症(ADHD)、抑郁和特质焦虑⊖之间存在正相关关系。这表明,总体焦虑水平较高(即特质焦虑得分较高)的个体往往有着较高的考试焦虑水平。然而,情境性焦虑(即状态焦虑,一种短暂的、特定情境下的焦虑感)与考试焦虑之间没有显著相关性。

该研究没有发现考试焦虑与吸烟、家庭收入或备考花费之间有任何明显的正相关关系,这表明这些因素在预测备考学生的考试焦虑方面作用不大。他们唯一发现的显著负相关关系涉及了额外选修课程的数量,这表明课程负担的增加与考试焦虑

⊖ 指个体在长期时间内持续存在的一种焦虑状态,与个体的人格特性相关,表现为对各种情境的过度担忧和紧张。——译者注

的减弱有关。后一项发现可能是由于多种因素造成的,比如接触到更多的学术材料、有更多的练习机会或对自己在学术上的成功更有信心。选修更多课程的学生可能会接触到更多的教材,这有助于他们为考试做好准备并感到更自信。他们对材料越熟悉,在考试时可能就越不焦虑。此外,选修更多的课程可以让学生有更多机会去练习考试技巧。练习可以让学生对考试形式和应试策略感到更加得心应手,从而减轻考试焦虑。最后,选修更多的课程可能会提高学生的自我效能感。随着更多课程的顺利完成,他们可能会对自己在学业上取得成功的能力更有信心,从而在考试时减少焦虑。

2019年,阿丁(Aydin)[15]做了一项研究,旨在探究考试焦虑与思维、偏离任务的行为和自主反应是否存在联系。他们使用"儿童考试焦虑量表"(Wren & Benson, 2004)[16]来衡量这些维度,希望看看男孩和女孩之间是否存在差异。这项研究的对象包括来自土耳其三所公立学校的414名四年级学生(205名女生和209名男生)。他们发现,如果学生过多地思考负面结果或失败的可能性,他们往往会有更强烈的生理反应,比如心率加快(心率 = 0.57)。研究还发现,女孩的考试焦虑水平高于男孩,这种现象在其他研究中也曾出现过。研究人员建议,小学阶段要注重帮助女孩应对考试焦虑。教师在发现和解决学生(尤其是女生)的考试焦虑方面具有独特的优势。他们每天都与学生接触,可以观察到焦虑迹象并提供支持和干预措施。因此,教师必须意识到考试焦虑中潜在的性别差异,并为所有学生创造一个支持和鼓励的环境,帮助他们控制焦虑,充分发挥自己的潜能。

冯·德·恩伯斯（von der Embse）及其同事进行了一项荟萃分析（2017），利用1988—2017年发表的238项探究数据，探究了考试焦虑对各种教育成果和个人因素的影响。研究结果表明，考试焦虑与标准化测试、大学入学考试和GPA等学业成绩的衡量指标存在显著的负相关关系，这种影响在中年级最为明显。有趣的是，自尊水平越高，考试焦虑得分越低。然而，研究还发现，考试焦虑与感知到的考试难度和高风险或后果呈正相关，也就是说，考试越难或风险越高，考试焦虑就越严重。此外，女生和少数群体（包括黑人小学生）的考试焦虑程度更高。

从实用的角度来看，冯·德·恩伯斯及其同事的研究表明，教师可以通过解决多种因素来帮助减轻学生的考试焦虑。为了帮助学生减轻考试焦虑，教师可以这么做：

1. 增强学生的自尊心

（1）提供积极的反馈。

（2）营造支持性的课堂环境。

（3）提供成功和认可的机会。

2. 创建平衡的测试方法

（1）避免过高的风险或过高的难度。

（2）提供模仿真实考试形式和难度的模拟测验或评估。

3. 为考试情境设定明确的期望和指导方针

（1）告知评估内容和评估方式。

（2）帮助学生感觉做好了准备并掌握了主动权，从而减少焦虑和压力。

4. 强调从错误和挫折中学习经验的重要性

将重点从考试得高分转移到学习的过程上。

5. 注意性别和种族对考试焦虑的潜在影响

为女生和少数民族学生提供额外的支持和干预措施。

6. 提供"脚手架"式测试，逐步评估学生的理解力

引入难度逐渐增加的测试以评估学生对概念的理解程度，使学生在逐级进阶的过程中建立信心。这种方法确保了评估测试不仅是衡量学生知识水平的手段，也是促进学习和发展的工具。

通过解决这些因素并采取积极措施，教师可以帮助学生减轻考试焦虑，创造一个更加积极和支持性的学习环境。

上述研究结果强调了考试焦虑在学习成绩中的重要作用，并强调了解决考试焦虑以提高学生成绩的必要性。考试焦虑与学业成绩之间的关系确凿且适度。虽然人口统计学差异会影响考试焦虑的严重程度，但冯·德·恩伯斯及其同事建议使用心理测量的健全工具，根据具体的测试条件来确定是否需要进行考试焦虑干预，而不是针对某些人口群体。教师和家长还应监测儿童是否出现考试焦虑的早期迹象，并及时进行干预，例如，使用"儿童考试焦虑量表"（Sarason et al., 1958[17]）的简化版，该量表包括 18 个项目，采用"是"与"否"的回答形

式来测量学龄儿童和青少年的考试焦虑症状。培养成长型思维模式、提供社会支持以及避免高风险的考试状态，都有助于增强学生的自尊心，减轻他们的考试焦虑。

既然从理论上理解了考试焦虑的影响，我们就可以看到在教育环境中经常出现的一个具体场景。想想那些花费无数时间学习、一丝不苟地复习各章节并反复做练习的学生的共同经历吧。随着考试日期的临近，紧张感也随之增加。考试事关重大，尤其是到了期末，成绩变得尤为重要。随着考试的临近，焦虑感也随之升级，在考场上达到了顶峰，当翻开试卷时，考题似曾相识，却又无从下手，真是神秘又可怕。学生们可能会回忆起他们学习这些内容时的确切时间、他们所在的房间，甚至是他们当时穿的衣服，但答案和关键细节却"逃之夭夭"。强烈的焦虑感会阻碍学生对所学信息的回忆，暂时无法运用这些知识。在考场上，学生们拼命挣扎，试图尽其所能地回答问题，但有时还会留下一些题目没有作答。然而，在离开考场15~20分钟后，当他们开始放松时，那些具有挑战性的问题以及正确答案的记忆又会清晰地浮现出来。这种现象表明，这些信息已经被编码并存储在大脑中，但焦虑阻碍了我们将它们从长期记忆中检索出来。这些情况可以避免吗？我们可不可以在考试期间保持放松状态以提升信息检索能力呢？

教师在寻找解决学生考试焦虑的有效策略时，可以考虑实施有针对性的干预计划。威姆斯（Weems）等人开展了一项全面的纵向研究（2015），探讨了专门训练是否能帮助在校学生克服考试焦虑。这项研究涵盖了来自城市公立学校的1048名学生，确定了325名考试焦虑加重的学生，然后对他们进行了干预，干预分为两个阶段：即时干预或等待干预。该计划的目标是缓解考试焦虑、潜在的焦虑障碍和抑郁症状。干预措施以先前的研究为基础，采用了一些行为策略，比如，放松训练，让学生循序渐进地接受那些诱发焦虑的考试刺激。行为策略比认知策略更受青睐，因为像消极思维重组这样的认知策略可能会在不经意间导致学生产生偏离任务的想法，阻碍考试焦虑的学生进步。该干预措施强调能增强学生自我效能感的策略，包括辅导老师的表扬和鼓励，在减轻焦虑中培养积极的控制感。

干预措施在4~6周内分五次进行，并经过了深思熟虑的调整，以便匹配受试者的发展水平。年龄较小的学生获得了更多的视觉辅助工具，而年龄较大的学生则参与了更多的口头讨论和文本内容的学习，以往的研究证明这种干预方法是有效的（Silverman et al.，1999[18]）。值得注意的是，在学年结束、下一学年和随后一年进行的跟踪评估表明，受试者的考试焦虑明显减轻。这些结果凸显了学校干预措施在解决考试焦虑方面的持久有效性及其对学生福祉的巨大且积极的影响。

这项研究的成功之处显而易见：该计划不仅有助于减轻学生的考试焦虑，还能减轻焦虑障碍和抑郁症状。参与该计划的学生普遍对此表示非常满意。在不同时期进行的跟踪检查显示，这些积极的变化持续存在，并随着时间的推移不断改善。这意味着，随着考试焦虑的减轻，学生们在其他方面的情绪健康也有所改善。这些研究结果有力地支持了一种观点：通过专注于管理情绪的计划来解决学校中的考试焦虑问题，可以产生显著的效果。

约（Yeo）等人开展了一项研究（2016），调查了认知干预和行为干预对减轻新加坡中小学生考试焦虑的效果。该研究涉及115名学生，分为实验组（58人）和对照组（57人），其中，实验组接受了认知和行为治疗。研究人员在治疗前后以及两个月后对孩子们的考试焦虑水平和认知行为能力进行了评估。结果显示，实验组的考试焦虑明显减轻，而对照组则没有明显变化。在治疗后的评估中，实验组考试焦虑的减轻状态得以维持，这主要是通过放松练习和学习技巧等行为技能实现的。相比之下，认知技能（如平静的自我对话）的效果并不明显。总之，这项研究强调了学校采用的简短干预措施对减轻小学生考试焦虑的有效性。研究结果表明，包括放松练习和学习技巧在内的行为疗法可能比单一的认知疗法更有效。

最后，亨特利（Huntley）等人对44项涉及2209名大学生的随机对照试验（RCTs）进行了荟萃分析（2019）[19]，以便评估针对考试焦虑的干预措施在提高学习成绩方面的效果。结果显示，与对照组相比，干预措施能明显减轻实验组的考试焦虑，提高学习成绩。在不同的方法中，行为疗法似乎对减轻考试焦虑特别有效。虽然学习技巧培训以及心理和学习技巧综合培训也展示出了潜力，但其长期疗效的证据有限。

行为疗法是一种专注于改变有问题的行为并强化积极行为的治疗方法。在考试焦虑的背景下，行为疗法可能包括深呼吸、放松技巧和系统脱敏等练习。系统脱敏疗法是一种在安全可控的环境中逐渐让患者接触焦虑源，同时使用放松技巧来控制焦虑反应的技术。另外，认知行为疗法（简称 CBT）关注的是一个人的思想、情感和行为之间的关系。在考试焦虑的背景下，CBT 可能涉及识别与考试相关的消极想法和信念，并用更积极且更现实的想法和信念取而代之。这些研究结果表明，行为疗法可能是解决学生考试焦虑的一个重要选项。

虽然本章的目的并不是为克服考试焦虑提供全面的指导，但我们基于以往的研究和个人经验，与大家分享一些侧重于以学生为中心的实用策略。以下是学生在教师的支持下可以采取的直接缓解考试焦虑的措施：

1. **练习模拟考试**：鼓励学生用由易到难的问题进行应试练习，从而增强他们的自信心和自我效能感。有一些证据表明，使用类似考试的材料进行练习有助于减轻考试焦虑。

2. **鼓励积极的态度**：帮助学生关注他们做得好的事情，并尝试重新审视消极的想法。鼓励他们练习积极的自我肯定，并提醒他们，只要尽力而为就足够了，犯错是学习过程中的自然组成部分。

3. **谈谈焦虑症的话题**：与学生讨论他们的焦虑，并尝试找出导致他们感到焦虑的具体因素。这有助于教师了解学生正在经历的事情，并找到解决他们焦虑症根源的方法。

4. **练习放松技巧**：鼓励学生学习深呼吸、渐进式肌肉放松或憧憬某个场景等技巧，帮助他们在考试前放松身心。

5. **鼓励良好的学习习惯**：鼓励学生有规律且有效率地学习。这有助于他们在考试时感到更有准备、更加自信。

通过实施这些策略，教师可以帮助学生克服考试焦虑，发挥出最佳水平。考试焦虑可能会成为有效应试的重大障碍，而有效应试对学业成绩（如大学录取、奖学金和GPA）起着至关重要的作用。因此，家长和教师必须帮助孩子尽早应对考试焦虑。考试焦虑可能源于多种因素，包括感觉没有准备好、担心考试分数、为了表现好而倍感压力等。通过识别和解决考试焦虑的潜在原因，并向孩子们传授应对机制，家长和教师可以帮助孩子们感到更自信、更有能力应对考试。这反过来可以帮助孩子发挥出最佳水平，实现他们的学业目标。

第七章　求助行为

在当今这个快节奏且充满竞争的学术界，学生常常会面临各种影响他们学业表现的挑战。这些挑战可以以多种形式出现，包括学习困难、家庭问题、社交或心理障碍，以及对学术追求的厌倦或不满。其中，学习困难可能是取得学业成功的重大障碍。在某些科目上苦苦挣扎的学生可能会气馁和感到沮丧，导致动力缺失和表现不佳，最终导致学习成绩下降，甚至辍学。

一项针对 21678 名美国高中学生的全国性调查显示，近 75% 的学生对自己与学校相关的感受持负面态度（Moeller et al., 2020）。[1]同一项研究的第二份报告涉及康涅狄格州的 472 名高中生，报告显示，高中生在校期间有 60% 的时间感到心情不佳。最常见的负面感受包括疲劳（58%）、压力（接近 50%）和厌倦（略低于 50%）。感到"着迷"或"好奇"预示着学习会更深入、更持久，但有关这些感受的报告并不多见。

学习困难的代价并不仅仅局限于这些感受。如果不加以解决，这些困难可能会导致辍学、错失机会和职业前景受限等现实后果。相关统计数据显示，美国每年有超过 120 万名高中生辍学，每 26 秒就有一人辍学。这些数字令人震惊，凸显了迫切需要实用的解决方案来帮助学生克服学习困难并取得学业成功。通过为学生提供辅导服务、学术咨询和心理健康支持等资源，教师可以帮助他们应对这些挑战，并充分发挥自己的潜力。

学生克服这些挑战最有效的方法就是学业求助。学业求助指利用现有资源和支持服务来解决学业困难和挑战。这些资源可以包括辅导服务、学术咨询和心理健康支持。向教师、辅导员或其他支持服务机构求助，可以使学生获得克服消极情绪和取得学业成功所需的工具和资源。

寻求帮助是指在遇到问题或挑战时向他人寻求支持、建议或帮助。求助行为包括认识到自己需要帮助，识别潜在的帮助来源，并努力寻求和接触这些来源。求助的形式多种多样，例如，向老师请教某个问题、向咨询师寻求个人问题的指导，或者就某个社会问题向朋友寻求建议。所有这些类型的求助都是超级聪明的学习者生活中必不可少的。在本章中，我们将重点关注一种特定类型的求助，即学业求助。

学校里的学业求助

学业求助是一个重要的学习策略，它允许学生在遇到学业困难时寻求帮助。这种方法能让学生在需要信息或支持时寻求他人的帮助，以便实现自己的学业目标。学业求助通常发生在课堂上，学生可能会向老师或同学寻求帮助，以便理解作业的课程内容或要求。向他人求助是一个自我调节的学习策略，学生可以利用这种策略积极地调整自己的思想、情感和行为，从而实现个人的学习目标。

求助不是一次性的事件,而是一系列相互关联的决策点。学业求助过程涉及八个阶段(Karabenick & Berger, 2013[2]; Karabenick & Dembo, 2011[3]):

1. 确定是否存在问题。
2. 确定是否需要/想要帮助。
3. 决定是否寻求帮助。
4. 决定需要/想要的帮助类型。
5. 决定要向谁求助。
6. 索取帮助。
7. 得到帮助。
8. 处理所获得的帮助。

尽管上述的求助阶段是以线性方式呈现的,但这些阶段可能并不是按顺序发生的,有些阶段可能超出了学生的意识范畴。当学生在求助中遇到困难时,他们可能无法确定问题所在。如果教师和家长解决了这些挑战,就可以促使学生认识到学业求助的价值。

学业求助的益处

当涉及学业求助时,家长往往是孩子们最先求助的人。然而,出于以下几个原因,求助于教师可能是更好的选择。教师在一周内与学生相处的时间比家长多,因此更了解学生的学业困难。此外，教师对学生的学业进展有独特的见解，他们可以更好地确定学生需要什么样的帮助。因此，教师必须善于发现学生何时需要帮助，并营造一个鼓励求助的课堂环境。值得注意的是，求助过程并不总是线性的（直接的），学生可能很难确定他们在哪些方面需要帮助。在这种情况下，教师和家庭成员可以发挥关键作用，帮助学生克服潜在的障碍，有效地引导求助过程。

人们可能会好奇学业辅导在学生的教育旅程中扮演着怎样的角色。学业辅导的形式多种多样，了解其影响对于营造一个支持性的学习环境至关重要。方（Fong）等人的一项综合研究（2021）[4]对此提供了宝贵的见解，凸显了学业辅导在高等教育环境中的普遍性和重要性。

该研究是一项荟萃分析，涵盖了108篇研究论文、119个独立的样本，并且涉及37941名大学生，结果显示，几乎所有的大学生在学习过程中都会以某种形式寻求学业辅导。研究结果表明，求助行为与学生成绩之间存在积极的关系，这意味着这些行为可以对学业成绩产生意义深远的影响。

进一步研究发现，教育心理学研究将求助行为分为四种不同类型，每种类型都会对学业成绩产生影响。第一种是回避型求助行为，它会导致拖延或过度依赖他人，这与学习成绩不佳有关。回避型求助行为反映了不愿或避免参与学习过程的态度，可能是由于自卑、害怕负面评价或缺乏动力所致。第二种是执行性求助行为。当学生不亲自参与学习过程，而直接向他人寻求解决方案时，就会出现执行性求助行为。这往往会导致学生依赖外部资源解决问题，限制了学生自主学习能力的发展。这种行为通常是受追求即时成果的愿望驱使的，往往忽视了理解基本概念的重要性。第三种是工具性求助行为，涉及积极寻求澄清和理解，这与学业成功呈正相关。工具性求助行为包括向老师、导师或同学寻求帮助以加深对所学内容的理解或提升技能。工具性求助者积极参与学习，寻求提示或指导，而不是直接寻求答案，这有助于加深对所学内容的理解和提高独立解决问题的能力。第四种是正式求助行为，是指利用官方正式的教育资源，如学术顾问、辅导员或机构支持服务。正式求助行为旨在解决可能影响学习的更广泛的学术问题或个人挑战。正式求助与学业成绩呈正相关，反映了在教育过程中克服障碍的积极态度。

培养求助技能对学生有诸多益处。下面具体分析一下求助技能的几点好处：

1. 提高解决问题的能力：当学生寻求帮助时，他们可以从教师、同伴或其他资源处获得指导和支持，这可以帮助他们更有效地理解概念和解决问题（Roll et al., 2011）。[5]学生可以通过求助来学习处理困难任务的新策略，培养解决问题的技能。

2. 增强自我意识：求助行为要求学生反思自己的长处和短处，并确定自己需要帮助的领域。学生可以通过求助更好地了解自己的学习风格和偏好，以及自己在学业上的强项和弱项。自我意识的提高有助于学生对自己的学业和个人目标做出更明智的决定。

3. 减轻压力：当学生感到不知所措或对某项任务没有把握时，求助行为可以降低他们的焦虑和压力水平（Hubbard et al.,

2018）。[6]通过获得支持和指导，学生可能对完成任务更有信心，压力和焦虑也会减少。

4. 改善人际关系：求助行为还可以帮助学生与老师和同学建立更牢固的关系。当学生寻求帮助时，他们会表现出对学习的意愿和对学业成功的承诺，从而赢得老师和同学的尊重和支持。

5. 促进学习：求助行为的最终目的是提高学习成绩。学生可以通过求助来更好地理解他们正在学习的内容，并发展他们在学业和个人方面取得成功所需的技能和知识（Algharaibeh，2020）。[7]阿尔加莱贝（Algharaibeh）的研究探索了来自多个阿拉伯国家的 437 名大学生的学习动机、学业求助和学习成绩之间的关系。路径分析㊀揭示了工具性求助和执行性求助对 GPA 的直接影响。这些结果表明，学业求助与学业成绩呈正相关，这可以从工具性求助对 GPA 的直接影响中看出来。此外，内在动机对求助的益处有着积极的影响，这表明那些学习动机强烈的学生更有可能在需要时寻求帮助。总之，这项研究强调了学习动机和求助行为在预测学习成绩方面的重要性。

求助的常见障碍

我们很有必要探索一下阻碍人们求助的各种挑战，尤其是在小学教育环境中。在这些障碍中，"污名化"起着主要作用，影响孩子们寻求帮助的态度。简单地说，"污名化"就是对求

㊀ 一种规划特定项目中任务完成顺序的方法。——译者注

助持有负面看法。在许多情况下，孩子们被灌输的观念是，求助行为表明他们缺乏能力或才干。这种认知通常通过社会动态得到强化，在这种情况下，孩子们会看到别人因独立完成任务而受到表扬，而自己却可能因寻求帮助而遭到嘲笑或戏弄。因此，孩子们害怕被批判或被贴上"无能"的标签，这会阻碍孩子寻求所需的支持。

认知因素也会加剧人们对寻求帮助的污名化。有些人可能会认为寻求帮助是对其自尊或身份认同的威胁，从而避免寻求帮助的行为；还有一些人可能对求助的有效性持消极心态，怀疑求助行为是否会带来积极的结果。

神经解剖学因素极大地影响着我们对求助行为的态度，其中特定的大脑区域发挥着关键作用。与社会认知相关的前额叶皮层和杏仁核在处理与求助相关的信息方面至关重要。杏仁核是"战逃反应"的核心，当一个人认为求助对他们的自尊或社会地位构成潜在威胁时，杏仁核就会被激活。这可能会导致情绪反应和焦虑加剧，表现为心跳加快、呼吸急促或肾上腺素激增。

此外，前额叶皮层负责评估情况并做出理性决定。它依据社会规范和过去的经验，评估求助行为的社会风险和益处。然而，当"战逃反应"被触发时，它可能会压倒理性的决策过程，导致人们因害怕负面的社会后果而回避求助。这种动态变化凸显了求助行为的复杂性。它强调了需要支持性的环境和正向强化来减轻"威胁"反应，并促进适应性学习和解决问题的策略的重要性。

教师必须识别并限制可能阻碍学生求助的因素。有些学生可能会因为各种原因（比如，文化差异、自作聪明、个性差异、认为教师难以接近、不想麻烦他人以及无从入手）而对寻求帮助或提出问题犹豫不决。教师可以通过营造一个安全且温馨的学习环境来鼓励学生寻求帮助和提出问题，而不必担心受到评判或批评。教师可以通过认识到现有的求助障碍来帮助学生克服不愿求助的心理，从而提高学生的学习成绩和幸福指数。

文化差异可能会在来自不同文化背景的教师和学生之间造成沟通障碍，在这种情况下，学生提问教师的行为可能会被视为挑战教师的权威。这一因素会极大地影响学生在课堂上寻求帮助的意愿。随着现代课堂日益多元化，教师需要认识和了解那些可能会阻碍学生求助的潜在文化障碍。不同社区的文化规范和期望可能大相径庭，从而影响学生对求助行为的看法。在某些文化中，求助行为可能被视为软弱或缺乏独立性的表现，学生可能不愿意提问或求助。而在另一些文化中，求助行为可能被视为学习过程的必要组成部分，学生可能更愿意向教师提问或寻求支持。例如，研究表明，日本大学生不像美国大学生那样愿意寻求帮助（Mojaverian et al., 2013）。[8]

教师很有必要了解一下那些可能影响学生求助意愿的潜在语言障碍。语言局限会使学生难以表达自己的问题和担忧，他们害怕导致尴尬局面或恐吓场景，这可能会损害他们的学习成绩。例如，德国大约15%的人口在家里不讲德语（Geis-Thöne, 2022），[9]语言障碍会阻碍学生在课堂上寻求帮助。无独有偶，在美国，将近23%的学龄儿童在家不讲英语，这可能会给他们获取教育资源和寻求帮助带来挑战（Federal Interagency Forum on Child and Family Statistics，2019）。[10]

针对沟通障碍的潜在解决方案是：教师可以努力创建一个重视多样性和促进包容性的文化敏感型课堂。他们还可以使用与文化相关的例子和语言，帮助学生更好地理解教材。此外，教师还可以采用"思考－配对－分享"模式或小组讨论等教学策略，鼓励学生参与互动，帮助他们打破沟通障碍。

在小学阶段，另一个常见的求助障碍是，聪明的学生可能会感到在班上保持名列前茅的压力。这些学生可能会认为，求助行为会损害他们的声誉，并导致负面的后果。这种害怕负面后果的心理会导致他们即使在学习上遇到困难也不愿提问或求助。这种学习压力可能来自多个方面，比如，父母、老师、同学甚至是自己的内心。学生可能已经将"只有在班上名列前茅，自己才有价值"这一信念内化于心，或者他们过去曾因成绩优异而受到过表扬或奖励。此外，当今教育体制对成绩和考试分数的重视也会加剧这种学习压力。在许多情况下，学生学习成绩的价值仅仅是由他们的分数来衡量的，这可能会造成一种竞争氛围，让学生觉得他们必须出类拔萃才能取得成功。

鉴于聪明的学生可能会感到在班上保持名列前茅的压力，潜在的解决方案是：教师可以创造一个安全的学习环境，将错误视为成长的机会，而不是失败。他们还可以对学生的努力和进步给予表扬和认可，而不是只关注成绩或考试分数。根据最近的研究，成年人和幼儿在寻求帮助时往往犹豫不决，因为他们害怕自己显得脆弱或无能。求助行为让人觉得暴露了自己在某方面知识欠缺或能力不足。直到最近，心理学家还认为，儿童在 9 岁左右才开始关心自己的声誉和别人对自己的看法。然而，最新的研究表明，即使是 5 岁的儿童也会在意别人对自己的看法（Silver & Shaw，2018）。[11]儿童可能会为了显得更聪明而作弊（Zhao et al.，2017）。[12]研究发现，到了 7 岁，儿童就开始将求助行为与在同伴面前显得无能联系在一起（Good & Shaw，2022）。[13]虽然每个孩子在课堂上都会遇到一些困难，但如果因为担心同班同学的看法而不敢求助，就会导致学习停滞不前。

个性差异可能是寻求帮助的一大障碍，因为学生在学习和交流方面可能有不同的偏好。例如，性格内向的学生在全班同学面前发言或向老师求助时可能会感到不自在。相比之下，性格外向的学生在小组讨论或课堂讨论中可能会更喜欢畅所欲言。

个性差异的潜在解决方案：教师可以通过提供个人和小组作业选项，以及提供各种学习活动来吸引着不同学习风格的学生，从而实现差异化教学。教师还可以为性格内向的学生提供参与书面讨论或"一对一"面谈的机会，同时为性格外向的学生提供参与热烈的课堂讨论和合作项目的机会。

如果教师通过回答问题、延长办公时间或提供课后辅导，并与学生建立积极的关系，让自己变得更平易近人，那么，求助环境就会得到改善。教师还可以通过明确表示课堂上欢迎和重视学生积极发言来鼓励学生提问（见图 7-1）。教师可以告诉学生，寻求帮助并不是软弱的表现，而是力量和求知欲的表现。这样做的最佳时间是新学年的开始。教师可以邀请学生提出所有与课程有关的问题，并澄清好奇心比正确性更重要，从而为课堂气氛定下基调。教育者必须时刻注意自己的反应，即使面对意料之外或表述不清的问题，也要确保不会在无意中通过消极的非语言暗示或语气来打击学生的参与热情。

图7-1　寻求帮助的儿童（左）和为儿童提供学习帮助的教师（右）

最后，教师可以提供明确的作业指导和期望，并将复杂的任务分解成易于管理的小步骤。教师还可以通过演示如何在需要时寻求指导来为学生示范提问的过程。此外，教师还可以为学生提供私人提问时间或"师生一对一谈话"的机会，从而解决特定的问题。

在学校传授求助技能的策略

为了培养一种支持文化，并赋予学生在需要时寻求帮助的能力，在学校实施有效的求助技能教学策略是至关重要的。通过将这些策略融入课堂，教育者可以创造一种环境，让学生在提问、求助以及与同学和老师合作时感到轻松自如。让我们探讨一些可纳入课程和课堂实践的宝贵方法，以便促进这些基本技能的发展。

1. **将求助技能纳入课程**。这可能是在小学促进求助文化的关键策略。这可以通过将解决问题的技能和目标设定活动纳入常规课程来实现。例如，教师可以开展一些活动，让学生发现问题，集思广益，找出可能的解决方案，鼓励学生协作学习，并寻求同学和老师的帮助。将求助技能纳入课程的另一种方法是教学生设定目标，将任务分解成更小、更易于管理的步骤。这可以帮助学生培养成长型思维模式，明白犯错并不可怕，并在需要时寻求帮助。通过将这些技能融入常规课程，教师可以帮助学生将求助行为正常化，并营造一个安全的、支持性的学习环境。

2. **示范**。教师可为工具性求助行为做出示范，展示其作为理解和掌握所学概念的积极策略的作用。通过促进学习的方式求助，教师可以减少求助行为的污名化，并将其展示为一种积极的、建设性的习惯。将求助技能纳入课程可以培养学生的自信心，并营造一种以协作学习和相互支持为基础的课堂氛围。

3. **创建支持性的课堂文化**。教师可以通过营造一个安全的、支持性的环境，让学生感到提问和求助是一种舒适自在的行为，从而促进学生的求助行为。营造支持性的课堂文化的方法之一是鼓励学生提问，并在学生求助时给予积极的反馈。教师可以创造一种课堂文化，将提问视为好奇心和智力投入的表现，而不是软弱或无能的标志。教师还可以对寻求帮助的学生给予肯定和赞扬，这有助于将求助行为正常化，并减少与求助相关的污名化现象。

教师在促进学生求助技能方面的作用及教职人员的相关职责

学校教职人员在培养学生的求助技能方面起着至关重要的作用，因为他们是向学生提供教育支持的最主要且最有影响力的来源。通过在学校营造一个开放的、支持性的交流环境，教育者可以激励学生在必要时寻求帮助。在面对教学挑战或复杂情境时，他们还可以主动寻求帮助，如此表现出积极的求助行为。

教师可以向学生传授解决问题的技巧，并为他们提供在日常课堂活动中应用这些技巧的机会。此外，学校职员可以与家长和照顾者密切合作，建立一个统一的、支持性的系统，鼓励孩子在学校和家里都积极寻求帮助。

技术设备可以成为促进学生求助行为的重要工具。技术设备促进求助的方法有很多，比如线上论坛、人工智能聊天机器人或虚拟教室，学生可以在这些地方发出询问，并从同学和老师那里获得反馈。此外，一些教育类应用程序和游戏软件可以帮助学生培养解决问题和批判性思维的能力，这对有效求助至关重要。

教育者还可以利用技术设备为学生提供额外的资源和材料

来帮助他们学习，比如线上教程、视频和互动活动。此外，数字工具还能帮助学习风格各异的学生以满足其独特需求的形式获取教育内容。通过利用技术来促进学生的求助行为，教师和学校教职人员可以建立一个更具吸引力和互动性的学习环境，鼓励学生发展在课堂内外取得成功所必需的关键技能。

同伴支持网络和师徒计划

同伴支持网络和师徒计划可以有效促进学生的求助行为。这些计划将某些学生与那些成功地应对了类似挑战的同伴或导师联系起来，提供了一个支持性的环境，让学生可以放心地寻求帮助和建议。这对于那些在向成年人求助时可能会犹豫不决的学生来说尤其有益，因为他们可能觉得向同龄人或年长的学生敞开心扉会更自在，他们认为这些人更有亲和力。此外，同伴支持网络和师徒计划还有助于建立社区感和归属感，从而抵御压力和逆境的不利影响。相关研究表明，参加同伴支持网络和师徒计划的学生的社会支持感、自尊心和整体幸福感都得到了提升。

学校可以实施各种同伴支持计划以促进学生的求助行为。其中一种是伙伴制度，即将某个学生与一个可以提供学术支持或情感支持的伙伴配对。这对刚到学校或在交友方面有困难的学生尤其有益。另一种是同伴辅导，即训练有素的学生为那些在个人或学术问题上挣扎的同龄人提供支持和指导。同伴辅导计划可以有效帮助学生减轻焦虑、提高自尊和学业成绩。同伴辅导计划也能有效地促进学生的求助行为，因为学生更愿意向同龄人而不是老师或成人寻求学业帮助。虽然这些理念侧重于广泛的同伴支持，包括情感和学术上的求助行为，但重要的是要注意同伴支持在教育成功中的特殊作用，这将在第十五章中进行更详细的探讨。在第十五章，重点将特别转向阐述同伴支持策略如何以独特的方式促进学业成就，从而与本节中讨论的支持系统形成鲜明的对比。

有效的师徒计划具有一些具体的特点，有助于促进辅导者和被辅导者取得积极成果。这些计划结构严谨，包括明确的期望和目标。辅导者应该接受培训和支持以确保他们有能力辅导和支持被辅导者。根据共同的兴趣和背景来匹配辅导者和被辅导者，也有助于建立牢固的师徒关系。辅导者应该成为积极的榜样，向被辅导者展示他们试图教授的技能和行为。保持一致和定期会面对于建立师徒之间的信任和牢固关系也很重要。有效的师徒计划允许被辅导者积极投身于自己的学习和成长，辅导者则是提供指导和支持的存在。有效的师徒计划能促进学生的求助行为，支持学生的学业发展和个人成长。

满足"问题"学生的需求

满足"问题"学生的需求是促进小学生求助行为的一个重要方面。有残疾或有特殊需求的学生可能会面临一系列挑战，使他们难以寻求帮助，包括沟通障碍、感官处理问题和社交情感困难。教师和学校职员可以通过提供便利和保障来支持这些学生，比如视觉辅助工具、辅助技术和个性化指导。

低收入家庭的学生也可能面临各种挑战，影响他们的学业成功和求助能力。这些学生可能无法获得技术、教科书和教育材料等资源，还可能面临压力和创伤等社会情感方面的挑战。教师可以通过提供特殊资源来支持这些学生，比如，提供免费或低价的教育材料和技术，以及创造一个重视所有学生的支持性的课堂环境，为学生提供培养社会情感技能的机会。

为了满足"问题"学生的独特需求，促进他们的求助行为，教师需要采用各种策略，包括差异化教学、同伴辅导和师徒计划。营造积极包容的课堂环境，弘扬多元化，并为学生提供成功所需的支持，这也是至关重要的方法。通过满足"问题"学生的需求，促进他们的求助行为，教师和学校职员可以帮助学生取得学业成功，并使学生充分发挥自己的潜能。

在本章中，我们讨论了提高青少年学生求助技能的重要性。我们也探讨了寻求帮助的障碍，如污名化、文化差异和个性差异，以及促进求助技能的策略，如将求助技能纳入课程、创建支持性的课堂文化和利用技术设备来支持求助行为。我们还讨论了同伴支持网络和师徒计划对促进求助行为的重要性，以及"问题"学生的独特需求。

学校教师在培养学生求助技能方面发挥着至关重要的作用。通过了解求助障碍和促进求助技能的策略，教师可以创造一个支持性的学习环境，鼓励学生在需要时寻求帮助。教师还可以努力满足"问题"学生的独特需求，比如，残疾学生、有特殊需求的学生、非英语国家的英语学习者和低收入家庭的学生。

当求助无济于事的时候

在理解求助行为的复杂性时，至关重要的是要认识到有时求助并不总能产生预期的结果。当求助"转错弯"，导致可能阻碍而非促进成长和发展的意外后果时，情况尤其如此。为了说明不当求助的阻碍作用，我想分享我的合著者苏宪平博士的一个故事，这个故事阐明了这些挑战如何在现实生活中体现出来。苏宪平的女儿在高中时期的数学成绩不好。为了帮助女儿学习数学，他们请了一位家教老师。然而，她养成了一种执行性求助的倾向，非常依赖家教老师为她解决问题。家教老师出于帮助的目的，迁就了她的行为，直接为她提供答案，而不是引导她解决问题。这种做法是出于好意，但最终却阻碍了她在数学科目上取得进步，导致她依赖外部援助，数学基础越发薄弱。

这则轶事生动地展示了求助的动态变化是如何适得其反的，强调了从小培养健康的、自主解决问题的技能的重要性。如果教育者和照顾者认识到学生过度依赖外部援助所带来的隐患，就能努力创造一个促进独立思考和建立韧性的环境。鼓励学生在寻求支持和培养自己解决问题的能力之间取得平衡，可以增强个人有效应对挑战的能力，同时降低依赖性和因求助而被污名化的风险。

第三部分

参　与

——学校的窗户

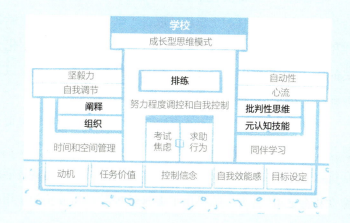

第三部分被比喻为"学校的窗户",为老师提供了全面审视学生参与度和成长情况的视角,让他们能够在课堂上探索浩瀚的知识领域及其实际应用。本节深入探讨教师如何培养学生的必备技能,增强他们的个人成长和智力发展能力。

想想19世纪著名的物理学家兼化学家玛丽·居里(即著名的居里夫人)的励志之旅。尽管居里夫人面临诸多障碍(比如,她的祖国波兰的女性缺乏正规教育),但她坚定不移的决心和自律使她在物理和化学领域取得了卓越成就。她的奉献精神和智慧最终使她相继摘得了诺贝尔物理学奖和诺贝尔化学奖的桂冠[1]。居里夫人的故事提醒我们勤奋学习的价值,以及教师在培养学生取得成功所需技能方面的重要性。

在本书的这一部分,我们从居里夫人的成长历程中汲取灵感并总结经验。我们探讨了教师可以培养学生的关键习惯,包括排练、阐释、组织、批判性思维和元认知技能。这些技能就像"机会之窗",为教师提供了促进学生学习和成长的实用见解和策略。

排练可以让教师引导学生反复练习和巩固信息,加强记忆和理解。通过将排练活动纳入教学计划,教师可以帮助学生自信且熟练地掌握复杂的概念。

阐释是鼓励教师通过引导学生建立联系和探索不同观点来加深理解的窗口。通过为学生提供补充细节和扩展知识的机会，教师可以培养学生的创造力，帮助他们找到应对挑战的创新方法。

组织是教师帮助学生有效地构建和梳理信息的重要窗口。通过提供组织性的工具和策略，教师可以帮助学生把握大局，明确学习方向和目标。

批判性思维使教师能够培养学生的分析思维能力。通过提倡学生质疑、评估证据和批判性推理，教师可使学生成为善于解决复杂问题且独具慧眼的思考者。

元认知技能是教师帮助学生反思的窗口，可以促使学生培养自我意识、调节思维方式、调整学习方法。通过指导学生进行元认知练习，教师可以提高学生管理学习和做出明智决定的能力。

在第三部分的每一章中，我们都会探讨这些技能，为教师培养和加强学生的这些必备技能提供实用指导、成功案例和相关策略。在深入探讨相关内容的过程中，我们旨在提供有价值的工具和策略，使教师能够促进学生的这些必备技能的发展，帮助他们充分发挥潜能，并引导他们在学习的道路上充满自信和目标感。

第八章　排练

为了更好地理解有效学习背后的深层过程，我们必须了解记忆形成和保持的过程。这使我们能够对学习方法（从学习技巧到学习时段安排）做出深思熟虑的选择。

当我们学习新东西时，这些新信息首先会被临时存储在捕捉我们所有感官信息的地方。这个地方被称为"感觉寄存器"，它会迅速决定是保留信息还是让信息消失。如果信息很重要，它会把信息转移到短期记忆（STM）中，在那里只停留一会儿，20～30秒。要想保留更长的时间，它会把信息转移到长期记忆（LTM）中，这是一个更稳定的地方，信息可以在那里长期保留。这种从短期记忆到长期记忆的转移被称为"巩固"，是确保我们所学的知识不会丢失的关键步骤。

巩固主要通过两种方式进行。第一种方式是在学习后立即开始，大脑会发生物理变化，比如，加强脑细胞之间的连接和创建新的通路。这有助于将新信息固定在长期记忆中。第二种方式更为渐进，需要数天、数月甚至数年的时间。它涉及大脑重新组织信息并将其与我们已有的知识联系起来，从而使记忆更加牢固和易于获取。用更简单的话说，巩固就像是将文件从

U盘（短期记忆）移动到硬盘（长期记忆）里，然后进行适当整理，以便日后很容易找到并使用。这一过程确保了我们所学的知识成为我们的知识存储中永存的部分。

理解细胞巩固和系统巩固之间的相互作用，能使我们能够洞察到保护我们记忆的惊人机制。这些洞察力使我们能够有意识地利用这些过程，优化我们努力学习的效果，培养出经得起时间考验的记忆力。

巩固记忆是一个至关重要的过程，它能让新信息在我们的长期记忆中找到一个稳定而持久的归宿（见图8-1）。这就像为我们获得的所有宝贵知识构建一个坚固的心理存储系统。当学习持续进行并取得成功时，不仅单个神经元会发生变化，更广泛的大脑系统也会经历转变。

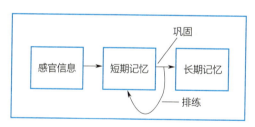

图8-1 通过巩固将感官信息转化为长期记忆

最初，海马体与大脑中位于新皮层不同部位的各种高阶感官区域紧密协作。新皮层是大脑的最外层，是我们进化过程中最新出现的部分。每个感官区域负责处理特定类型的信息。例如，视觉信息在大脑后部（枕叶）的初级视觉皮层中找到了自己的"家"。相比之下，听觉信息则由位于大脑两侧（颞叶）

的初级听觉皮层处理。

当我们形成新的记忆时,海马体会迅速将这些感官区域分散的信息汇集起来,将它们编织成统一的记忆。这就像一个管弦乐队指挥,将各种感官音符和谐地编织成一串旋律。这样,我们就能在新皮层中检索我们的感官表征。

随着时间的推移和通过大量练习(包括排练等活动),新皮层各区域之间的直接联系会得到加强和发展。这就好比在这些区域之间建立了直接的高速公路,使我们无须海马体的持续参与就能获取记忆(见图8-2,这是依赖海马体记忆和不依赖海马体记忆的视觉再现)。

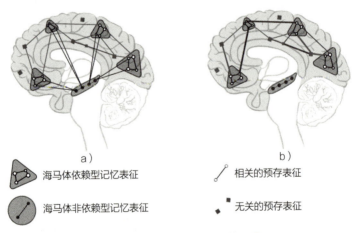

图8-2 海马体与新皮层连接的原理

a)依赖海马体记忆 b)不依赖海马体记忆

这种机制解释了为什么由于损伤或阿尔茨海默病等神经退行性疾病导致海马体受损,就会破坏新陈述性记忆的形成。然而，这可能对已经牢固巩固的事实和事件的记忆影响不大。因此，我们可以把巩固记忆看作是大脑结构（如海马体和新皮层）之间的复杂舞蹈，它们协同合作，编排动作，从而创造和保留我们珍贵的记忆。

正如我们最初探讨的那样，记忆巩固的过程可能是一个漫长的旅程。并非所有进入我们短期记忆的信息都能保证在长期记忆中占有一席之地。1885年，颇具影响力的心理学家赫尔曼·艾宾浩斯（Hermann Ebbinghaus）[1]进行了一项开创性的研究，让我们对记忆的获得和遗忘有了宝贵的认识。艾宾浩斯对我们如何获得和遗失新学信息的过程充满好奇，他以自己为实验对象，开展了一项非同寻常的实验。从1880年到1885年，他孜孜不倦地努力记忆单词，每隔一段时间就让自己反复接受测试，并一丝不苟地记录测试结果。他测试的单词并不是熟悉的单词，而是按照"辅音－元音－辅音"模式组成的无意义的音节组合。

艾宾浩斯将研究结果绘制成一个图，并从中发现了一个迷人的模式，如图8-3所示。很明显，遗忘的速度几乎呈线性趋势，42%的记忆在学习结束后的20分钟内惊人地消失了。我们大脑的新陈代谢过程可能会阻碍信息从短期记忆到长期记忆的无缝传输。这是一种保护机制，确保我们的长期记忆不会被无关的或不重要的回忆所干扰。

因此，我们必须记住，记忆的形成需要大量的时间和精力。它需要我们积极参与以保存信息并确保其在长期记忆中的位置。这一机制背后的逻辑很清晰，即我们必须投入一定的精力，以便确保重要的信息在我们的长期记忆中找到合适的位置。与此同时，不那么重要的细节自然会逐渐消失。艾宾浩斯的开创性研究还表明，记忆的形成不是被动的。它需要我们有意识地参与、投入和奉献，将信息锚定在我们的长期记忆中，从而确保其持久存在。

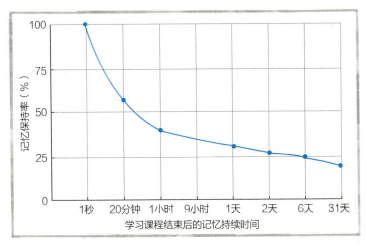

图8-3　艾宾浩斯研究中的遗忘曲线

我们既然认识到记忆的形成需要大量的时间和精力，也就能理解积极参与在长期记忆中信息的保存和保护的重要性。这一机制背后的逻辑变得清晰起来：投入精力对于确保关键信息找到合适的位置至关重要，而不那么重要的细节则会自然消逝。艾宾浩斯的开创性研究提醒我们，记忆的形成不是一个被动的过程；它需要我们有意识地参与、投入和奉献，如此才能将信息锚定在我们的长时记忆中，从而确保其持久存在。

有了这种认识,我们就可以探索一种基本的、本能的学习机制,即排练。正如著名的拉丁谚语所言:"重复是学习之母。"排练是一种认知学习策略,它强调重复练习在彻底掌握所需信息和技能方面的力量。在记忆新的语言词汇、数学公式、乘法口诀甚至新朋友的电话号码时,人们都会想到这种方法。它包括用朗读或默读的方式重复这些信息,直到它们在我们的记忆中根深蒂固。通过这个过程,我们就能在信息输入和长期记忆之间建立起牢固的联系。

奥沙鲁姆文斯(Osarumwense)和奥莫洛久瓦(Omorogiuwa)最近的一项研究(2020)[2]探讨了各种学习策略对学生数学成绩的影响。研究人员对140名中学生进行了问卷调查,评估他们使用学习技巧的频率和偏好,包括深度学习、讲解前的努力、排练和组织。调查结果显示,排练是对数学成绩影响最大且最可靠的策略。这一结果表明,教师应该鼓励学生采用排练的学习策略来提高数学成绩。

针对排练效果的进一步探索揭示了它对记忆保持的间接影响。瓦莱-图兰戈(Valle-Tourangeau)等人的研究(2013)[3]观察到,在面对与心算有关的焦虑时,对数学概念进行反复排练的学生会制定出更成熟的应对机制。通过参与排练,这些学生可以更好地防止因焦虑而导致的认知资源枯竭。数学焦虑会消耗工作记忆资源,使其转向与成绩相关的消极想法和记忆(Ashcraft & Krause,2007)。[4]工作记忆资源的确反过来又会影响学生的整体学业成绩,尤其是数学成绩。通过鼓励学生排练新学的内容,教育者可以提供一个强大的工具来对抗数学焦虑,提高学生在数学方面的学习成绩。

1978 年,史麦克(Schmeck)和里比奇(Ribich)[5]将排练分为两种不同的形式:Ⅰ型排练和Ⅱ型排练。Ⅰ型排练又称"简单重复策略",其特点是对信息进行连续的复习或背诵。虽然这种方法在一定程度上提高了记忆力,但它是一种肤浅的学习策略。相比之下,Ⅱ型排练涉及对所学内容更全面、更深入的理解,因此是一种精心设计的学习策略。这种方法所需的重复次数较少,并且有可能显著提高记忆效果。

苏塞克斯大学的伯德(Bird)及其同事在 2015 年进行了一项引人注目的研究,[6]为排练的有效性提供了深刻的洞见。研究人员旨在调查主动排练(即重复观察到的信息以增强记忆)能否改善人们对短视频片段的回忆率。研究人员将受试者分成几组,要求他们观看短视频片段。之后,他们必须在核磁共振成像(fMRI)扫描仪内回忆这些片段,要么大声回忆(实验 1),要么默默回忆(实验 2)。回忆环节在观看视频后的不同时间间隔内进行。

研究结果表明,时间在回忆过程中具有重要意义。在观看视频后的第 1 天、第 8 天和第 18 天进行回忆的受试者(第一小组),在研究结束时的意外识别环节㊀中显示出最高的回忆率。从第 1 天到第 8 天,只有 4.5% 的细节被遗忘,第 18 天的

㊀ 测试或实验的一部分,旨在测量受试者对之前看过的短视频片段的识别或记忆程度。

回忆率又提高了2%。同样，在观看视频后的第1天和第18天进行回忆的受试者（第二小组）也表现出相当强的回忆能力，到第18天时只有14.7%的细节被遗忘。相比之下，在观看视频后的第1天没有进行回忆，但在第8天进行首次回忆的受试者（第三小组）则出现了明显的遗忘现象，第1天的回忆率比第一小组和第二小组低了47.8%。但在第8天和第18天之间，第三小组的回忆率提高了7.6%。

这些发现证明了排练对长期记忆的影响。在接触信息后立即进行排练，可以延长细节记忆的时间。排练的时间和频率对最大限度地提高记忆效率起着至关重要的作用。了解这些动态因素可以指导教育者和学习者制定有效的排练策略，从而优化记忆保持的效果。让我们来看看这一概念在工作中的应用。艾米丽（Emily）在学习有关第二次世界大战的新知识后，立即复习了这些新知识，与马克（Mark）相比，艾米丽能回忆起更多有关第二次世界大战的细节，而马克则将排练推迟到了第二天，因此在考试中很难回忆起具体的历史事件。

在实验2中，研究人员使用了与实验1类似的程序，但受试者不同。更详细地说，受试者躺在fMRI扫描仪中观看一组他们必须排练的视频，并且观看了另一组不要求受试者进行任何特定排练活动的视频。随后，受试者在研究结束后的第7天接受了回忆率测试，同时他们的大脑活动再次被fMRI扫描仪记录下来。结果发现，经过排练的视频被记住的细节是那些不需要任何排练的视频的3倍以上。实验2发现了一个区域网络，在这里，编码视频过程中激活的血氧水平依赖（BOLD）[一]活动模式在该特定视频的主动排练期间得以恢复，其中包括海马体和后中线区域（扣带回后部、脾后皮层和楔前叶）。早期的研究表明，这些区域与情景记忆过程密切相关（Aggleton & Brown, 1999[7]；Eichenbaum, 2001[8]）。研究结果表明，主动排练不仅有助于将记忆从短暂的状态转化为更稳定的状态，还增强了单个记忆的生动性和细节性，丰富了构成事件完整记忆的个人因素和语境因素。

总之，这项研究为排练活动在学习过程和记忆形成中的积极作用提供了极好的实证证据。具体来说，该研究发现，在学习过程结束后立即进行主动排练，可以改善学习结束18天后的记忆。另外，缺乏即时排练会导致学习课程结束7天后的记忆严重丧失。最后，这些研究结果还确定了受主动排练调节的大脑区域，而这些区域会在以后的回忆过程中改善记忆。

回到之前讨论过的艾宾浩斯遗忘曲线，排练是一种不会让记忆曲线走势下降的机制，即不会让信息从我们的思维记忆中完全消失。其中一种排练机制就是随着时间的推移而对所学内容进行修订，以便刷新已形成的记忆，并对大脑中逐渐消失的记忆痕迹进行上调。

[一] 这是一种衡量在认知任务执行过程中不同脑区可供使用的含氧血液量的变化的方法。BOLD水平的提升被认为表明相应脑区的认知功能增强，因为这种活动需要与氧气丰富的血液流入相关的代谢变化。

内布拉斯加大学林肯分校的罗（Luo）及其同事的研究（2016）[9]进一步证明了修订的有益作用。他们研究了修订讲义对所学内容记忆的益处。具体来说，修订过程被定义为一个短暂的修改期，学生通过添加额外的信息和说明来改变现有的学习笔记，使笔记更加完整和易懂。需要注意的是，笔记的修订不同于笔记的复习，前者旨在为现有的笔记添加信息。与此相反，后一过程旨在将所记录的信息纳入记忆（见图8-4）。本研究探讨了两个问题：第一，修订是否比不修订更有效？第二，哪种修订方法最好？实验1针对第一个问题，对比了修订讲义者和重抄讲义者的学习成绩。实验2针对第二个问题研究了修订是在讲座的停顿期间进行，还是在讲座结束后的一次相同间隔期进行，以及是与他人一起还是独自进行。

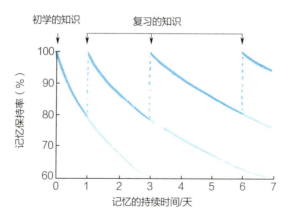

图8-4 "修订所学信息可防止记忆衰减"的原理

结果，该研究显示，修订效应并不明显。与简单地重抄笔记相比，参与修订笔记的学生取得了微小但意义重大的进步。他们的笔记更加详细，成绩也更高。此外，还存在明显的暂停效应，即在暂停期间重温笔记的学生，在笔记和成绩评定方面的表现优于在讲座后进行复习的学生。事实上，有研究表明，在讲课过程中引入短暂的停顿有助于学生积极参与教材的学习（Bachhel & Thaman，2014）。[10]在短暂的停顿期间，学生可以通过重温和修订笔记来讨论、反思和加深对所学内容的理解。结果显示，与课后复习的学生相比，利用暂停时间复习的学生的记忆力和学习成绩都有了显著的提高，这凸显了积极参与和即时应用在学习中的有效性。最后，该研究还发现，与小伙伴一起复习笔记的学生比单独复习的学生记录的原始笔记更多，但这种效应相对较小。研究者们总结说，在停顿期间与小伙伴一起学习，可能是一种很有前途的复习手段，可以提高学生的学习成绩。

虽然排练是一种使用简便、最古老的学习机制，但它也有局限性，尤其是对于复杂的学习内容，简单的重复带来的好处较少。克西奇（Kesici）和埃尔多安（Erdoğan）的研究（2009）[11]证实了这一局限性，尤其是与Ⅰ型排练（肤浅排练法）相关的限制。他们发现，对于学习需要理解基本事实的复杂认知过程而言，简单地重读笔记或书籍章节（Ⅰ型排练策略）通常是无效的。平特里奇博士（2004）[12]和克西奇、埃尔多安都建议，不要使用这种肤浅的方法来学习数学等复杂的技能。使用深度排练法（Ⅱ型排练）会产生更好的效果。例如，使用"HOMES"这样的助记符来表示五大湖("HOMES"是休伦湖、安大略湖、密歇根湖、伊利湖和苏必利尔湖的英语首字母缩写)有助于记忆地理知识;将细胞的布局形象化有助于理解生物学;建立联想(比如,将1776年与个人事件联系起来)可增强有关历史的记忆。

布拉贝克(Brabeck)和杰弗里(Jeffrey)的研究(2015)[13]观察到,练习的质量而非数量对学习的成功有着重大影响。他们指出,当学生在没有外部干扰或内部干扰的情况下全神贯注地学习时,练习的有效性就会提高。因此,积极参与Ⅱ型排练(包括建立有意义的联系和理解所学内容)至关重要,尤其是对于获取复杂的知识和技能而言。他们的结论是,刻意练习(Ⅱ型排练)能够使人达到专业水平,而肤浅练习(Ⅰ型排练)则不同,后者只是重复,没有更进一步的深入理解,可能会阻碍学习,尤其是后续知识建立在对先前所学信息的扎实理解之上的时候。

作为教育者,我们的目标不仅是促进知识的获取,而且要促进知识的保持和应用。我们很有必要超越传统的记忆技巧,采用有助于加深理解的策略。以下几点提示旨在帮助教师在课堂上实施Ⅱ型排练策略,为学生提供更积极地参与教材学习的工具。事实证明,这些方法可以增强记忆力、批判性思维和整体学习体验。

1. 助记手段:鼓励学生为复杂的信息创造容易记忆的缩略语或短语。例如,在数学课上,教他们使用"PEMDAS"(括号、指数、乘法、除法、加法、减法的英语首字母缩写）这样的助记符来记住运算的顺序。这种方法能将复杂的运算顺序转化为简单易记的格式，从而帮助学生记住运算步骤。此外，将新信息与简单而熟悉的词汇联系起来以增强记忆力的记忆术也很奏效。

2. **憧憬某个场景**：指导学生在脑海中形成图像或图表来理解和记忆相关概念。例如，指导学生把历史事件编成生动而详细的故事。在历史课上，让学生想象并描述一场重大历史战役的背景、人物和关键事件。鼓励学生在脑海中创造一部电影，这将有助于他们更有效地记忆历史事实和理解历史背景。想象画面不仅有助于记忆，还能通过调动想象力来加深理解。

3. **触类旁通**：引导学生将新学的知识与个人经历或众所周知的事实联系起来。鼓励学生在科学课上将科学概念与日常现象联系起来。例如，将重力概念与物体落地的体验联系起来。这种方法有助于学生将抽象的科学原理与日常经验联系起来，从而加深理解和记忆。通过将新知识与现实世界的观察联系起来，学生可以更容易地掌握和记住复杂的概念。

4. **概括总结**：让学生用自己的语言总结主题，记得要突出重点。这可以通过写短文或在课堂上做总结来完成。总结可以迫使学生对信息进行处理，提炼出其核心内容。

总之，了解我们如何形成和保持记忆是学习知识的关键。从获取信息到将其存储在长期记忆中的过程展示了如何帮助学习者保留重要的知识。艾宾浩斯的早期实验和关于信息排练的最新研究都强调，学习需要积极的、专注的努力，这样才能真正将知识内化为我们所掌握的知识。记忆不仅仅是存储事实，还包括通过排练、复习或深度学习策略等方法来积极处理这些事实。

这种洞察力赋予了我们塑造教学方式的能力，确保学生所学知识得以牢固掌握且学习能够持续发展。通过使用与我们的记忆功能相适应的方法，我们可以让学习更有效、更持久。鼓励学生积极实践，将新知识与已有知识联系起来，并使用诸如助记符之类的工具，不仅有助于他们记忆，还能让他们更好地理解所学内容。

归根结底，对记忆和学习方式的了解促使我们改进教学方式。它敦促我们不要只是死记硬背，而是要想办法建立对知识的坚实且连贯的理解。它告诉我们，有了正确的技巧，我们就能将简短的信息转化为深刻且持久的知识。这不仅能让学生为考试做好准备，还能让他们为生活中面临的诸多挑战和机遇做好准备。

第九章　阐释

20世纪40年代是好莱坞的黄金时代，海蒂·拉玛（Hedy Lamarr）在这一时期大放异彩。她不仅仅是一位备受全球赞誉的高颜值女演员，而且还对发明创造充满了好奇和热情，这表明她的才华远远超出了她在电影中扮演的角色。在第二次世界大战的背景下，拉玛专注于一项至关重要的挑战：确保无线电通信的安全，以便引导盟军的鱼雷不被敌军截获。拉玛利用自己的艺术背景和她对各种技术创新的熟悉，与作曲家乔治·安太尔（George Antheil）合作开展了一项革命性举措。他们共同发明了跳频扩频技术。这项创新技术在多个频道上快速切换无线电频率，大大降低了敌军截获和破译传输信号的可能性。

海蒂·拉玛在早年生活中专注于艺术，而不是科学。从很小的时候起，她就在舞台上展示自己的芭蕾舞和钢琴才华，后来在柏林一所著名的学校磨炼自己的演技。虽然拉玛的正规教育中没有太多科学内容，但她拥有一种超越传统界限的非凡能力。她有一种将不同领域的不同想法联系起来的天赋，这最终促成了她的开创性发明。

拉玛对自动演奏钢琴的迷恋成了她创新的"跳板"。这种乐器可以将纸卷上的编码指令转换为音乐。她幸运地看到了自动演奏钢琴的自动化序列与战时安全通信的需求之间的相似之处。于是，她阐释了这种联系，建立了类比，并将一个领域的原则应用于另一个领域，从而为跳频技术奠定了基础。这项最初被人忽视的发明为 Wi-Fi、蓝牙和 GPS 等现代无线通信奠定了基础。[1]拉玛的故事证明了一个强大的事实：真正的创新往往是在阐释的沃土上茁壮成长的，在这里，各种知识相互交融，激发出意想不到的突破。

阐释式学习策略是指通过扩展所学内容、增加背景或将其与现有知识或经验联系起来，从而深入理解所学内容。这些策略包括提出有深度的问题，用自己的语言解释概念，以及为各个观点之间的关系创建视觉再现。这些策略鼓励学生对所学内容进行批判性思考，从而促进更深入的理解和记忆。鼓励学生进行有意义的联想，探索不同概念之间的联系，可以加深他们对知识的理解，增强他们的记忆力，提高学习效率。

阐释式学习策略与Ⅱ型排练的关键区别在于其范围和侧重点不同。虽然Ⅱ型排练主要是通过有意义的联系和思维联结来增强记忆的，但阐释式学习策略涵盖了更广泛的认知活动。它不仅有助于记忆力的保持，还可以帮助学生更深入地理解所学内容，这通常涉及批判性思维和将新信息融入更广泛的背景。

研究表明，阐释是改善记忆和促进长期学习的有力工具。当学生积极采用阐释策略（比如，将新概念与现实生活中的例子联系起来，用自己的话解释这些概念），或者创建视觉再现时，他们会巩固自己的理解，加强对所学内容的记忆。在本章中,我们将深入探究"阐释"这一引人入胜的领域,并探讨可以融入教学实践的实用技巧。我们将看到阐释如何赋予学生建立联系的能力,提高他们的批判性思维技能,并让他们对所学内容有更深入的理解。

在上一章中,我们深入探讨了学习的基本概念,即"排练"。作为最简单明了且普遍采用的学习方法,排练的重要性不可估量。我们研究了艾宾浩斯的开创性研究,他细致入微地进行了以记忆无意义音节序列为重点的实验。他对学习后不同时间间隔的记忆保留进行量化的方法揭示了一个普遍的真理:我们的记忆几乎在学习过程结束后立即开始衰退,这说明记忆力会自然而然地随着时间的推移而退化。

排练的特点是反复复习新获得的信息,它是减轻甚至暂停记忆消退的基本策略。虽然这种方法在某种程度上是有益的,但它并不是将信息转化为长期记忆的最有效方法。鉴于此,我们将转向一种更复杂且更有效的技术,即阐释。阐释因其在增强记忆力方面的有效性而备受赞誉,它超越了单纯的重复,有助于学生加深对教材的认知。

安德森(Anderson,1983,p.285)概括了阐释的影响力的精髓,他表示:"要增强受试者对所学内容的记忆,最有效的方法之一是让受试者详细阐述要记忆的内容。"[2]这种观点得到了波斯特曼(Postman,1976,p.28)和赫什曼(Hirshman,2001,p.4369)的支持,前者将"阐释"定义为"对额定信息输入的补充",[3]后者将"阐释"描述为"一种有意识、有目的的过程,将需要记忆的信息与记忆中的其他信息联系起来"。[4]这些观点共同突显了阐释在学习中的变革力量,强调它不仅仅是一种记忆方法,而是一个有意义的参与过程,可以将各种知识交织在一起。

简而言之,当待学习的新信息与已知的信息(学生已经知道的先验知识)在语义上相连接时,即实现了阐释的效果。这种阐释背后的理念是,新信息一旦与大脑中的相关信息联系起来,就会变得更具包容性。这就好比一块拼图,需要具备两个条件才会有意义:①一块拼图与另一块拼图相连,两块拼图的形状相吻合;②两个小拼图连接成一个大拼图,成为一个有意义的整体。这样的拼图信息在我们的记忆中更容易记忆和检索。换句话说,它拥有更多的线索(即周围的拼图碎片),可以帮助学生更好地从长期记忆中检索出新学的信息。

重要的是,阐释并不是自动发生的过程,换句话说,并不是新学到的信息自动与已有的知识联系起来。相反,阐释是一种积极的认知学习策略,需要具体的行动或步骤才能有效率。使用阐释技巧的学生可以有意识地找到新信息与长期记忆中已有的相关信息(例如,学生对日常记忆的先验知识,包括身体体验和认知体验)之间的关系。学生应该详细阐释正在学习的内容,澄清并明确指出这些新信息与已学知识之间的关系。这一阐释过程可能涉及推理、举例、类比、关注具体细节、想象某些图像、总结概念或采用其他形式的心理建设(Hamilton,2012)。[5]换句话说,阐释可以看作是以连贯的方式对信息进行重新编码。从某种意义上说,先验信息是在其上建造新的"知识大厦"的必要基础。

在普莱斯利（Pressley）等人进行的一项关于阐释的早期研究（1987）[6]中，研究人员探讨了句子的详细程度是如何影响人们的理解和记忆的。他们向受试者展示了一系列描述各种情景的句子。这些句子的复杂程度各不相同。有些句子简单明了（比如，"高个子男人读了那个标牌"），而有些句子则提供了额外的语境，对情景进行了详细阐释（比如，"高个子男人读了那个警告大家要注意薄冰的标牌"）。为了进一步吸引受试者，每个句子都配了一个问题。对于比较简单的句子，这个问题会促使受试者对情景中主角的行为进行推测（例如，"那个男人为什么要那么做？"）。相比之下，对于更详细的句子，这个问题则会鼓励受试者考虑新增的信息是如何使情景更加清晰的（例如，"句子的最后一部分是如何说明那个男人为什么要那么做的？"）。这种方法使研究人员能够评估通过补充细节和提问来阐释是如何增强人们对信息的理解和记忆的。

接着，研究人员进一步将受试者分为三组，以便研究阐释对记忆和理解的影响。第一组被称为阐释组，其任务是通过回答问题加深对每个句子的理解，比如，回答"那个男人为什么要这么做"这个问题。这就要求他们对当时呈现的情景进行批判性思考。第二组是对照组Ⅰ，每句话都有预先拟定的解释（例如，"高个子男人读了标牌，从而避免掉进薄冰里"），而无须他们自己做出回答。第三组是对照组Ⅱ，他们只需阅读句子，不需要做出进一步的阐释或解释。

在进行上述干预之后，所有受试者都接受了一项测试，以便评估他们对句子中动作和角色的回忆能力（例如："谁读了标牌？"）。结果令人惊讶：阐释组的表现明显优于两个对照组，在记忆测试中的平均准确率为72%，而两个对照组的平均准确率为37%。这些研究结果强调了阐释作为一种学习策略的有效性，强调了通过提问和推理积极地参与到学习过程中，比仅仅接收或阅读信息能带来更好的记忆效果。有趣的是，阐释组与对照组Ⅰ（接收了额外信息）的成绩差异明显，这强调了帮助记忆的并不只是信息的存在，学习者积极的阐释过程才是将知识嵌入长期记忆的关键。

除了已经讨论过的要点，普莱斯利等人的研究（1987）还提供了其他重要的见解。他们研究的一个重要方面就是阐释在不同学习情境中的有效性：有意学习和无意学习。在一些实验中，学生被明确地告知要记住这些句子，这代表了"有意学习"的情况。相比之下，还有一些实验并没有告知学生即将进行记忆测试，从而造成了"无意学习"的情况，即受试者们没有意识到研究人员随后将评估他们对这些句子的记忆情况。令人惊讶的是，研究结果表明，阐释作为一种学习工具的积极影响在两种情况下都很明显。这表明，阐释在增强记忆力方面的好处并不局限于学习者积极记忆所学内容的情况；阐释的益处还适用于无意学习的情境，即参与者并没有有意识地为记忆测试做准备。

基于这些洞见，普莱斯利等人进一步研究了阐释的精确度是如何影响记忆和回忆能力的。他们在阐释试验中比较了受试者在三种不同情境下记忆句子的能力：准确地阐释、不准确地阐释、未做任何阐释。尽管在这三种情境下阐释的准确性存在差异，但受试者们的回忆能力都出奇地相似。无论回答的内容是精确、略有偏差还是完全缺失，受试者们回忆句子的能力始终保持在较高水平。这表明，无论阐释的准确性如何，尝试阐释都是有益的。在这些情境下的回忆率始终保持在60%以上，超过了未尝试阐释策略的对照组的回忆率。

反思这些观察结果，不禁让人想起斯拉梅卡（Slamecka）和费弗雷斯基（Fevreiski）的早期研究（1983）。[7] 在实验中，斯拉梅卡和费弗雷斯基将受试者分为两组，让他们学习成对的单词。第一组被称为"阐释组"，他们面对的是不完整的"反义词组"（如"冷 – ___"），并被要求猜测缺失的单词（目的是将其补全为"冷 – 热"）。第二组是"对照组"，他们直接得到完整的"反义词组"，无须猜词（他们直接看到"热 – 冷"）。

后来，在一次突击回忆测试中，所有受试者都看到了他们见过的单词和没见过的新单词（与他们见过的单词混在一起）。他们需要识别出哪些单词是他们之前见过的。该研究的一项重要发现是，猜测缺失单词的那一组（阐释组）比直接给出单词的那一组（对照组）记得更牢。即使阐释组最初猜错了一些单词，情况也是如此。这项实验强调了"阐释"作为一种学习技巧的力量。它表明，通过猜测或推理（即使猜错了）来积极参与材料的学习，比被动学习更能增强记忆。

正如斯拉梅卡和费弗雷斯基展示的那样，在探索了"阐释"和"回忆"的细微差别之后，我们可以清楚地看到，我们的记忆过程与学习机制是如何错综复杂地交织在一起的。在考虑"我们的记忆系统如何处理信息"这一总体框架时，这种复杂性会得到进一步的阐明。更具体地说，人们普遍认为，我们的感觉寄存器具有无限的容量，但其持续时间相对较短，只有250毫秒左右。来自我们感官的信息本身是没有意义的，它被认为是未经处理的原始信息。然而，假设进入我们感官的部分信息是有意义的（例如，在许多不同的声音和对话中听到自己的名字），并引起了我们的注意。在这种情况下，它可以进入工作记忆阶段，但存储容量有限，只有大约4（±2）条信息（也称为信息块），持续时间有限，约为20秒。

这个阶段的信息通常以声学编码的形式存在。例如，如果一个人试图记住一个新的电话号码或同事的名字，他就会努力重复多次。我的合著者苏宪平曾经表演过记忆特技，他的经历生动地说明了这一记忆编码过程。苏宪平使用数字编码技术，只读一遍就能将100位数的序列背诵下来，既能正序记忆，又能倒序记忆。然而，尽管这些数字很快就被记住了，但同样很快就会被遗忘掉，因为苏宪平博士并没有努力将这100位数字从短期记忆（STM）转移到长期记忆（LTM），这也说明"巩固记忆"的关键步骤被忽视了。假设短时记忆中的信息被频繁使用（即在一段时间内被证明对我们的日常活动很重要）。在这种情况下，它就可以进入长期记忆，而人们认为长期记忆的容量是无限的，而且可以持续一生。换句话说，每当我们遇到需要记住电话号码的情况时（如给工作中的同事打电话），可以将这些信息从长期记忆中提取到短期记忆中，并用于执行所需的任务。

然而，哪种信息会通过阐释策略得到增强呢？它能帮助我们的感觉寄存器更好地听到、看到和感觉到吗？或者，它能将短期记忆的持续时间从 20 秒延长到 60 秒，并确保这些信息有更大的机会进入长期记忆吗？最后，阐释策略是否可以直接作用于长期记忆？这个问题在巴特施（Bartsch）等人的一篇研究论文（2018）[8]中得到了解答。更具体地说，研究人员要求受试者们同时记住出现在电脑屏幕上的六个单词。

在最初的记忆阶段之后，受试者被要求在四种可能的条件中选择一种：①无阐释地重读部分单词；②无阐释地复习单词，即需要复习的单词被出现在准确位置的提示所取代，受试者必须在提示出现后立即想到相应的单词；③在重复阐释的情况下，屏幕上会再次依次显示三个待处理单词，受试者必须在头脑中生成三个物体相互作用的生动形象；④在复习加阐释的情况下，受试者必须想出被提示替换的单词，并在头脑中形成这些单词的生动形象。

在受试者学习了每组三个单词后，研究人员会通过让受试者从四个选项中选出正确的一项来测试他们的记忆力。研究结果表明，与只思考而不重复单词相比，当受试者们主动重复单词时，学习后的记忆会立即得到改善。有趣的是，让单词变得更有意义（阐释）似乎并不能帮助人们立即更好地记住这些单词，除非你在阐释的同时也重复这些单词。然而，在之后的测试中，增加单词的意义（阐释）明显有助于提高记忆力，而仅仅在脑海中复习单词则没有帮助。

这些研究结果强调，阐释特别有利于增强长期记忆。这种效应可以通过考虑涉及记忆处理的神经网络来解释。当我们对所学内容进行阐释时,这可能会涉及更广泛的神经回路,使新信息与大脑中已有的知识和经验交织在一起。这种连接网络在阐释过程中起到了促进作用,可以加强人们对长期记忆存储信息的巩固和检索。对于即时记忆或工作记忆任务来说,这种神经活动可能不那么明显,因为在这些任务中,神经通路更简单、更直接。从实际意义上讲,这意味着一个人对将要学习的内容进行阐释可以显著提高他在较长时间内(如考试期间)对信息的回忆能力。

在学校环境中,阐述的作用尤为明显,因为学生经常需要学习新物体的名称、定义和各国首都名,即执行配对联想学习任务(Rohwer,1973)。[9]在这种情况下,阐释策略一直有助于目标语言信息的记忆(Levin,1988)。[10]此外,研究人员还发现,阐释可以显著地正向影响更复杂的学习结果,如在解决问题时应用技能和概念。学习者的已有知识或专业知识水平、阐述的来源(自我生成或由教学产生)、学习结果、阐述的类型以及教学材料的结构,都会对阐述的效果产生不同程度的影响。

学生可以遵循的策略之一就是对新学的内容提出问题,并进行阐释,从而提高学习效果。例如,学生可能会问自己"事物是如何运作的"和"为什么事情会发生"等问题。在寻找和阐述答案时,学生会对所学内容进行阐述,从而加强他们的长期记忆。学生可能会问自己,肉毒杆菌毒素为什么能预防皱纹?他们经研究发现,肉毒杆菌毒素会影响神经系统,使其无法发送信息来移动某些肌肉,从而防止皱纹的产生。这种方法强调了阐释作为一种有效学习技巧的力量。

如上所述,"阐释"之所以行之有效,是因为人们可以将这些信息与现有的知识体系联系起来。这个定义还意味着,记忆能力应该与知识丰富度成正比。也就是说,如果一个人对所学内容有更好的理解,那么他的阐述能力就应该更好。

该效应在罗森(Rawson)和范·奥弗舍尔德(Van Overschelde)的一项研究(2008)[11]中得到了验证。研究者们测试了两组受试者：一组对美国国家橄榄球联盟(NFL)了解程度高,另一组对NFL了解程度低。两组受试者都收到了包含目标领域(NFL)或对照领域(烹饪)的项目列表。他们的任务是将所提供列表中的项目分门别类,或者对列表项目的愉悦程度进行评分,或者两者兼而有之。随后,在完成所有任务后,两组受试者都接受了一场意想不到的自由回忆测试。研究结果发现,对橄榄球知识了解较多的人比对橄榄球知识了解较少的人有更强的记忆能力,而对烹饪知识了解的多少并不能显著影响回忆能力。结果表明,先验知识对记忆的影响来自于更有效的具体项目处理能力和"组织加工"能力。

鉴于这些研究结果,让我们考虑一下中学的科学课上关于生态系统的学习,该主题涵盖了生物群落中的种间关系和环境保护等问题。教师意识到学生兴趣的多样性,决定量身定制学习体验,使学生更深入地参与其中,提高他们的回忆力和理解力。在这堂课上,教师首先通过探究学生的不同兴趣来引入生态系统的概念。有些学生是狂热的游戏玩家,有些学生热衷于电影,还有一些学生对园艺或当地野生动物有着浓厚的兴趣。了解到这些兴趣后,教师设计了一个基于主题项目的学习模块，让学生通过他们的爱好和激情来探索生态系统。

例如，让那些对电子游戏感兴趣的学生去分析流行游戏中生态系统的表现形式，并研究这些虚拟环境如何模拟和区别于现实生活中的生态系统。他们在游戏背景中探索食物链、栖息地和人类对环境的影响等概念，并将其与现实世界中的生态系统进行比较。同样，电影爱好者的任务是找出以突出生态系统为主题的电影，如纪录片中描绘的海洋生物的微妙平衡，或者说明生物多样性有多重要的虚构场景。他们会深入研究这些电影如何体现生态原则以及人类行为对环境造成的后果。最后，教师鼓励那些热爱园艺或野生动物的学生创建一个关于当地生态系统的小型项目。他们调查周围的植物和动物，了解它们之间的相互联系，甚至可以提出通过保护工作来支持当地生物多样性的方法。

通过将生态系统的学习与学生的个人兴趣相结合，教师不仅能使教学内容更加贴近学生的生活以吸引学生的注意力，还能促进学生更深入地学习。学生们会更加投入地学习，从而能够更有效地处理和回忆信息。这种方法的灵感来自于有关先验知识对学习成果影响的研究结果，它展示了如何通过将新信息与学生现有的知识基础联系起来，使教育更具影响力。

"组织加工"是另一种活跃于阐释过程中的学习机制。也就是说，阐释可以通过组织改进的方法来促进学习（Bellezza et al., 1976[12]; Mandler, 1979[13]）。根据这一观点，阐释过程包括使信息与现有知识结构更加融合和有序。通过将待学信息与记忆中的其他概念联系起来并加以整合，学生可以提高他们在头脑中组织想法的程度，而这种组织性的增强可能有助于在检索时重建过去。

阐释对学习影响的解释假定了人们的知识是由概念、经验和信念组成的网络（参见原理图和心智模型）。具体的解释因学习结果的性质而异。对于言语或视觉信息的记忆而言，阐释活动可能会增加编码记忆情节的丰富性或独特性。这里的"丰富性"具体表现为目标命题与学习者相关的先验知识之间的相互联系的数量。

在回忆过程中，学习者通常只激活一小部分原始命题，并试图对其进行重构。当被激活的子命题更丰富、更冗余时，重建原始数据集的成功率就会提升。另一个关于阐释的有益影响的观点来自于对编码情节的独特性的研究。这项研究表明，独特的编码过程包括识别情节中各个项目之间的差异。学习者要专注于这些差异会增强记忆情节的独特性，使命题在回忆和检索时更容易定位和获取。举例来说，一项能够丰富学习者阐释过程的活动，可能会要求学习者把新信息与其之前的个人经历联系起来。另外，一项强调独特性的活动，可能会要求学习者确定所要记忆的信息的各种要素是如何相互关联的。

请注意，尽管我们迄今为止讨论的所有研究都是在单个受试者身上进行的（即受试者都是独自完成任务的），但在双人或小组合作的学生中也显示出了阐释式学习的学习效果（Kahl & Woloshyn，1994[14]；Woloshyn & Stockley，1995[15]）。这里唯一的要求是积极参与小组工作，并对所学观点进行深思熟虑的讨论。同样，大多数关于阐释策略在学习过程中的作用的开创性研究都是针对大学生和高中生（即年轻人）的。然而，值得注意的是，这种学习策略在不同年龄段的人群中都取得了成功。

研究表明，阐释策略能提高高中生、初中生和小学高年级学生（四年级到六年级）的学习效率。此外，涉及低年级学生的几项研究也证实了阐释策略对不同能力水平的学习者都有效果，包括有学习障碍的四年级到十二年级学生（Greene et al., 1996[16]；Scruggs et al., 1994[17]）和有轻度认知障碍的六年级到八年级学生（Scruggs et al., 1993[18]）。研究发现，提示性和自发性的阐释练习（如自我解释、展示工作实例）可提高解决问题技能的学习效果，尤其是对知识水平较低的学习者而言（Kalyuga, 2009[19]）。有趣的是，阐释式提问的效果甚至在成绩优异的五年级和六年级学生身上也有体现（Wood & Hewitt, 1993[20]；Wood et al., 1993[21]）。换句话说，阐释策略将使不同年龄、不同认知能力和心智能力的儿童受益。

为了培养儿童的阐释技能，下面为教师提供了几点实用建议：

1. 鼓励自我解释：鼓励学生用自己的话解释概念。这可以通过书面作业或课堂讨论来实现。当学生清晰地表达自己的理解时，这加强了他们对所学内容的掌握，并确定了需要进一步解释的地方。

2. 使用类比和比喻：使用类比和比喻帮助学生将新信息与熟悉的概念联系起来。这样可以缩小已知与未知之间的差距，使新概念更贴近生活、更容易理解。例如，讲解分数知识时，有效策略之一就是使用食谱类比。在这个类比中，一个整数被比作一道完整的菜，如冰沙。每种成分都代表整体的一部分。例如，在冰沙中加入半根香蕉就等于分数 1/2，而加入 1/4 个苹果就等于分数 1/4。这种类比可以帮助学生将分数形象地理解为整体的一部分，就像将各种配料组合在一起形成最后一道菜肴一样。它简化了分数的抽象概念，使其更加具体，便于学生掌握不同分数是如何组成一个整体的。

3. **创建思维导图或概念图**：鼓励学生直观地组织信息。思维导图或概念图是连接观点、显示关系和促进对主题更深层次的理解的绝佳工具。

例如，在探索生态系统的概念时，学生可以使用概念图来直观地组织生态系统中的各种元素及其互动情况。这幅图可以从中心的"生态系统"开始，从这里开始的分支可延伸至"生产者"（如植物）、"消费者"（包括食草动物、食肉动物和杂食动物）和"分解者"（如真菌和细菌）等关键组成部分。其他分支可以图解为"栖息地"（详细描述森林、海洋和沙漠等不同类型的地形）和"食物链"（展示能量如何从一种生物流向另一种生物）。

这种视觉表征有助于学生理解生态系统中复杂的相互关系，包括能量如何在生物体和环境中循环。它还有助于理解生态系统中某一部分的变化如何影响整个系统，从而加深对生态平衡的理解。

4. **用深思熟虑的问题快速提问**：提出能激发深入思考的问题。询问学生新信息与他们已有知识之间的关系，或者新信息在不同情境中的应用。这有助于他们进行批判性思考并建立有意义的联系。

在有关古代文明（如埃及或罗马）的单元中，教师可以采用阐释策略，向学生提出深思熟虑的问题，鼓励他们将新信息与现有知识联系起来，并将这种理解应用到各种情境中。例如，在上完有关罗马建筑的课程后，教师可以提问：

（1）"古罗马建筑（如斗兽场或渡槽）的设计对今天的现代建筑有什么影响？你能想到当地有哪些类似的建筑吗？"

（2）"将古罗马的社会结构与我们的社会结构进行比较。你认为在政府、社会阶层和日常生活方面有什么异同？"

（3）"想象一下，如果古罗马帝国拥有现代技术，那将如何改变他们的生活方式、军事战略或建筑成就呢？"

这些问题鼓励学生超越古罗马历史和建筑的基本事实进行思考，促使他们进行分析、比较并将历史知识应用到现代情景中。这种方法加深了他们对该学科的理解，提高了他们的批判性思维和他们在不同领域之间建立联系的能力。

总之，阐释策略有助于将信息整合到我们的长期记忆中，加强学习者对新信息的掌握，并显著加深他们的理解力。这种加深不仅仅是回忆和检索方面的改进，还有助于学习者对主题的更深入理解。通过将新知识与现有知识联系起来，学生不仅能更有效地记住信息，还能对信息形成更丰富、更细致的理解。此外，阐释策略有助于学生构建和获取长期记忆中的有序知识。如此便减少了现有记忆存储的总体负荷，提高了学习过程的效率。

第十章 组织

亚历山大图书馆建立于公元前 3 世纪，在人类知识和学术史上树立了一个重要的里程碑。在亚历山大大帝的继承人之一托勒密一世（Ptolemy Ⅰ Soter）的赞助下，该图书馆人员萌生了汇编世界上所有知识的宏伟目标。在这一倡议的推动下，图书馆人员从已知世界的每个角落收集文献，成为学术研究的重要中心。他们派遣船只将文本运回，然后进行精心复制。图书馆的藏书越来越多，拥有成千上万的莎草纸卷轴，内容涉及文学、科学、哲学和医学等各个学科。[1]

所收集信息的庞大数量带来了一个独特的挑战：需要建立一个有效的系统来组织这些文献。图书馆的学者和馆长面临着一项艰巨的任务，即对这些卷轴进行分类和编目，以便于研究和参考。出于这一需要，他们开发了历史上最早的信息组织系统。卷轴按照主题和专题内容进行分类和存储，以便高效检索和研究。这套系统对于维护图书馆庞大的藏书并促进学习者的学习至关重要，因为它使学者能够系统地查找和接触特定主题的文献。

亚历山大图书馆采用的组织策略凸显了教育和学习中一个

经久不衰的原则：有条理地组织信息对于理解、存储和应用信息至关重要。古代图书馆员开发的管理和整理图书馆大量藏书的方法与现代教育技术相呼应，用以提升学习效果。

如今，记笔记、概括总结、标记重点和使用视觉辅助工具等策略已成为组织信息、帮助学生理解和记忆的重要组成部分。这些策略反映了图书馆在知识组织方面的做法，强调了系统化结构在促进学习过程中的重要性。本章探讨了各种组织信息的方法，并从亚历山大图书馆管理海量知识的历史经验中汲取灵感，提供了这些策略如何优化学习体验的见解。

记笔记

记笔记是指捕捉和记录在讲座、会议或其他任何信息共享场合中呈现的信息的过程。记笔记看似简单，其实需要练习和改进。事实证明，记笔记是一种学习策略，并且具备很多益处。它可以促进学生积极参与学习，改善他们对信息的组织和记忆能力，促进日后的复习和回忆，从而增强记忆力、理解力和学习能力。

研究表明，无论是在讲课时记笔记（Kiewra，2002）[2]还是在阅读时记笔记（Chang & Ku，2014）[3]，记笔记都能有效提高学生的学习效果。如果我们希望学生更好地记住我们在课堂上教授的内容，就应该鼓励他们记笔记。记笔记之所以有效，是因为它需要你主动付出努力。不是简单地吸收信息，而是用书面或视觉形式总结和组织信息,从而创建新的神经通路,将信息固化在长期记忆中。此外,将信息存储在不同的位置可以方便学生在以后复习和巩固所学知识。

在温格(Wong)和林姆(Lim)于2021年进行的一项研究中,[4]研究人员考察了人们在视频讲座中做笔记的方式,以便确定哪种方法最有助于记忆。他们测试了三种方法:手写笔记、用智能手机拍摄讲座幻灯片,以及不做任何笔记。他们对200人进行了测试,并得出了几个结论。首先,手写笔记的学生比那些拍照或不记笔记的学生记住的东西更多。即使那些拍照或不记笔记的人有机会再次查看讲座幻灯片,他们仍然记不住多少东西,而那些手写笔记的学生记住的东西更多。

研究还发现,做笔记有助于防止人们"走神"。走神是指人们不禁会想其他的事情,而不关注自己应该做的事情,比如,听讲座的时候心不在焉。手写笔记有助于学生集中注意力并提升记忆力。最后,给幻灯片拍照并不比不做笔记更有助于记忆。这说明,仅有幻灯片供日后查看是不够的,更重要的是要通过记笔记积极参与到学习中去。

如果学生在听讲座或上课时积极记笔记(见图10-1),他们就必须集中精力记下重要信息。这种专注于教材的参与方式有助于将他们的注意力集中在讲课内容上,减少走神现象的发生。积极记笔记使学生不容易走神,也不容易去想无关的事情或分心的事情。因此,记笔记是一种减少走神的方法,使学习者能够专注于课堂或讲座内容,提高记忆和理解信息的能力。这反过来又能提高学习成绩。

图 10-1　课堂上积极记笔记的学生

有趣的是，参与研究的学习者并未意识到手写笔记的优势，反而认为这三种方法同样有效。这表明许多学习者可能并不了解手写笔记的好处，从而错过了一个有效的学习策略。因此，教育者有必要了解手写笔记的好处，并鼓励学生在课堂和课程中使用这种方法。

记笔记是一种常见的学习策略，尤其是在教师使用PowerPoint演示文稿给一大群学生上课而基本没有互动的课堂上。研究人员比较了在讲座幻灯片上记笔记（"完整幻灯片笔记"）和在空白纸上记笔记（"手写笔记"）在学习新材料、情境兴趣⊖和课堂思维漫游三个方面的差异。这项研究随机抽取了48名受试者，让他们在观看30分钟的统计学入门讲座视频时，并分别在纸上手写笔记或在讲座幻灯片上做笔记。为了看看哪种方法更有效，研究人员让受试者先完成一份关于统计学的测

⊖ 情境兴趣是指当前环境里的某些条件和刺激激发个体产生的兴趣。——译者注

验，然后一边观看一段 30 分钟的关于该主题的视频讲座，一边做笔记。他们还让受试者回答关于他们对讲座和统计学的兴趣问题，并测量他们在讲座期间走神的程度。讲座结束后，受试者接受了三项测试，以便研究人员了解他们学到了多少东西。

该研究发现，与在空白横格纸上做笔记（手写笔记）的人相比，在讲座幻灯片打印稿（全屏幕幻灯片）上做笔记的人在学习新材料方面略有进步。然而，两组人在对讲座的兴趣方面没有显著差异。最后，结果显示，在幻灯片打印稿上做笔记的那一组表现出更少与任务无关的走神，以及更多与任务相关的思考，这表明，在幻灯片打印稿上做笔记可能有助于学生在课堂上集中注意力。

这项研究的结果也可能对那些不使用幻灯片演示的教师有所帮助。例如，小学教师可以为学生提供一个提纲或指南，帮助他们在听课时更好地记笔记。教师可以为学生准备一些笔记（即在幻灯片打印稿上做笔记），可以帮助他们同时专注于笔记和讲课内容。记笔记有时会让学生跟不上老师的思路，因为他们要记下老师所说的每一句话。不过，如果有一个大纲或指南，学生就能更快地跟上讲课内容，也能更有效地记笔记。笔记应该简明扼要，因为太冗长的记录可能会分散学生对讲课内容的注意力。相反，笔记应该简要总结或概括关键点。

内布拉斯加大学林肯分校的教育心理学教授肯尼斯·基沃拉（Kenneth Kiewra）博士是讨论如何成功记笔记的杰出研究者之一。他在研究中指出了教师可以用来提高学生记笔记技巧的几种策略。这些策略包括：

1. **提供笔记提纲**：教师要在讲座中择时概括主要的观点，并留出空间让学生填写其他的细节。事实证明，这种策略可以提高学生记笔记的数量和质量。

2. **随时给点小提示**：教师要在黑板上书写或口头陈述一些小提示以传达重要的观点。研究表明，这些提示可以显著提高学生记笔记的水平和学习成绩。

3. **复现讲座内容**：教师要安排学生重新观看或聆听已录制的讲座，以便补充笔记或修改现有的笔记。重听讲座的学生可以提高记笔记的技巧和学习成绩。

4. **重新整理课堂笔记**：教师要鼓励学生在听完一堂课后及时整理和总结课堂笔记以提高记忆力和回忆能力。重新整理课堂笔记可以显著提高学习成绩。

总的来说，高效记笔记是一种需要练习的技能，可以通过鼓励学生积极参与材料的学习来增强记忆力、理解力和学习能力。最近的研究表明，手写笔记尤其有助于减少走神现象，促进学生更好地记住课堂内容。然而，许多学习者可能并不了解这些好处，这就凸显了教育者在课程中鼓励高效记笔记策略的重要性。

概括总结

概括总结是指一种帮助学生提取新材料的要点的方法，即辨别最重要的信息并忽略与任务无关的信息。这种方法可以更清晰地呈现一个人所学的内容，使记忆变得更容易。概括总结还可以帮助学生将不同来源的观点结合起来，并进行条理清晰的组织。概括总结还可以进一步帮助学生加强对所读或所听课文或谈话的记忆。

概括总结在数学、化学、哲学和文学等许多学科中都非常有用。然而，概括总结是具有挑战性的策略，因为即使是成年人也可能在概括总结所学信息方面遇到困难。这是因为，概括总结并不仅仅是按照有意义的顺序复述所接收的信息，而是需要花费脑力来消化和提取所学材料的关键要素。

培养年轻学生的概括能力的最佳方法是建立和执行概括的流程。请注意，所选的概括流程应根据孩子的年龄和经验而定。对于经验较少的学习者，尤其是小学低年级学生，最好能教他们识别所学信息的顺序，即"开始、中间和结果"。这种策略把需要学习的信息分成三个基本部分，从而简化了烦琐的信息描述工作。例如，光合作用可以概括为阳光、水和二氧化碳（开始），植物内部处理（中间），产生糖类形式的能量（结果）。掌握这一策略是帮助青少年学习者组织和概括接收到的信息的第一步。

接下来，可以引入更复杂的概括流程，如"五指复述法"（5Ws）或"人物－愿望－问题－情节－结局"五大要素总结策略（见图10－2）。这种方法为识别故事或历史事件中的关键要素提供了框架。你可以在阅读、聆听和记笔记时使用五指复述法（Beers，2003[5]）。它可以帮助学生确定主旨、认识到因果关系、做出归纳、找出人物之间的差异和审视不同的观点。五指复述法通常用于叙事文本，但也可以应用于说明性文本。例如，"人物－愿望－问题－情节－结局"五大要素可以概括一个历史或当代人物或团体所面临的目标、冲突、事件或障碍。"五指复述法"或"人物－愿望－问题－情节－结局"五大要素总结策略需要学生练习和积累经验。教师最好借助实例向年轻的学习者介绍这些策略，逐步要求他们根据每种策略的计划找出故事的关键部分。这些"脚手架"为学生提供了他们思维的视觉表征和结构化的回答方式，促使他们考虑比事件顺序更多的内容。

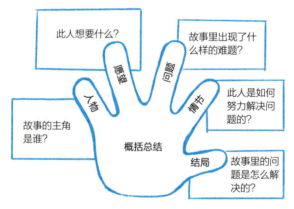

图10-2　五指复述法或"人物－愿望－问题－情节－结局"五大要素总结策略的可视化示例

随着学生越来越擅长识别故事元素并提取关键观点，他们可以进一步学习更高级的总结策略，比如"20字总结"技巧。这个方法鼓励学生用不超过20个特定词汇提炼出文本的最核心要素。要成功运用这种技巧，学生需要完成以下几个关键步骤：

1. 找出文本中的核心信息和中心思想。

2. 确定哪些细节对于支持这些中心思想至关重要,并着重强调它们的重要性。

3. 辨别哪些信息无关紧要或没有必要,可以从总结语中删除。

在经过这些考虑之后,学生们会仔细挑选并精心构思20个精确的词语以概括文本中最重要的部分。这一练习可以培养学生细致阅读的习惯,提高他们的批判性思维能力,并教会他们简洁而有效地表达想法。

总之,概括总结是一种关键的技能,可以帮助学生从所学内容中提取最重要的信息,并以更容易记忆的方式加以组织。通过将复杂的信息分解为基本要素,学生可以将新信息与他们已经掌握的知识联系起来,更好地理解不同的概念,并找出故事或历史事件的关键要素。虽然概括能力不易掌握,但通过各种概括策略搭建"脚手架",教师可以帮助青少年学生培养概括能力。

标记重点

标记重点是一种流行的组织技巧,也是被广泛使用的学习策略之一(Mayer, 2021[6];Miyatsu et al., 2019[7])。标记重点就是划重点,包括标记课程中最重要的部分,比如定义、结论和有价值的信息。在学习书籍或科学文章等纸质资料时,学习者可以使用彩色记号笔或铅笔来突出标记重要的文本。对于计算机资料，学习者可以使用标记重点工具，给文本加下划线或粗体，改变字体颜色或样式，或者添加背景颜色。

标记重点在学习过程中的作用和目的可以从不同的视角来理解。首先，它可以识别和标记重要的文字部分，以便在以后的排练中使用。与前面讨论的概括技巧类似，标记重点（见图10-3）强调的是文本中的特定关键词，而不是用关键词表达中心思想。这个方法可以让学生在复习笔记和书本章节内容时将注意力集中在最重要的信息上。其次，标记重点可以提高学生的注意力，并且激发选择相关信息的认知过程。这一过程还可以激活工作记忆，促进所学信息向长期记忆的过渡（Fiorella & Mayer，2015[8]）。

图10-3　标记重点的文字部分

尽管标记重点在学生群体中得到了广泛的应用和认可,但研究表明,它被认为是效果最差且最不受重视的学习策略(Dunlosky et al., 2013[9]; Fiorella & Mayer, 2016[10])。研究表明,单纯地标记重点可能不会显著提高学习效果。大多数研究表明,除了简单地阅读文本,标记重点并没有带来任何额外的好处。换句话说,虽然反复阅读标记部分有助于强化记忆和提高理解能力,但这种好处可能并不局限于标记部分,因为反复阅读非标记部分也能达到类似的效果。

另一个方法是学生共享学习材料,其中最重要的内容已经进行了重点标记。例如,在这个方法中,根据课程的教学目标,向学习者展示的文章已标出了关键部分。这种由教师提供的重点标注旨在有效地引导学习者在工作记忆中筛选相关信息进行处理的认知过程,从而释放认知能力,用于在头脑中组织这些关键信息,并将其与相关的先验知识进行整合(Fiorella & Mayer, 2015, 2016)。

教师提供的重点标注可以作为提示,引导学习者关注课程中的重要材料(Mayer, 2021; van Cog, 2022[11])。最近,彭斯(Ponce)及其同事进行了一项荟萃分析(2022)[12],研究了标记重点对学习和学业成功的影响。研究者们纳入了1938—2019年发表的36项科学严谨的研究,这些研究比较了大学生和K-12学生在阅读学术文章时使用或不使用标记重点方法的学习效果(即记忆力和理解力测试的成绩)。这些研究既考察了学习者自行标注重点的作用,也考察了教师提供重点标注的作用。

结果表明,学习者自行标注重点内容可以改善记忆力,但不能提升理解力，它们的平均效应量分别为0.36和0.20，属于中等至较小的范围。另外，教师提供的重点标注可以同时提高记忆力和理解力，两者的平均效应量皆为0.44。对于大学生来说，学习者自行标注重点可以提高学习效果，平均效应量为0.39，而教师提供重点标注的平均效应量为0.41。然而，对于K-12学生来说，学习者自行标注重点并没有显著提高学习效果（平均效应量为0.24），而教师提供重点标注的平均效应量更大，为0.48。

这些结果表明，标记重点策略对中小学生和大学生的学习过程都有帮助。然而，鉴于学习者自行标记重点似乎更适合记忆新材料（即死记硬背），而并不适合真正理解所学内容，因此，我们应该谨慎使用这种策略。另外，教师提供的已标记重点的材料（其中最重要的信息已被突出显示）对于学习和理解新信息都非常有益。具体来说，这类已被标记的重点信息对学校和大学生都很有效，而学习者自行标记的重点信息对学习的帮助极小。

抽认卡和升级卡

教学用的抽认卡有一种基本的形式，即某个术语或概念出现在索引卡的一面，其定义则出现在另一面。学生看着术语并测试自己是否知道答案，然后翻动卡片来检验。这种学习方法相对容易实施，因为学生自己可以制作或购买抽认卡（Wissman et al., 2012[13]）。在较长一段时间内，关于抽认卡在学习中作用的实证证据很少。例如，戈尔丁（Golding）等人发现（2012），第一次考试前使用抽认卡复习备考的学生比未使用抽认卡的学生得分更高。然而，第二次考试前使用抽认卡复习备考就不太奏效了，第三次考试前使用抽认卡复习备考的效果更是微乎其微了。此外，哈特维希（Hartwig）和邓洛斯基（Dunlosky）的研究（2012）[14]表明，使用学生自己制作的抽认卡与这些学生的 GPA 之间无明显相关性。这些结果表明，传统的抽认卡学习法可能不足以帮助学生在大学课程中取得成功。

传统的抽认卡使用效果不佳的一个可能原因是，大约 70%的学生使用抽认卡等自我测试技术来确定他们对当前材料的学习效果，只有大约 18%的学生使用这种方法来学习更多的知识（Karpicke et al., 2009）。[15]抽认卡可以促进重复学习，但乏味的重复可能只局限于浅层次的加工处理（Brown et al., 2014）。[16]在一项研究中，82.9%的学生表示他们使用抽认卡来记忆词汇，但没有学生表示他们使用抽认卡来加深自己对概念的理解或应用（Wissman et al., 2012）。

当学生进行深层次的加工处理时，他们会积极专注于理解自己所学信息的实质和更深层次的意义。他们表现出强烈的个人承诺，努力理解材料，并尝试在所接触到的不同信息之间建立联系（Entwistle, 2017）。[17]此外，他们努力将所学应用于日常生活，并将其与现有知识相结合，从而根据布卢姆（Bloom）修订的认知层次理论向更高层次的学习迈进（Anderson & Krathwohl, 2001）。[18]

另外，深度学习与更愉快的教育体验相关，因为它涉及对学科知识更透彻、更有意义的理解。相比之下，表面的学习方法只涉及肤浅的理解，而不深入研究潜在的概念，往往不太令人满意（Biggs，2003[19]；Tagg，2003[20]）。为了克服传统抽认卡（以下简称传统卡）作为学习工具的局限性，森崎（Senzaki）及其同事开发了一种改进版本，称为"升级版抽认卡"（以下简称升级卡或FP）。这种改良的方法超越了传统的抽认卡学习法，旨在促进深入理解和提高学习效果（Senzaki et al.，2017[21]）。

升级卡在传统卡的基础上进行了升级，引入了一种旨在加深理解和增强记忆的微妙方法。起初，学生采用传统的方法：找出教科书中已被标记的关键术语，并将这些术语记在抽认卡的一面，反面则是相应的定义。这一初始步骤旨在促进学生对教科书上的定义（或教师提供的定义）的记忆。然而，与只停留在死记硬背阶段的传统卡不同，升级卡学习策略通过两个额外的关键步骤来扩展学习过程，而这两个步骤将概念阐释和实践检索融为一体，是该方法不可或缺的组成部分。

首先，鼓励学生用自己的语言重新诠释关键术语以促进阐释的效果。这种重新措辞的过程不仅有助于学生更深入地理解所学内容，还能显著提高他们的理解能力。该策略强调的"阐释"是指在最初的学习阶段积极地处理信息，这一过程对于加强记忆至关重要，正如克拉克（Craik）等人的研究（2002）[22]所支持的那样。

接下来，学生必须创建现实的例子来说明这些关键术语。这一步骤利用了实践检索的力量，鼓励学生将所学信息与个人经历联系起来,从而加强知识的应用。实践检索是卡皮克(Karpicke)和布兰特(Blunt,2011)[23]以及卡皮克和罗埃迪格(Roediger,2010)[24]强调的方法,它涉及定期回忆所学信息,包括学习时的语境。这一方法至关重要,因为它通过将新知识与现有记忆和经验联系起来,显著提高了回忆能力。

升级卡策略由阿普比(Appleby,2013)[25]开发,作为学生学习的辅助工具,它旨在促进学生主动学习,尤其是那些学习大量入门课程、面临多项选择题考试的学生。它利用列夫·维果茨基(Lev Vygotsky,1978)[26]所描述的"脚手架"技术,引导学生超越当前技能水平,掌握更复杂的任务。该策略解决了教育中的一个常见挑战:虽然许多考试题都会测试学生的记忆力、理解力和应用能力(Gronlund,1998[27];Banta & Palomba,1999[28]),但学生往往需要进一步的支持才能超越简单的记忆。升级卡策略为学生提供了一条清晰的途径,以自主学习的方式实现更高层次的理解和应用,这说明了在学习过程中将阐释和实践检索相结合的重要性。当这些策略被协同使用,使学习体验个性化,并使学生积极地参与到材料的学习中及学习情境中时,记忆保持的效果就会显著增强。

森崎及其同事们进行了两项研究(2017)以评估升级卡学习法在现实生活中的有效性。第一项研究是将升级卡学习法引入学生群体,并比较他们在学期末的考试成绩。研究结果显示,使用该方法的学生的考试成绩显著高于未使用该方法的学生。在第二项研究中,研究人员将六门普通心理学课程(共涉及434名学生)随机分配到课堂讲座中,采用该方法的小组叫实验组，不采用该方法的小组叫对照组。讲座结束后，实验组学生的学习成绩显著优于对照组学生。这些结果表明，使用升级卡学习法能明显提高考试成绩。此外，研究表明，这种简单的教学方法可以帮助学生更深入地学习知识，通过自主学习提高理解和应用能力，从而提高他们的学业成绩。

总之，有持续的证据表明，传统卡学习法可能不是学习新信息的最高效方法，更重要的是，它也不是理解新信息的最高效方法。幸运的是，人们可以通过融入阐释技巧对传统卡进行升级。以下是在课堂上使用升级卡的一些实用建议：

1. **解释升级卡策略**：向学生介绍"升级卡"的使用方法，强调该方法超越了传统卡学习法，不仅能促进学生记忆，还能加深学生对所学内容的理解和应用。教师应该鼓励学生积极使用这种方法，因为这种方法结合了抽认卡的效率和阐释的力量，确保他们不仅能回忆起信息，还能将其与更广泛的概念联系起来，并在各种情境中加以应用。

2. **将升级卡策略纳入教学计划**：定期将升级卡策略纳入课程计划。这一策略适用于各种主题，也可用于各种学科。

3. **示范升级卡策略的使用方法**：演示如何有效实施升级卡策略。在课堂上创建升级卡策略样本，向学生展示如何确定关键术语、写出课本上的相应定义、用自己的话重新措辞，并将其与个人经历联系起来。

4. **将升级卡策略布置为家庭作业**：布置需要学习升级卡策略的家庭作业。这将为学生提供一个独立练习升级卡策略的机会，从而加深他们对教材的理解。

5. **在课堂上复习升级卡策略**：定期在课堂上复习学生制作的升级卡。这样，学生可以分享他们的理解细节和实例，创造出一个多元化的学习环境，让不同的观点受到尊重和欣赏。

6. **促进协作学习**：在小组学习或协作学习情景中应用升级卡策略。学生可以分享自己的升级卡，并从彼此的观点和个人实例中学习经验。

7. **调整升级卡策略**：教师可以根据学生的熟练程度和主题的复杂性去调整升级卡策略。例如，对于较为复杂的主题，学生可以提供多个个人例子或解释，从而加深对该主题的理解。

视觉辅助工具

"图表法"是说明复杂想法的有效手段，能突出不同概念之间的相互联系。图表的直观性使其成为简化复杂主题的绝佳工具。它们还能有效地将基于文本的信息转换为可视化格式，使其比冗长的文字说明更具感染力，更能吸引学习者。此外，图表可以迎合具有更多视觉记忆的个体，增强他们对所展示材料的记忆。

如果你试图用几个关键词来概括人类历史，最有效的方法就是利用图像来描述人类进化过程中最重要的里程碑。这些图片可能包括世界八大奇迹、最复杂的建筑成就的快照，或者那些极具影响力的科学家和政治家的肖像（因为他们对所有生命产生了积极的影响）。图像提供了一种直观而简洁地传达这些纷繁复杂的信息的方式,这是单靠文字无法实现的壮举。

我们的历史充满了图标、符号和艺术品,证明了视觉表征的力量。几千年前,吉尔吉斯斯坦的古代居民通过洞穴壁画(岩画的一种,见图10-4)使他们的主要成就和赖以生存的资源永世流传,从而教育后代了解他们的历史。

图10-4 岩画

即使在千年之后,视觉表征仍在人类生存的精神、文化和政治领域发挥着重要影响。它们可以左右无数人的思想,影响他们参与世界范围内的各种社会经济活动。最值得注意的是,就本书而言,视觉表征可以极大地帮助学习者学习。它们可以更直接、更简单地进入长期记忆,促进新信息的储存,并增强学生取得成功的动机。因此,由于人类对视觉的本能依赖,更具视觉吸引力的信息可以提高学习兴趣和记忆力,尤其是在学术环境中更是如此。

图像和图表可以大大提高教学内容对学生的针对性。以讲述迪拜哈利法塔的关键信息（包括该塔的外观细节）的课程为例。对学习者来说，与文字本身相比，在文字旁边配上建筑的图片更有意义，也更有用。此外，视觉表征在探索复杂概念时尤为有效。例如，一张展示地球各层结构及其内部栖息地的图片可以帮助那些学习地理或地球科学的学生更好地理解相关知识（见图10-5）。这种视觉辅助工具提供了地质特征如何影响栖息地带和生物分布的清晰描述，使这一主题更易于理解和令人着迷。圣地亚哥（Santiago）在2011年发表的一篇论文指出，视觉辅助工具有助于提高学生的记忆力、理解力和批判性思维能力。

图10-5 如何用一张综合图片描述复杂材料的示例

教师和学生普遍认为,在阅读文学作品时使用图片、动画视频、投影仪播放的内容和电影等视觉辅助工具是一种有益的方法,可以提高学生的注意力和参与度。为了说明这一点,沙比拉亚尼(Shabiralyani)及其同事采用问卷调查的方式进行了一项研究(2015)[29],收集了公立和私立教育机构的教职员工和学生对视觉辅助工具的看法。数据分析结果显示,许多教师和学生对视觉辅助工具的有效性持赞成意见。最后,还有证据表明,使用视觉辅助工具对学习和提高学术水平也有着积极的影响(Sein,2022)[30]。

以下是教师在教学中使用视觉辅助工具的一些实用步骤:

1. **发现并抓住机会**:在课程中寻找可以用视觉辅助工具强化的主题或概念。在一些复杂的学科或领域,视觉表征可以使教学内容更容易理解,更吸引学生。

2. **选择合适的视觉辅助工具**:选择与教学内容相关并符合学习目标的视觉辅助工具。这可以包括图片、图表、视频、投影仪播放的内容或电影。例如,在讲授特定的地标时,教师可在文本旁边加上该地标的图片以提供更有意义的理解。此外,教师还可以考虑以下各种视觉技术的应用:

(1)在有关人体消化系统的科学课中,教师可使用流程图来说明从摄入到营养吸收和废物排泄的消化过程的每一步。这有助于学生直观地了解事件发生的顺序,并理解该系统中每个器官的功能。

(2)在数学课上讲授统计知识时,教师可使用条形图或折线图来表示调查结果或随时间的推移而发生的变化。这可以帮助学生解释数据模式，理解平均数、中位数和模式等统计概念。

（3）在社会研究课上，教师可使用维恩图⊖比较和对比两个不同国家的政治制度。这种视觉辅助工具可以帮助学生更清楚地辨别异同。

（4）在英语文学课上，教师可绘制思维导图来探索主题、人物和情节主线。这有助于学生了解故事中的不同元素是如何相互关联的。

3. 创建或收集可视化资源：教师应根据教学目标创建新的可视化资源或收集现有的可视化资源。这包括在网上搜索图片、使用图形设计工具创建图表，或者查找相关的视频或动画。

4. 不断更新可视化资源：教师要不断探索新的可视化资源、技术和工具以提升教学效果。教师还要密切关注有关视觉辅助工具在学习中的有效性的调查和研究，因为这可以为教师所用的教学方法提供参考。

请记住，我们的目标是通过策略性地使用视觉辅助工具来提高学生的兴趣、理解力和记忆力。通过实施这些实际步骤，教师可以为学生创造一个更有吸引力且更有效率的学习环境。

总结本章，我们可以清楚地看到，组织策略是促进和提高

⊖ 英国逻辑学家维恩制定的一种类逻辑图解。——译者注

学生学习效果的关键。记笔记、概括总结、标记重点、使用抽认卡以及将视觉辅助工具融入学习环境等技巧，为教师提供了帮助学生处理和记住新信息的有效策略。每种技巧都能以独特的方式构建信息以迎合不同的学习风格和偏好，帮助学生理解、记忆和检索信息。它们将信息分成易于管理和相互关联的信息块，从而使学生能够更有效地理解和记忆材料。重要的是，这些技巧并不是相互排斥的，它们的结合使用往往能提供更加全面和丰富的学习体验。

　　教育者在教学实践中引入和融入这些组织方法，可以在新旧知识之间架起一座桥梁，将学习从单纯的活动转变为学生理解和探索知识的成功之旅。这样，学生就能深入、持久地掌握教材上的知识，形成超越死记硬背的全面理解。在我们继续探索教学策略的过程中，最重要的是要记住，作为教师，我们组织和构建信息的方式会极大地影响学生的学习和记忆能力。

第十一章 批判性思维

通常，无论是小学生还是高中生都倾向于不加质疑地接受信息（Oliver & Utermohlen，1995）。[1]随着媒体和通信技术提供的信息越来越丰富，这种趋势很可能会继续下去，甚至会愈演愈烈（Scalf, n. d.）。[2]因此，学生必须学会评估和分析接收到的信息，而不是不加质疑地简单接受这些信息。实现这一目标的最有效的方法就是教会学生如何将批判性思维应用到他们的学业中，应用到他们将遇到的挑战中，应用到他们在学习期间必须做出的重要决定中，让他们掌握并利用信息的激增和技术的快速变化，而不是成为技术进步的牺牲品。

批判性思维在教育、就业和科学等众多领域中都备受推崇，其含义多种多样，而不是遵循一个普遍认可的定义。例如，迈克尔·斯克里文（Michael Scriven）和理查德·保罗（Richard Paul）等理论家在1987年[3]将批判性思维定义为一种有条理的思维过程。他们强调要积极、巧妙地从各种来源（包括观察、经验和交流）中获取信息，并对其进行概念化、分析、综合和评估。他们认为，这些信息指导着我们的信念和行动，强调了在推理过程中清晰、准确和公平的必要性。

相反，爱德华·格拉泽（Edward Glaser）[4]对批判性思维的解读则强调对数据、论据和推理进行仔细审查和评估，从而得出结论。批判性思维还被视为一种内省和自主的活动，其特点是个人主动性、纪律性、监督性和修正性。这些不同的观点凸显了批判性思维的复杂性和多样性（Clarke，2019）。[5]

批判性思维是一种评估和剖析信息、论点或证据，以形成判断或解决问题的大脑过程。它要求我们有能力审视和衡量各种观点的优缺点，发掘潜在的假设和偏见，并质疑不同主张背后的逻辑和理由。除了单纯的分析，批判性思维还包括创造性思维，促进创新解决方案的产生。它的应用范围十分广泛，从学术环境到专业工作场所，甚至渗透到日常生活中。从本质上讲，批判性思维不仅是一种宝贵的财富，也是在众多领域驾驭复杂情况的重要技能。

根据《泰晤士报教育增刊》（*Times Education Supplement*）对全球1000多名教师进行的一项全面调查，92%的受访者将批判性思维列为在高等教育中取得成功所必需的最关键技能之一（Stewart，2014）。[6]然而，调查还显示，学生对批判性思维的重要性的认知与他们的学习意愿之间存在着巨大的悬殊。

令人担忧的是，来自各地区的85%的教师表示，他们的学生在进入大学时缺乏足够的批判性思维能力（Stewart，2014）。这一发现凸显了教师对学生的期望与学生在这一重要领域的实际准备情况之间存在巨大差距。此外，该调查还发现，只有21%的教师认为他们拥有必要的资源和知识，能够有效地向学生传授批判性思维技能（Stewart，2014）。

这些结果突出表明一个迫切需要解决的问题：尽管批判性思维能力对于高等教育中的成功具有重要意义，但教授这一技能所需的资源和支持却严重不足。我们必须采取措施弥合这一差距，为教师提供必要的工具和培训，以便培养学生的批判性思维能力。

近年来，人们对批判性思维技能的需求出现了显著增长。里奥斯（Rios）及其同事的一项研究（2020）[7]分析了约142000份招聘广告，结果发现19%的职位要求应聘者具备解决问题的能力。而解决问题需要多方面的技能，涵盖了多种批判性思维能力。根据伯勒斯（Burrus）等人的研究（2017）[8]，解决问题需要运用批判性思维技能来有效地生成、评估和实施解决方案。

此外，他们注意到，人们对批判性思维能力的需求的增长一直持续着。一年后，里奥斯及其同事对大约12万份招聘广告进行了分析，证实了职场岗位对批判性思维能力的持续需求。这些发现强调了培养求职者批判性思维能力的重要性。

在谷歌和微软等知名公司的人员选拔过程中，批判性思维技能也具有重要意义。值得注意的是，谷歌于2013年进行的"氧气计划"研究就是一个典型的例子。在这项广泛的采样分析中，谷歌研究了自成立以来的招聘、解雇和晋升数据，以便确定其优秀员工的最关键特征。这项研究得出了令人感兴趣的结论，技术技能（STEM）竟然没有名列榜首。相反，与批判性思维密切相关的品质成了最重要的因素。[9]

在提到的品质中，良好的沟通和倾听技巧扮演着关键角色，因为它们是批判性思维不可或缺的组成部分。善于清晰地表达思想并积极倾听，可以营造一个协作的工作环境。个人可以通过有效的沟通和积极的倾听来考虑不同的观点，从而促进问题的解决，提高批判性思维能力。

此外，共情作为情商的一个基本方面，与批判性思维息息相关。能够深入理解同事和客户并与之建立联系，有助于培养同理心。这种共情理解反过来又会促进更加全面和深思熟虑的决策制定，从而丰富了批判性思维过程。

最后，管理能力也包含了批判性思维的基本要素。管理者必须分析复杂的情况，考虑多种因素，并做出明智的决定。他们可以通过运用批判性思维有效地应对挑战、分配资源并引导团队走向成功。

因此，很明显，包括良好的沟通和倾听技巧、共情理解和管理能力在内的这些品质，与培养和应用批判性思维的能力密切相关。它们是批判性思维不可或缺的组成部分，通过推动合作、培养共情理解和促成有效决策，为批判性思维的形成和应用做出了贡献。

批判性思维能力是在谷歌竞争激烈的环境中取得成功的五大重要技能之一（Hatherley-Greene，2018）[10]。这些发现表明，除了特定职业所需的技能，与他人合作、批判性思维和终身学习等广泛技能对于职业生涯的成功同样重要。这些结论可能对家长、学校职业顾问、政策制定者和企业领导者有所帮助，他们在投资于培养职业中可能有效的技能时可以考虑这些因素（Hatherley-Greene，2018）。

世界各国越来越重视在各级教育中培养批判性思维（CT）

技能（Forawi，2016[11]；Kay & Greenhill，2011[12]；Liu et al.，2014[13]；McPeck，2016[14]）。之所以出现这种趋势，是因为人们认识到，培养学生（和工人）的批判性思维能力对学业（和事业）成功至关重要，而且可以提高整体教育质量。批判性思维通常被理解为包含一系列认知技能（以及倾向）的组合。

　　认知技能和批判性思维倾向是批判性思维的两个不同方面。认知技能是指用于分析、评估和推断信息的思维过程和能力。这些技能包括但不限于分析、评估和推断。另外，批判性思维倾向是指与批判性思维相关的态度或思维习惯。这些思维倾向包括但不限于寻求真相的愿望、开明豁达的态度和进行系统性思考的意愿。批判性思维倾向很重要，因为它影响一个人对待信息和想法的方式。例如，一个思想开放、愿意考虑多种观点的人比一个思想封闭、不愿考虑其他观点的人更有可能进行批判性思维。

　　认知技能和批判性思维倾向对于批判性思维都非常重要。认知技能提供了分析和评估信息所需的工具和能力，而批判性思维倾向则提供了进行批判性思维所需的动机和心态。认知技能和批判性思维倾向有助于人们进行批判性思考，并做出有理有据的判断和决定。此外，认知技能和批判性思维倾向在学生的学习中扮演着关键角色。认知技能高的学生比认知技能低的学生能更好地理解新信息，获得新思想和新知识（Halpern，2003）[15]。

　　然而，仅仅拥有认知技能和能力并不足以保证学业成功。学生必须愿意将所学知识应用到实践中去（Stupnisky et al.，2008）[16]。与认知技能不同，批判性思维倾向侧重于批判性思维的社会和情感方面，包括对论点进行评估的意愿。批判性思维倾向会影响个人运用批判性思维技能的积极性和对自身表现的监督（Facione et al., 2000）[17]。让学生积极参与学习过程被视为一种"深度学习方法"（Biggs, 1988）[18]。人们通常认为对所学内容进行批判性思考与这种深度学习方法呈正相关。此外，很多纵向研究表明，批判性思维能力越强，学业控制能力就越强，而学业控制能力越强，学业成绩就越高（Stupnisky et al., 2008）。

使用统计和数学方法的实证研究支持了这样的观点：批判性思维与不同年龄段的学业成绩有关。任（Ren）及其同事进行了一项研究（2020）[19]，旨在探究批判性思维技能和批判性思维倾向是否比普通认知能力更能预测学生的学业成绩。他们对大学生（研究1中包括232名大学生）和小学生（研究2中包括158名小学生）进行了批判性思维技能、批判性思维倾向和普通认知能力（包括流体智力㊀、工作记忆和加工处理速度）的测量。两项研究的结果都表明，即使在控制了普通认知能力的情况下，批判性思维技能和批判性思维倾向对学业成绩也有着独特的贡献。此外，研究还发现，批判性思维倾向与学业成绩的关系尤为密切。相比之下，批判性思维技能对学业成绩的贡献在很大程度上与普通认知能力重叠。这些发现表明，批判性思维的独特结构不同于普通认知能力，它在学习过程和学业成绩中发挥着重要作用。

㊀ 流体智力是一种以生理为基础的认知能力，如知觉、记忆、运算速度、推理能力等，这些能力大多是天生的。——译者注

研究人员发现，在两个年龄段中，批判性思维技能和批判性思维倾向都比普通认知能力更能预测学业成绩。具体来说，相关的回归分析显示，小学生的批判性思维技能和批判性思维倾向解释了与大学生（11%）相似的学业成绩差异（10%）。这一发现表明，批判性思维技能和批判性思维倾向对成人和儿童的学业成绩同样重要，这与认为儿童的批判性思维技能没有充分发展到足以影响学习的观点相反（Kennedy et al., 1991[20]；Maričić & Špijunović, 2015[21]）。这些结果强调了将批判性思维教学纳入各年龄段学生课程的重要性。

方（Fong）及其同事进行了一项荟萃分析（2017）[22]，以便调查批判性思维技能或倾向（通过批判性思维测试进行评估）与社区学院学生的成功之间的联系。他们分析了 23 项研究中 27 个样本的数据，其中包括 8233 名学生。研究结果表明，批判性思维与社区学院学生的成功呈中度相关。这种相关性在护理专业学生和非护理专业学生中是一致的，在不同年级和个人测试结果中也是一致的。此外，与短期结果相比，批判性思维与长期成果的联系更为紧密。这项研究强调了培养社区学院所有学生的批判性思维技能的重要性。

在另一项更近期的荟萃分析中，奥尔汗（Orhan）[23]研究了批判性思维与学术成就之间的关系。该研究包括来自 47 项研究的数据，共计 67 个数据点。研究者们采取了额外的措施对研究进行适当的筛选，工作中审查的每项研究都经过两名独立的研究人员的全面审查和批准以确保研究符合纳入标准。因此，结果显示，使用随机效应模型计算的平均效应量为 0.428，表明批判性思维与学术成就之间呈现中度相关。本研究和方（Fong）及其同事之前的荟萃分析（2017）都支持了在单项研究中经常观察到的批判性思维技能和批判性思维倾向与学业成绩之间的正相关关系。以往的研究采用了多种方法，包括回归分析、结构方程模型、横断面研究和实验设计（Ghasemi & Dowlatabadi，2018[24]；León et al.，2015[25]；Villavicencio，2011[26]）。大量教育研究的普遍结论都支持这样一种观点，即批判性思维技能和批判性思维倾向会对学习者的学业成绩产生积极的影响。

在另一项研究（2021）[27]中，阿里（Ali）和阿万（Awan）研究了批判性思维和批判性思维倾向是否与学习、决策、问题解决和学业成功有关。研究者们指出，批判性思维在科学研究中经常被用来考察和解释自然现象，但教育机构尚未开设该课程。本研究旨在了解基于批判性思维的教学实践、批判性思维技能和批判性思维倾向与大学物理学、化学和生物学本科生的学业成绩之间的相互关系。具体来说，基于批判性思维的教学实践（CTIPs）是指培养学生批判性思维技能和批判性思维倾向的教学方法和策略。这些实践可能包括分析和评估论点、审查证据、提出假设并加以检验，以及系统地、反思性地解决问题等活动。通过参与CTIPs，学生可以学会批判性地思考，并培养独立、理性思考和决策所需的批判性思维技能和倾向。

阿里和阿万的研究（2021）样本包括来自三所大学的320名理科应届毕业生，他们接受了问卷形式的调查。结果显示，女学生的CTIPs、批判性思维技能和学业成绩的感知水平更高。物理系学生通常具有更好的批判性思维技能，而化学系学生的整体学业成绩更高。与这一发现相符的是，化学教师比其他学科的教师更频繁地使用CTIPs。结果还显示，CTIPs有很好的能力积极预测理科学生的批判性思维倾向，而批判性思维技能和批判性思维倾向对本科生的学业成绩有显著影响。

这项研究表明，教师可以将CTIPs融入教学实践，帮助学生培养批判性思维技能。教师可以为学生提供在有意义的情境中练习和应用这些技能的机会。通过参与CTIPs，学生可以提高独立思考、解决问题和做出有充分依据的判断和决策的能力。这反过来可以促进学业成绩的提高。为实施CTIPs，教师可以采取的一些颇具潜力的实践措施包括：

1. 提出开放式问题，鼓励学生对某个话题进行批判性思考，而不是仅仅回忆信息。

2. 为学生提供参与辩论或讨论的机会（见图11-1），让他们为自己的观点辩护，并倾听其他人的观点。

图11-1 参与学术辩论的学生们

3. 鼓励学生参与以问题或项目为基础的学习，这种学习要求他们必须运用批判性思维技能来应对现实世界的挑战。教师应该向学生提出挑战或问题，并鼓励他们提出创造性的解决方案，如此可以帮助学生培养批判性思维技能。

4. 使用案例研究或情景模拟来鼓励学生对复杂问题或难题进行批判性思考。

5. 为学生提供真实的、现实世界的任务或项目，要求他们分析数据、做出决策并解决问题。

6. 鼓励孩子们解释他们是如何得出某个特定的结论或制订出解决方案的，这有助于培养他们的批判性思维技能。

我们还可以考虑以下几个批判性思维学派：

1. 苏格拉底式提问法：这种方法通过严谨的提问来鼓励学生深入思考。教师可以使用这种工具来引导学生审视自己的信念，为自己的推理提供依据，并考虑不同的观点。在课堂讨论中，教师可以提出一系列探究性的问题，如："你的论点有哪些证据？""你的观点是否有例外？""这与我们以前学过的内容有何联系？"

- 例如，在历史课上，教师可能会引导学生对工业革命的影响进行批判性思考。在学生声称工业革命有积极影响后，教师可以要求学生提供支持这一观点的具体证据，并促使学生思考这些影响在不同社会阶层之间的差异。为了深化讨论，教师稍后可以鼓励学生将这些积极影响与这一时期的潜在负面后果进行比较。

- 同样，在科学课上，当一个学生提到光合作用的重要性时，教师可以要求他解释这一过程及其与他学到的细胞呼吸之间的关系。这样可以鼓励学生思考科学过程之间的相互联系。接下来的问题可能涉及那些不需要进行光合作用的生物，以此来挑战学生去探究科学规律中的例外情况。

2. 布卢姆教育目标分类学：这是一个将思维能力从低阶（记忆、理解）到高阶（分析、评价、创造）进行分类的层次模型。它是一个基础教育框架，指导教师精心设计教学活动，将学生的思维从基本的记忆提升到更复杂的认知过程。教师可以设计一系列教学活动，让学生逐步掌握每个认知层次的内容，例如，从事实记忆开始，逐步过渡到需要分析、评价或创造新想法的任务。让我们探讨如何将这一方法无缝融入各种课堂环境。

- 在语言艺术课上，教师可以从关于小说情节或人物的基本回忆性问题开始，确保学生充分掌握事实内容。在布卢姆教育目标分类学的基础上，下一步可能涉及需要学生解释和理解人物主题和动机的讨论，从而更深入地研究文本内容。随着学习的深入，教师可以要求学生分析作者的写作风格，并将其与其他作品或流派进行比较。在布卢姆教育目标分类学的更高层次上，学生可能会评估小说的主题或信息在现代语境下的有效性。最后，在达到布卢姆教育目标分类学的顶峰时，教师可以让学生创作一部短篇小说或一篇文章，模仿作者的风格或延续小说的叙事，从而创造性地应用他们的理解。

- 在科学课上，布卢姆教育目标分类学的应用可以从学生回忆基本的科学事实或原理开始。这为理解更复杂的概念奠定了基础。例如，在关于生态系统的生物学课上，学生可能最初会列出各种生物体及其作用。然后，他们将依次探索生态系统内部的关系和能量流。分析性任务可能包括研究环境变化对这些系统的影响。评价性活动可能包括就保护策略的有效性展开辩论。最后，在布卢姆教育目标分类学的创造性顶峰，学生可以设计可持续生态系统或提出新的保护策略，综合运用所学知识并进行创新。

3. 德·博诺（De Bono）的六顶思考帽：德·博诺的六顶思考帽是一个创新且引人入胜的方法，它通过让受试者采用不同的思维模式（用不同颜色的帽子来象征）来鼓励多元化思维和平衡思维。学生可以在小组讨论中戴上不同的"帽子"，从多个角度探索一个主题，鼓励多元化思维和平衡思维。这个方法在课堂教学中尤为有效，可以培养学生从多个角度全面探索主题的能力。

- 例如，在关于时事话题的课堂辩论中，学生可以使用六顶思考帽来彻底探讨这个问题。戴上"白帽"时，学生专注于数据和事实，讨论关于该主题已知的信息。换上"红帽"时，他们表达自己的情感和感受，为辩论提供了个人维度。戴上"黑帽"时，他们会批判性地审视问题或提示解决方案的潜在缺点和风险。戴上"黄帽"时，焦点转向了乐观主义，学生开始探索积极的因素和好处。戴上"绿帽"时，学生被鼓励发挥创造力，思考其他解决方案和创新想法。最后，学生使用"蓝帽"来控制流程，引导讨论并总结从不同角度获得的见解。

- 这种方法可以应用于各种学科。在文学课上,学生可以使用六顶思考帽来分析小说中的人物或主题。"白帽"专注于文本证据,而"红帽"可能揭示了对人物行为的情感反应。"黑帽"和"黄帽"可以用来讨论人物的缺点和优点。"绿帽"将鼓励学生想象其他的情节发展或人物特征,而"蓝帽"则有助于总结这些不同的观点。

- 在科学课堂上,六项思考帽可以帮助学生探索科学理论或实验。学生可以使用"白帽"来获取实验的客观信息,使用"红帽"来表达对结果的兴奋或沮丧,使用"黑帽"和"黄帽"来批判性地分析实验方法或理论的利弊。"绿帽"会促使学生思考其他的假设或实验,而"蓝帽"则有助于组织学习体验。

总之,批判性思维能力是学业成功的关键,尤其是在当今这个瞬息万变的世界,学生们被海量的信息轰炸着。这些技能对学习成绩、终身学习和解决问题都非常重要。因此,家长和教师必须从学龄初期开始,优先培养孩子的批判性思维技能。通过为孩子提供参与鼓励批判性思维的活动的机会,比如提出开放式问题和激发好奇心,家长和教师可以帮助儿童建立他们在学校和其他领域取得成功所需的技能。

第十二章 元认知技能

元认知技能是高阶思维的一个方面,涉及个人对其思维过程进行反思的能力。正如弗拉维尔(Flavell, 1979)[1]和平特里奇博士及其同事(2002)[2]等研究者所述,这些技能赋予学习者控制和监控其认知策略的能力。在整个学习过程中,元认知技能在各个阶段发挥作用:准备阶段(设定目标和制订计划)、表现阶段(监控学习进度)和评议阶段(反思学习)。即使在小学阶段,孩子们也会利用元认知技能来规划、监控和评估自己的学习过程。

"元认知"一词最早是由认知心理学家约翰·弗拉维尔(John Flavell)在20世纪70年代提出的。他将其描述为"关于认知的认知",这代表一个人对自己的认知过程进行思考的行为。此后,这一概念在心理学和教育学领域不断完善和扩展,涵盖了自我反省和规划、监控、评估自己的学习和解决问题的能力等方面。该研究强调了元认知技能在学术成就中的重要性,并表明你可以通过明确的指导和反复练习来培养这些技能。这些技能在小学教育中也越来越受到重视,因为它们有助于培养能够掌控学习过程的独立学习者。元认知可以通过参与设定学习目标、提出思考性问题、建立联系和反思学习历程等活动来培养。家长和教育者在帮助青少年学习者培养元认知技能方面扮演着至关重要的角色。这包括给学习者提供参与元认知活动的机会，并促进他们对自己学习过程的认识。

在学校中可以培养元认知技能的一些例子包括：

1. **规划**：规划包括设定目标、制订计划以及组织完成任务所需的材料和资源。显然，规划是在学习周期开始时实施的自我调节策略，旨在帮助教师指导学习过程。除了上述内容，规划阶段还包括决定如何分配时间和资源，以及确定要处理的任务的顺序。规划策略包括制定学习日程安排表、确定任务的优先次序以及组织整理材料。

2. **监控**：这涉及在学习过程中关注自己的进步和理解，并根据需要进行调整。这些策略使学习者能够评估自己的理解能力并调整自己的学习方法。监控包括在学习过程中自问自答以检查自己对所学内容的理解程度。例如，学习者可以自问"我是否理解了这篇读物的主要内容"或"我需要记住这次讲座的哪些要点"。自问策略有助于学习者识别需要更多关注的领域或可能需要调整学习方法的地方。其他监控策略还包括复习笔记或材料摘要、通过向他人解释材料来检查自己的理解程度，以及重读或重看自己没搞明白的材料。通过这些策略，学习者可以不断评估自己的理解程度，并找出必须弥补的知识差距。

3. **评估**：这涉及对个人的学习与理解进行反思，并评估学习策略的实际效果。评估过程的一个重要部分是自我评估，即反思自己对某一特定学科或任务的理解和进展。例如，学生可以问自己："我对这个材料的理解有信心吗？""我在这个领域中的技能是否随着时间的推移而有所提高？"除了自我评估，学生在评估阶段还可以从外部评审中获益。这包括向其他人（比如，同学、学习伙伴，或者教师、导师、家长等具有更多专业知识或经验的人）寻求对某一特定主题的反馈意见。反馈意见可以帮助学生确定需要在哪些方面多下功夫，并就如何改进的问题提供指导。评估一个人进步的最客观的方法可能是自我测试。这涉及通过练习测验或考试来评估自己的知识和理解能力。自我测试有助于确定需要进一步学习的领域，并跟踪一段时间内的进展情况。评估过程的最后一步就是自我反思。这涉及思考和分析自己的学习和思维过程。例如，学生可以反思自己的学习习惯，并问自己："在这个学习环境中，什么方法对我很有效？""下次我可以做些什么来提高我的理解能力？"

通过培养这些元认知技能，学生可以成为更加独立的学习者，能够管理自己的学习过程，并对自己的教育做出明智的决定。

许多人将元认知和自我调节混为一谈，但这两个概念并不相同，应该区别对待。元认知是指人们规划、监控和评估自己的学习和解决问题的能力的认知过程。这涉及人们对自己的思维和学习进行思考，包括设定目标、制订计划和监控进度等活动。而自我调节则是一个更广泛的概念，指的是个体用来控制自己学习过程的方法。它涉及使用元认知策略和其他策略（比如，学习动机和自控力）来指导和管理学习过程。因此，元认知是一个更狭义的概念，专门针对学习和思考过程中的认知部分。

超越智力

大谷（Ohtani）和久坂（Hisasaka）进行了一项分析（2018）[3]，研究了118篇文章的数据，其中包括149份学生的样本。这项综合研究发现，元认知、学习成绩和智力之间存在正相关关系，相关系数（r）为0.28。虽然这个相关性看起来并不显著，但研究结果强调，元认知可以独立于一般智力之外，并且对学业成绩有预测价值。这表明元认知技能对学业成功的贡献是独一无二的，超出了仅仅基于智力测量的预期。

在研究元认知与学习成绩之间的相互作用时，智力因素至关重要。以往的研究表明，智力越高的人处理信息的速度越快（Conway et al., 2002）[4]，而这一因素与学习成绩的提高直接相关（Neisser et al., 1996）[5]。此外，智力与元认知密切相关，因为智力较高的人可能拥有额外的认知资源，能够在学术任务中顺利进行元认知活动。智力水平较高的人处理信息的速度往往更快，思考问题也更深思熟虑（Sternberg, 2000）[6]。与智力水平较低的人相比，他们更有可能积极主动地开发和利用策略。因此，智力和元认知是相互关联的因素，可以共同提升学业成绩。

还要注意的是,在上文中介绍的大谷和久坂的研究中,他们使用了不同的方法来测量学生的元认知技能,包括线上协议和线下协议。前者如有声思维报告和日志文件,用于测量和评估任务执行期间的元认知活动的频率或质量;后者如问卷调查,如施拉(Schraw)和丹尼森(Dennison)的元认知意识量表和访谈(1994)[7]。研究结果表明,该测量方法调节了元认知与学习成绩之间的关系。线上方法与学习成绩呈强相关($r=0.53$),而线下方法与学习成绩呈弱相关($r=0.23$)。元认知技能与学业成绩之间的关系在线上测量时可能比线下测量更强,这可能有几个原因:

其中一个原因可能是线上测量方法能更直接地测量元认知技能。例如,有声思维报告要求学生在完成一项任务时口头表达自己的想法,这使研究人员可以观察和分析学生使用的特定元认知策略。相比之下,问卷调查和访谈等线下测量方法依赖于自我报告,这可能无法准确反映学生的元认知技能。另一个原因是,线上方法能捕捉到更广泛的元认知活动。例如,日志文件方法包括跟踪学生与计算机程序的互动,这可以提供关于各种元认知活动的信息,如解决问题、寻找信息和自我调节。相比之下,线下测量方法可能只捕获了有限范围的元认知活动。研究者们所观察到的学业成绩与元认知技能之间的关系在不同年龄组(包括儿童、小学生和中学生)都是一致的。这意味着元认知训练可能对所有年龄段的学生都有帮助。换句话说,这一研究结果表明,元认知训练可能有助于提高各年龄段学生的学习成绩。再强调一句，元认知训练可以帮助他们在学习中更具策略性和自主性，从而提高学习成绩。

最后，元认知技能可以预测超越一般智力水平的学业成绩，这一研究结果表明，元认知技能是学习和学业成功的重要因素。这是因为，元认知技能对学业成绩的独特贡献超出了一般智力所能解释的范围，这表明，元认知技能的发展是成功学习的关键方面。

元认知技能训练

由于元认知技能在提高学习成绩方面的巨大潜力，相关专家在过去几十年中进行了大量研究，评估了各种训练方案（包括元认知技能）对学习成绩（包括考试成绩和GPA总分）的影响。迪格纳思（Dignath）及其同事进行了两项荟萃分析[一]，检验了各种培训特点对中小学生学业成绩的影响（Dignath & Büttner, 2008[8]; Dignath et al., 2008[9]）。他们发现，包括元认知技能训练在内的干预措施对中小学生学业成绩的影响最大。具体而言，研究者们报告了元认知技能对小学生和中学生的学业

[一] 荟萃分析即元分析，是研究中使用的一种统计方法，它综合了关于同一主题的多项科学研究结果，从而得出总体结论。它对集体数据进行全面、定量的审查，可以提供比任何单一研究更可靠、更有力的结论。

成绩的总体效应量 $d^{\ominus}$ 分别为 0.61 和 0.54。

在另一项单独的荟萃分析中，唐克（Donker）及其同事考察了 58 项小学和中学教育研究（2013）[10]。这些研究侧重于开发干预措施，以便提高认知、元认知和管理策略技能、动机因素和元认知知识。在分析过程中，研究者们共考虑了 95 项干预措施和 180 种效应值。这项荟萃分析的主要发现是，学习策略指导能有效提高小学生和中学生的学业成绩，其平均效应量 $g^{\ominus}=0.66$。这项荟萃分析包括三种学习策略（认知策略、元认知策略和管理策略）及其相关的动机因素和元认知知识。研究发现，元认知策略最常用，其次是认知策略和管理策略。

㈠ 科恩（Cohen）提出的数字指标 d 与赫奇（Hedge）提出的数字指标 g 是用来测量两组数据之间差异大小的统计工具。举例来说，就是可以比较两种学习方法对学生成绩的影响。其中，d 可以衡量一种学习方法与另一种学习方法相比所导致的平均分数的差异程度。d 就像一个量表，显示了两组平均得分的差距有多远，提供了一幅清晰的效应值图像。另一方面，g 可以通过调整各组内部的变异性来完善这种比较。这种调整方法是至关重要的，特别是，当一种研究方法产生更一致的分数（变异性较小），而另一种研究方法显示更广泛的结果（变异性较大）时。通过考虑这些变异性的差异，g 确保了两种研究方法之间更公平、更准确的比较。这类似于校准量表，可以准确地反映出每种方法在表现上的真实差异，为研究人员和教育者提供更可靠的衡量方法以确定哪种学习方法总体上可能更有效。一般来说，根据 d 来解释效应量强度，通常采用以下准则：小效应量：$d=0.2$；中效应量：$d=0.5$；大效应量：$d=0.8$。

㈡ 赫奇提出的数字指标 g 代表荟萃分析研究中使用的效应量。其解释与上文讨论的科恩提出的数字指标 d 相似。

虽然向学生传授了多种学习方法,许多不同的策略也有效地提高了成绩,但其中元认知知识的干预效果尤为显著。这是因为元认知知识有助于学生理解如何使用策略,以及何时和为何使用策略,从而提高元认知策略的参与度。

这项研究的另一个重要贡献是考虑了从元认知训练或干预中获益最多的学生的特点。所有学生群体(较低与较高的社会经济地位、学习障碍和特殊需要、资优学生)都能从元认知策略教学中受益。所有学生群体(社会经济地位高或低的学生、有或没有学习障碍和特殊需要的学生、极具天赋或没有天赋的学生)都能从元认知策略教学中获益,各群体之间没有发现显著差异。小学和中学的学生都能从策略教学中获益,而且呈现一个趋势,即小学生可能获益更多。综上所述,所有学生群体都可以从元认知策略教学中受益,学生的年龄和特色对这些干预措施的效果没有明显影响。

以下是几种提高学生元认知技能的常用方法:

1. 明确指导:这包括直接向学生传授元认知策略以及如何运用这些策略。例如,教师可明确教导学生设定目标、制订计划、监控自己的进度和反思自己的学习。

2. 认知策略训练:这种干预措施侧重于传授支持元认知的特定认知策略。学生要学习的技能包括组织信息、概括总结、自我提问和使用助记手段来帮助记忆和理解。

3. 反思日志:学生参与反思性的写作活动,记录他们的学习经历,确定他们所面临的挑战,并阐明他们为克服这些挑战所采取的策略。这可以促进自我反思和元认知意识。

4. **有声思维报告**：学生在完成学习任务的过程中，用语言表达自己的思维过程。这使教师能够评估学生的思维策略，提供反馈意见，并引导学生采用更有效的元认知方法。

5. **同伴合作与讨论**：鼓励学生合作、讨论他们的想法，并分享策略，促进元认知的发展。合作活动可以促进学生交流思想，让他们对不同观点进行反思，并通过对话发展元认知策略。

元认知训练的长期效应

德·博尔（de Boer）及其同事的一项重要研究（2018）[11]探讨了元认知训练的持久影响。研究人员旨在确定元认知策略培训是否能够长期提高学习成绩。他们对为受试者提供元认知培训并在培训后立即评估其学业成绩的研究进行了荟萃分析。研究结果显示，元认知训练对学业成绩有着适度的积极效应（$g=0.5$），并且这种影响力会随着时间的推移而持续。有趣的是，该研究还发现，社会经济地位较低的学生从长期培训中受益最大。

以往的研究已经证明了元认知策略在提高学生成绩方面的有效性，但很少有研究对其长期效应进行调查。在这项研究中，研究人员观察到培训的积极影响会随着时间的推移而略有增加。他们还发现，不同策略的长期效应存在差异，其中排练策略的效果似乎不如其他方法。值得注意的是，研究的主题或培训的持续时间等因素并未影响长期的训练效果。

事实证明，元认知技能训练和干预措施会对学习成绩产生长期的积极影响。这意味着，这种训练的益处并不仅限于训练结束后的那段时间，甚至在训练结束后的很长一段时间内仍会持续显现。这一点意义重大，因为它表明，通过这些干预措施传授的技能和策略可以被学生长期有效地保留和应用，从而提高学习成绩。这凸显了投资于元认知技能训练和干预措施以支持学生学业成功和全面发展的重要性。

总之，元认知训练对学业成绩的作用是显著的，也是公认的。研究一致表明，元认知训练能对学业成绩产生积极影响，而且这种影响已在小学生中得到证实，而无须考虑他们的智力、社会经济地位或年龄段。更重要的是，元认知训练带来的益处能够在长期内持续存在，即使在训练结束后也依然奏效。这表明，投资于元认知技能训练能够积极地影响学生的学业成绩。

第四部分
结构框架和支撑体系
——学校的墙壁

当美国的开国元勋之一、第三任总统托马斯·杰斐逊（Thomas Jefferson）忙于起草《独立宣言》(Declaration of Independence)或塑造新成立国家的未来时，他在建筑艺术中找到了喘息的机会。他称建筑艺术是他"最快活的消遣"，他的建筑杰作弗吉尼亚大学就是他将教育作为民主基石的信念的见证。杰斐逊深知，学习空间的建筑不仅仅是砖瓦，更重要的是塑造居住在这些空间中的人的思想。正如弗吉尼亚大学的墙壁所体现的那样，其设计旨在体现和推广启蒙思想、独立观念和社区理念。[1]

这种观点把我们带到了本书的第四部分，即"结构框架和支撑体系——学校的墙壁"。学校的墙壁，无论是字面意义还是隐喻意义，都提供了结构框架和支撑体系。它们为学习创造了一个安全的空间，为教学提供了一个最有效的框架。它们并非一成不变，而是具有适应性和可塑性，可以满足学生的不同需求。

我们可以将学校的墙壁视为有效教学实践的框架。它们就好比建筑师在开始施工前规划的结构框架。想象一下建筑师在绘制建筑蓝图时的精确度、对细节的一丝不苟以及创造力。同样的精确度、对细节的关注和创造力也是教师有效管理时间和空间、调节努力程度、培养自我控制能力和促进同伴学习所需要的素质。

第十三章深入探讨了时间管理和空间管理的关键方面。美国著名建筑师弗兰克·劳埃德·赖特（Frank Lloyd Wright）曾说过："空间是艺术的灵魂。"[2] 在教室里，空间是学习的灵魂。这涉及教师如何优化学习环境和时间维度来支持学生的学习。与建筑物中的墙壁将空间划分为特定用途的房间类似，教学中的有效空间和时间管理也为不同类型的学习划分了"地盘"。

第十四章讨论了努力程度调控和自我控制，这是学业成功和生活的重要技能。在这一章，我们从著名的斯多葛学派实践者罗马皇帝马可·奥勒留（Marcus Aurelius）那里汲取了灵感。他相信心灵的力量可以调节人的行为和情绪。[3] 隐喻性的教室墙壁提供了学习的结构框架，不仅将干扰阻挡在外，还促进了内部的自律。这些墙壁反映了学生学会为自己设定界限，使他们能够调节自己的努力程度并保持自我控制。

在第十五章中，我们将探讨同伴学习。如果学校的墙壁会说话，它们会讲述无数关于友谊的建立、思想的交流和最终得以实现的合作项目的故事。同伴学习就像这些墙壁一样，起到了结构框架和支撑体系的作用。它关乎一起学习、相互依靠，就像墙壁在结构框架中相互依靠以获得支撑一样。正如美国的多面手、国父之一本杰明·富兰克林（Benjamin Franklin）的名言："告诉我，我会忘记；教给我，我可能会记住；让我参与，我才能学会。"[4] 同伴学习让学生一起参与到学习过程中，使他们能够相互学习，共同进步。

当我们开始这些章节的学习之旅时,让我们记住,虽然墙壁可能会限定教室的物理范围,但在学习的宏观框架下可以起到促进的作用。教学的精髓不在于墙壁的束缚,而在于墙壁之外的世界,教学的宗旨是创造一个无限可能的学习环境,正如杰斐逊在教育领域的建筑事业中所设想的那样。他的工作不断提醒人们,教育在维护民主原则和社会进步方面具有不可估量的作用。

第十三章　时间和空间管理

有效的时间管理和空间管理是小学生、中学生乃至大学生必须掌握的至关重要的技能。这些技能对于学业成功以及在大学、工作和成人生活中取得成功都非常重要。研究表明，能够有效管理时间的学生效率更高，成绩也更好。同时，拥有井井有条且功能完善的学习空间的学生能够更好地集中注意力并完成作业。

对于学生来说，时间管理和空间管理都至关重要，因为这可以帮助他们养成良好的习惯，对他们的学业和成年后的发展大有裨益。虽然向低年级学生传授这些技能可能更具挑战性，但很有必要从低年级就开始传授这些技能。许多策略和技巧可以帮助学校教给学生有效管理时间和空间的方法。在下面的章节中，我们将探讨时间管理和空间管理的重要性，并概述在这些方面取得成功的最行之有效的策略和方法。

时间管理

时间管理是指有效地组织和规划如何使用时间。它包括设定目标、确定任务的优先次序以及制定日程安排表，以便确保有足够的时间完成所有需要完成的事情。时间管理对任何年龄段的人都很重要，学生必须学会有效地管理自己的时间。这是因为学生通常有很多责任和任务需要完成，包括家庭作业、课外活动和其他义务。此外，年龄较小的学生可能注意力持续时间较短，需要更多的休息时间，这使有效管理时间的过程更加具有挑战性。因此，教给小学生有效管理时间的策略非常重要，比如为完成任务设定特定的时间，将较大的任务分解成更小、更容易管理的任务，以及使用日历或日程安排表等视觉辅助工具来跟踪进度。

在教育领域，时间管理往往与家庭作业的完成和学业成功间接相关联。然而，家庭作业所用时间与学业成绩之间的关系十分复杂，以往的研究结果也不尽相同。重要的是，完成家庭作业的时间不应该是衡量成功与否的唯一指标，因为认知能力、工作方式、学习动机和已有知识都会对所花费的时间产生重大影响。因此，人们认为，家庭作业完成情况、所花时间和学业成绩之间的联系是通过其他因素来调节的，尤其是家庭作业时间管理技能。研究表明，熟练管理家庭作业时间可以显著提高学业成绩（Corno，2000[1]；Xu，2008[2]），促进家庭作业的完成（Xu，2005[3]；Xu & Wu，2013[4]），甚至提升学业成绩（Claessens et al.，2007[5]；Eilam，2001[6]）。

有趣的是，那些能够熟练管理家庭作业时间的小学生在完成家庭作业和学业成就方面可能比高中学生更优秀。努涅斯（Núñez）等人的研究（2015b）[7]也支持这一令人信服的假设，他们还发现，那些认为自己能够掌控作业时间的学生，即那些能够全身心投入到作业中的学生，往往会取得更高的学习成绩。

在另一项耐人寻味的探索中，同一组研究人员（Núñez et al.，2015a）[8]试图了解家长参与家庭作业、学生家庭作业行为和学业成绩之间错综复杂的动态关系。研究者们对来自不同教育阶段的1683名学生进行了测试，发现时间管理对作业完成情况和学业成绩有着重要的影响，尤其是对高中生而言。巧妙管理家庭作业时间的能力确实可以预测家庭作业完成情况和学业成绩。然而，这种时间管理技能并不一定随着年级的升高而日渐成熟，而且，从小学到高中，学生完成作业的数量都在减少。

这些调查结果表明，有必要采取创新的教育实践，让学生在学习过程的各个阶段都能参与其中。答案在于精心设计颇具吸引力的活动，或者赋予学生引导学习的能力。正如本研究提出的，培养学生的家庭作业时间管理技能可以提高家庭作业完成率，最终为提高学习成绩铺平道路。

此外，努涅斯和他的团队还开启了探索学生时间管理技能和专注程度之旅。他们对研究样本中的学生进行了更细致的分类，揭示了不同程度的投入和效率。绝大多数学生（占总样本的68.8%）可以与"学术大草原"上的猎豹相提并论，因为速度是大多数学生和草原猎豹都具备的优势。这些学生被称为"速度型学习者"，他们能够投入最少的时间做作业，却巧妙地最大化了学习效率，掌握了时间管理的艺术。

紧随其后的是学习成绩相当于马拉松选手的学生，他们占学生总数的16.84%。这些"勤奋型学习者"在作业上投入了大量时间，成功地掌握了管理时间的技巧。然而，并不是所有人都表现出如此出色的时间管理能力。高达8.68%的学生属于"挣扎型学习者"，他们就像轮子里的仓鼠，费尽心力却毫无进展。这些学生在家庭作业上花费了大量时间，但却难以有效地利用这些时间。最后是占比最小的学生群体，即"极简型学习者"，占学生总数的5.68%。他们与《龟兔赛跑》中糟糕的野兔如出一辙，花在家庭作业上的时间很少，而且管理不善。

确定了这些类别后，研究小组将焦点集中于每组学生的学习成绩和各自的家庭作业量。他们的发现很有启发性。"猎豹"（速度型学习者）和"马拉松选手"（勤奋型学习者）在时间管理方面表现出色，在学习成绩方面比其他学生快好几圈。相反，"仓鼠"（挣扎型学习者）和"野兔"（极简型学习者）则落在后面，他们的学习成绩因时间管理不善而下降。

研究人员发现，时间管理、作业完成情况和学业成功之间存在关联。那些能够有效利用时间的成功者完成的家庭作业最多，这并不令人意外。在这方面，"马拉松选手"甚至超过了"猎豹"。而"野兔"则落在后面，完成的作业量最少。

这两组学生在学习成绩和作业完成情况上的明显差异源于他们不同的时间管理能力。这项研究强调，学生有效管理家庭作业时间的能力可以转化为更多的家庭作业完成量，从而使他们的学习成绩突飞猛进。

时间是指引我们生活的无形沙漏，但它是稀缺资源，尤其是在学术界。时间的有效利用可以塑造学生在求学初期和整个充满刺激与挑战的大学岁月里的成长旅程。时间的管理方式就像指纹一样千差万别，而这些管理实践可能比我们以前所考虑的因素更能预示学业上的成功。

一项关键性研究调查了大学生的时间管理技能与GPA之间的关系（Britton & Tesser, 1991）[9]。90名大学生完成了一份时间管理问卷调查，并提供了他们的高中 SAT 成绩。该问卷评估了时间管理的三个主要方面。第一个方面是"短期规划"，考察学生组织日常活动的能力。在这一领域表现出色的学生会保持稳定的日常习惯。第二个方面是"对时间的态度"，主要考察学生对时间的认识和处理。在这一部分得分较高的学生擅长高效地管理日常任务。第三个方面是"长远规划"，涉及学生对未来的规划能力，包括准备主要作业和记录重要日期。该研究在四年后对学生的大学 GPA 进行了跟踪调查。研究结果表明，"对时间的态度"和"短期规划"两个时间管理方面是 GPA 的重要预测因素，解释了学生成绩差异的 21% 左右。这意味着学生如何看待和利用他们的日常时间以及他们组织日常活动的能力，可以显著影响他们的学业成绩。那些在时间管理方面做得更好的学生往往会取得更高的 GPA。良好的日常组织能力和积极的时间管理态度对学业成功起着至关重要的作用。

更有趣的是，与仅解释 5% 成绩差异的 SAT 分数相比，这两个部分对 GPA 的预测作用更大。研究结果表明，时间管理方法对大学学业成绩至关重要，对长期学业成功的预测能力可能比入学时的 SAT 分数更强。这样的启示凸显了时间管理训练对学生有效完成学业旅程的潜在重要性。

这些实证研究勾勒出时间管理在小学至大学期间的关键作用。对时间管理有理论上的理解是一件好事。但同样重要的是，要有切实可行的策略来提高自己有效管理时间的能力。以下是一些行之有效的中小学生时间管理技巧：

1. **制定日程表**：让学生安排好每天的活动，包括学校活动、家庭作业、课外活动和课余时间。这将帮助他们更好地管理时间并明确任务的优先级。日程表可以让学生提前规划自己的时间，帮助他们分清任务的优先级，确保他们有足够的时间完成自己的任务。制定日程表还可以帮助学生养成良好的习惯，比如，每天留出专门的时间做作业或学习。通过遵循日程表，学生可以减少不知所措的感觉，提高整体学习效率。此外，日程表还可以帮助他们保持有条不紊并跟踪自己的学习进度。对于那些有很多事要做的或正在进行长期项目的人来说，日程表尤其有帮助。日程表是帮助在校学生有效管理时间并在学业上取得成功的重要工具。

2．设定目标：鼓励学生为学校学习和家庭作业设定目标。这将帮助他们保持专注和动力。设定目标对于时间管理很重要，因为它有助于为行动指明方向和目的。学生可以通过设定具体可行的目标来确定任务的优先级并合理分配时间。这有助于提高学习效率，防止学生不知所措或迷失方向。设定目标还有助于跟踪进度，激励和鼓励学生继续朝着目标努力。此外，设定目标还有助于培养学生的计划和组织能力，这对有效的时间管理非常重要。

3．休息一下：让孩子在学习不同功课前休息一下。休息对于时间管理很重要，因为它能让大脑休息和恢复精力。如果长时间学习而不休息，注意力和学习效率都会下降。这会导致忙中出错和时间利用效率低的不良后果。让孩子休息一下，可以让他们重新振作起来，集中精力投入学习，从而更好地管理时间和更有效地利用时间。学会在学习和休息之间找到平衡，对于优化时间管理和提高效率至关重要。

4. 使用计划表：教师应鼓励学生使用计划表来记录作业、截止日期和即将到来的考试（见图13-1）。这将帮助他们有条不紊地紧跟学习进度。对于小学生来说，使用计划表尤其重要，因为它可以帮助他们尽早养成良好的时间管理习惯。计划表还能帮助他们有条不紊地完成学校作业，从而提高学习成绩。此外，使用计划表还可以帮助小学生学会如何计划和安排任务的优先级，而这正是他们在学业上取得进步并最终进入职场时需要掌握的重要技能。总的来说，使用计划表是帮助小学生有效管理时间并取得学业成功的得力工具。

图13-1　使用计划表安排学习的孩子

5. 识别并消除干扰因素：帮助孩子识别并消除可能干扰他们专注于学校学习的各种分心因素，如噪声、电子设备、白日梦或多任务处理等。这对于年龄较小的学生尤其重要，因为他们可能尚未完全具备忽视干扰因素并专注于学习的能力。通过消除干扰因素，学生可以更高效地完成作业，从而提高学习成绩。

空间管理

以教育为目的的空间管理是指以支持学习的方式组织和布局物理空间。这可能涉及多种策略，比如，设计孩子的房间或教室、营造积极和支持的氛围，以及使用视觉辅助工具和教具帮助学生理解和记忆新信息。以教育为目的的空间管理旨在创造一个有利于学习的空间，帮助学生实现学习目标。人们应该考虑诸如照明、温度、噪声水平和座位安排等因素。

埃德加·埃斯利特（Edgar Eslit）在菲律宾圣迈克尔学院进行了一项研究（2023）[10]，专注于教室设计如何影响学生的学习和他们对学校的感受。为了深入了解情况，研究人员与来自不同学习领域的 30 名学生进行了交谈，询问他们在课堂上的感受。

该研究发现，教室的设计，尤其是座位安排，可能会产生很大的影响。学生喜欢有灵活选择的余地，以便他们四处走动，选择最适合自己的座位。这让学生感觉更投入，对课堂上发生的事情更感兴趣。另一个重要因素是照明，尤其是来自窗外的自然光。学生们说，自然光线充足的教室让他们感觉更清醒，心情也更好，这有助于他们更好地集中注意力。教室的颜色也很重要。学生们更喜欢蓝色和绿色等沉静的颜色，因为他们觉得这些颜色让人舒缓，不易分心，有助于他们更好地集中注意力。

该研究表明，经过正确设计的教室可以显著影响学生的感受和学习效果。教师可以通过注意座位安排、灯光和颜色等事项创造更好的学习环境，让学生更投入、更专注。此外，熊（Xiong）及其同事的一项研究（2018）[11]调查了环境温度、噪声和光照对不同任务类型学习效率的影响。结果表明，这些环境因素对感知、记忆和专注型任务的学习效率有显著影响。对于大多数任务来说，温度适中、相当安静、适度明亮的环境效果最好。

世界卫生组织（WHO）指出，学校教室的背景噪声应限制在35分贝以内，以便促进有效的交流和学习（Oksa，2022）[12]。客观地说，电脑产生的噪声相对较低，在30~50分贝。这比正常谈话的音量略低，正常谈话的音量在50~70分贝。交通噪声则更大，在70~85分贝。当音量达到125分贝时，耳朵就会开始感到疼痛，这比上述任何一种声音都要大得多。如果一个人长期暴露在85分贝的噪声环境中（比如，每天8小时），他的听力就有可能受损。当背景噪声超过35分贝的建议限值时，学生之间的沟通和理解会变得更加困难，教师也很难有效地传达信息。这可能导致不良后果，包括注意力下降、学习和记忆力下降、沮丧和焦虑增加。

学校教室里的背景噪声有多种来源，包括交通、建筑和其他外部来源，以及学生和教师产生的噪声。家长和学校可以采取各种策略来减少背景噪声，创造更有利的学习环境，例如，将孩子的房间或教室与外部噪声源隔离、使用吸音材料、在学生和教职员工中倡导轻声说话的行为。

值得注意的是，背景噪声对学习和交流的影响可能因具体任务、个人年龄和语言精通程度而异。例如，背景噪声等因素对语言发育障碍儿童和第二语言学习者的影响更大（Klatte et al., 2013）[13]。然而，保持较低的背景噪声水平对于促进有效的课堂学习和交流至关重要。

如前所述，学生的学习环境会极大地影响他们的学习效率。我们可以通过以下几种方法来营造支持高效学习的学校环境：

1. **创造一个安静且无干扰的空间**：一个安静且无干扰的空间有助于学生集中精力做作业，最大限度地减少干扰学习的因素。确保教室里有一个安静的区域，对于减少干扰因素至关重要。常见的课堂干扰因素包括智能手机等个人电子设备、繁杂的墙面装潢，以及与当前课程无关的教师用品。通过管理这些因素，教师可以帮助学生更好地集中注意力，提高学习效率。

2. **鼓励营造一个积极和支持的氛围**：积极和支持的氛围可以让学生产生归属感，鼓励他们敢于冒险和投入学习。

3. **合理使用技术工具**：对于学习而言，重要的是以符合教育目标和支持学习过程的方式整合技术，避免分散注意力。选择与教育目标相辅相成的技术工具，在不干扰教学的情况下提高参与度。制定明确的技术使用准则，划定专门的免技术工作时间和有效使用数字工具的时间段。教育学生养成负责任的上网行为，评估可靠的信息来源，有效地管理屏幕时间。通过互动模拟和小组项目，利用技术促进学生主动学习。不断对技术进行评估和调整，确保其始终是教育的有效辅助工具，而不是学习路上的障碍。

教师营造支持高效学习的环境，可以帮助学生更有效地学习，并取得更好的学习成绩。

关于学生家庭作业和空间管理策略的启示对所有年级的教育者都有重要意义。教师在塑造、引导和监督学生的课堂行为和态度方面起着至关重要的作用，更不用说帮助青少年学生优化学习空间，使其尽可能有利于学习了。

教师可以通过营造有序的学习环境、教导学生如何有效管理时间以按时完成作业、鼓励学生集中精力完成任务来培养学生积极做功课的建设性行为。这些策略可以极大地影响作业完成情况和各年级学生的学习成绩。教师可以在学校环境中采取干预措施，让学生掌握自我调节策略，并进一步促进学习。教育者可以通过融入此类教学，鼓励学生发挥更大的主观能动性，培养积极的作业态度，并简化作业完成流程。

教育者了解这些重要的学生行为，并在各年级的课堂时间和家庭作业时间加以培养，可以提高家庭作业的完成率和整体学习效果。教师可以通过营造一个鼓励有效时间管理和有序学习空间的环境来直接影响学生的学业成功。

第十四章　努力程度调控和自我控制

即使学生认识到学业对他们未来的重要性，他们也可能仍然不喜欢学习的过程，还可能会发现保持积极性或参与感很有难度。与社交或看电视等其他活动相比，学习可能让人感觉不那么愉快。研究发现，无论性别、社会经济地位或成绩水平如何，这种困难模式都是一致的。参加测验、参与课堂讨论和做家庭作业可能会让人感到乏味和难受，从而导致学生在学业上产生挫败感和困惑感。使问题更加复杂的是，特定学科的实用性可能并不总是立竿见影的，这让学生感觉这些学科与自己未来的职业抱负相脱节。在这种情况下，努力程度调控的作用就变得至关重要。

努力程度调控指的是根据任务的难度和重要性调整投入的努力和专注力的程度。这也是在学习内容乏味、复杂或无趣的情况下坚持学习或完成任务的能力。在学校学习的背景下，努力程度调控在决定学生学业成绩方面扮演着关键角色。它涉及即使面对具有挑战性或乏味的学习内容，也要保持专注和动力。努力程度调控是一个受认知和情感因素影响的复杂过程。在本章中，我们将探讨努力程度调控的定义、影响因素以及它对学校学习的影响。我们可以制定提高学习成绩和取得长期成功的策略。

简而言之,娴熟的努力程度调控指的是在任务要求与个人能力之间取得平衡,并根据任务要求调整专注强度,它是成功学习的关键。当面对艰巨的任务时,擅长努力程度调控的学生可能会将任务分解为小块来逐步解决,或者休息一下以防止精神损耗。2011 年,克雷德(Credé)和菲利普斯(Phillips)进行的一项研究[1]发现,在各种策略中,努力程度调控(包括时间管理和元认知自我调节)与学习成绩和 GPA 的关系最为密切。值得注意的是,时间管理在这种相关性中成为最重要的因素。这些洞见强调了努力程度调控作为提升学习成绩的工具的重要性。这意味着掌握这一工具的使用方法的学生可能获得更好的成绩和更高的 GPA。努力程度调控对高效学习至关重要——它是合理分配认知资源、管理工作量以及根据自身优势和局限量身定制学习方法的艺术。它是你避免精神疲惫、提高工作效率的关键。它最终会引领一场更有效的学习旅程。

2012 年,理查森(Richardson)等人[2]的研究探讨了学习策略如何影响校内大学生的 GPA。研究发现,努力程度调控对 GPA 的影响最大(相关系数为 0.32),其次是时间和学习环境控制(相关系数为 0.22),之后是元认知自我调节(相关系数为 0.18)。该研究还使用了一种名为回归分析的统计方法来预测基于这些学习策略的 GPA。努力程度调控是最有影响力的因素,对学生的 GPA 差异的解释度为 11%。其他策略的影响要小得多,对 GPA 的影响范围从 0.02% 到 0.07% 不等。从根本上说,这意味着虽然各种学习策略都能发挥作用,但在传统的大学环境中,勤奋努力学习的能力才是预测学业成功最有力的因素。这一差异表明,在传统大学环境中,掌握努力程度调控的能力是决定学生 GPA 的关键因素。该研究强调,能够有效调节学习努力程度的学生很可能取得优异的学业成绩,努力程度调控与 GPA 之间的强相关性(0.32)也证实了这一点。

自我控制是与努力程度调控密切相关的另一个概念。当持久的价值目标与暂时的更具诱惑力的目标发生冲突时,人们对思想、情感和行动的自我调节就是自我控制。例如,学生选择为数学考试而学习,而不是与朋友聊天或观看一部令人兴奋的新电影。自我控制在不同的研究中有不同的定义,自我控制曾被称为延迟满足、努力控制、抑制控制和认知控制。"执行功能"一词有时与"自我控制"交替使用,但执行功能的任务测量与自我控制的问卷测量之间的相关性较弱。自我控制是自我发起的,可以表现为习惯、规则和计划的形式。

在学术环境中,自我控制至关重要,因为有些学生可能认识到学业对其未来的重要性,但仍然不喜欢学习。他们很容易被其他看似更令人兴奋的活动分心。事实上,研究发现自我控制与学业成绩之间存在联系,自我控制能力差与阅读困难(Christopher et al., 2012[3]; de Jong et al., 2009[4])、数学学习困难(Andersson, 2008[5]; Bull & Scerif, 2001[6])和语言学习困难(Lonigan et al., 2016[7]; McClelland et al., 2007[8])有关,同时也增加了学习难度和辍学的可能性(Duncan et al., 2007[9]; Vitaro et al., 2005[10])。

斯皮格尔(Spiegel)和他的团队在 2021 年进行的广泛荟

萃分析[11]表明，自我控制（尤其是通过工作记忆和抑制控制等执行功能实现的自我控制）对学业成功起着至关重要的作用。这项分析汇集了305项研究的数据，涉及64167名年龄在3.5岁至16岁的儿童，试图剖析执行功能（工作记忆、抑制控制和注意力转移）对阅读、数学和口语学习成绩的影响。该研究还仔细考虑了各种变量，比如，受试者的年龄、他们现有的学习技能的水平以及他们必须完成的任务的复杂程度。

研究结果表明，工作记忆和抑制控制对学习成绩至关重要，尤其是在小学高年级阶段，这些认知功能会更加清晰地显现出来。相反，作为执行功能的另一个方面，转移注意力的能力在青少年时期变得更加突出。这一区别表明，随着儿童进入小学，他们的工作记忆能力和抑制控制能力（这是专注于任务和控制冲动的关键）变得更加明显和有效，直接影响到他们的学习成绩。相比之下，转移注意力的能力对于多任务处理和适应不断变化的需求或观点是至关重要的，在青春期表现得更为强烈，这表明青少年开始在需要他们在不同信息或任务之间切换注意力的任务中表现出色。耐人寻味的是，研究人员发现，执行功能与学习能力之间的关系是不断变化的；执行功能在学龄初期与基本学习技能的联系更为紧密，而在学龄后期，它们与更高级的技能的联系则会加强。这种微妙的理解阐明了认知控制机制与学业发展之间的动态互动，为设计旨在提升教育成果的干预措施提供了基本见解。

研究表明，工作记忆和自我控制这两项技能对学生的学习成绩有很大影响，尤其是随着年龄的增长，效果更加明显。虽然这些技能在整个学习期间都是必不可少的，但它们在小学后期才开始发挥作用。另外，转移注意力（比如，在不同的话题或任务之间切换）在青少年时期变得更加重要。为什么会这样呢？随着孩子们的学业进展，他们的认知技能也在以有意义的方式发展。工作记忆和自我控制能力对小学高年级阶段的学习非常重要。工作记忆能帮助年轻学生同时处理更复杂的想法，比如在高等数学中。而自我控制则能让他们在有干扰的情况下保持专注。在青少年时期，学生对转移注意力的能力的需求越来越高。这是因为他们的大脑在发育，他们需要处理更广泛的主题和任务，因此，他们也需要更有效地转换注意力。了解这些发展阶段有助于制定适合不同年龄学生的教学策略。

教育学生是一项需要耐心和理解的工作。随着他们大脑的成熟，他们控制自己行为和调节自己努力的能力也会提高。然而，这一发展过程是独特的，有些孩子可能需要更多的时间来获得更好的自我调节能力。教育者和家长需要认识到这一点并保持耐心，因为从发展的角度来看，这种发展差异是正常的，也是可以接受的。重要的是要鼓励和支持孩子们的成长，而不是给他们施加过大的压力，强制他们达到可能不符合发展规律的期望值。以下是一些帮助学生发展自我调节和自我控制能力的建议。

1. **制定班级行为准则**：在充满活力的学校环境中，教师必须以简单易懂的方式向学生传达主要的行为期望。定期对学生提醒班级行为准则有助于他们保持良好的行为。

示例1——"黄金法则指南"

教师可以设计一本"黄金法则指南",这是一本简短明了的小册子,列出了关键的行为期望。例如,该指南可以包括"别人发言时要倾听""提问时要举手""尊重你的老师和同学"。教师可以定期参考这本指南并提醒学生,他们有责任营造和谐的课堂环境。

示例2——"课堂行为守则海报"

教师可以制作一张色彩缤纷且吸引眼球的海报以概述课堂行为守则。将"课堂行为守则海报"张贴在醒目的位置,时刻提醒学生。该守则可以包括"按时完成作业""保持桌面整洁有序""不得欺凌他人或者说不友善的话"等规则。海报的视觉效果使这些行为守则易于理解和记忆。

示例3——"每日准则歌谣"

教师可在每天开始时加入"每日准则歌谣"。全班可以编写一首朗朗上口的童谣或歌曲以概括重要的行为期望。例如,"我们身处同一个房间,我们使用友善的语言。我们彼此倾诉和关心,每个人的心声都被聆听"。这种日常仪式以一种妙趣横生的、引人入胜的、令人难忘的方式提醒学生注意行为规范。

2. **制定课时表**:制定一个有规律的时间表不仅促进学生的预见性,还有助于培养学生的自律性。让学生提前了解接下来的学习内容,可以帮助学生做好心理准备并做出相应调整。

3. **融合体育教育**:将久坐的学术课程与体育活动相结合。

这种节奏的转换可以提高学生的注意力,并有助于他们在充满活力的学校环境中管理自己的行为。

4. **促进专注学习**:营造专注学习的氛围是学业成功的支柱。要做到这一点,教师就必须创建引人入胜的课程,迎合学生的个性化需求。

示例1——"主动学习环节"

教师可以利用"主动学习环节"来促进专注学习。这包括设计引人入胜的课程,让学生成为积极的参与者。例如,历史教师可以再现历史事件,让学生扮演历史人物,让他们积极参与课程,而不仅仅是被动地做笔记。这种策略能促进学生集中精力学习,因为学生在参与课程时更容易投入和集中注意力。

示例2——"个人学习计划"

接下来的一种方法就是为每个学生制订"个人学习计划"。通过了解每个学生独特的学习风格和节奏,教师可以因材施教。例如,对于视觉学习能力较强的学生,教师可以在教学中使用更多的图表和视觉辅助工具。另外,对于动手能力较强的学生,教师可以在教学中加入更多的实践活动。这种个性化的教学方法能促进学生集中精力学习,因为当教师的教学方法与学生喜欢的学习方式相一致时,学生更有可能保持专注。

5. **采用教育游戏**:教学中融入有趣的、基于活动的游戏或数字学习工具,可以增强学生的工作记忆和提高自我控制能力,这对学业和个人成长至关重要。

示例1——"数学接力赛"

在"数学接力赛"中，学生可以分成几个小组，每个小组必须解决一系列数学问题才能在比赛中取得进步。例如，他们可能要解决一个文字问题，计算一个几何问题，最后解决一个代数方程。接力赛使数学学习更有趣、更有吸引力，并有助于提高学生的工作记忆，因为他们需要在比赛中记住并应用各种数学概念。同时，由于学生必须耐心地等着轮到自己并参与团队合作，这也使他们的自我控制能力提高。

示例2——"词汇宾果"游戏

"词汇宾果"是一种数字学习工具游戏，可以增强学生的工作记忆和词汇技能。在这个游戏中，学生会收到一张数字宾果卡，上面有他们最近学过的各种单词。教师喊出定义，学生必须认出正确的单词并在宾果卡上做标记。这个游戏要求学生回忆不同单词的含义，加强他们的工作记忆。这个游戏还需要学生的自我控制能力，因为他们必须耐心等着所有的定义被喊出来，并仔细地在自己的宾果卡上做记号，以免出错。

6. 培养共情互动：培养共情互动可以极大地促进学生自我调节和努力程度调控能力的发展。共情互动通常要求学生管理自己的情绪和反应。例如，如果同伴不高兴，你可能需要抑制自己的即时反应（比如，大笑或者只顾自己的"一亩三分地"），转而以善意和理解来回应对方。抑制自己的即时冲动，转而做出更有同理心的反应，有助于培养自我调节能力。

示例1——"共情式角色扮演"

角色扮演是培养共情互动的好方法。教师可以创设情境，让学生设身处地为他人着想，并理解他人的感受。例如，有一个场景可能涉及一个被排除在小组活动之外的学生。然后，学生们会讨论这个人的感受，以及如何让他参与进来。这项活动让学生懂得了换位思考和体贴他人的重要性。此外，在这些角色扮演过程中，积极互动的学生可以得到表扬或小纪念品，从而强化这些行为的重要性。

示例2——"善良日志"

教师可以开展"善良日志"活动，鼓励学生做一些善事，并在日志中记录下来。例如，他们可以帮助同学完成一项困难的作业，或者与忘记带午餐的同学分享自己的午餐。然后，他们会写下自己的善举，以及这种善良给自己和他人带来的感受。这可以培养学生的同理心，因为他们会积极思考他人的感受以及自己的行为对他人的影响。教师还可以表扬和奖励那些体贴入微的学生，对他们的同理心和亲社会行为予以鼓励。

意志力

在严格的条件下，挑战总是考验着我们的自我控制和努力程度调控能力。无论是完成一项困难的家庭作业还是准备一场重要的考试，我们都需要通过意志力来保持专注，并抵制分心的诱惑。意志力可以抵御眼前的诱惑，抑制不良的认知、情绪和冲动。有些人拥有更丰富的意志力储备，能够熟练地调节自己的情绪状态，避免拖延，并在不丧失对自己行为控制的情况下致力于自己的目标。事实上，人们可能观察到过这样一些人，他们表现出非凡的意志力，在经过一天艰苦的学习之后，他们表现出坚韧不拔的精神，能够参加一些有成效的活动，如复习笔记、预习未来的课程或提前复习备考。而另一些人则可能会受到无益活动的诱惑，比如，肆意浏览互联网或玩电子游戏。

一个人的思维模式会影响他的自我控制和集中注意力的能力。最近的研究发现了培养更强意志力的有效策略，对实现教育目标、提高学习效率和学业成功大有裨益。从传统意义上来说，心理学界认为意志力就像一块电池，会随着时间的推移而耗尽。这种观点认为，人在一天开始时电量是满的，但每次需要控制自己的思想、情感或行动时，电量就会消耗。如果没有足够的时间休息和充电，意志力就会减弱，使人难以保持耐心、专注和抵制诱惑。

相关的实验提供了这一理论的实证证据。具体来说，在这项开创性工作中，鲍迈斯特（Baumeister）及其同事对67名心理学入门学生进行了测试（1998）[12]，这些学生在实验前一餐必须禁食，并且至少3个小时不吃任何东西。然后，他们进入一个弥漫着新鲜出炉的巧克力饼干香味的实验室，在大约5分钟的时间里，他们可以吃饼干，也可以吃小萝卜。受试者被分为三个实验组：第一组被指定吃小萝卜，第二组可以吃巧克力饼干，第三组作为对照组，跳过实验中的食物部分。前两组的成员可以看到对方的食物。实验员通过一面单向镜观察受试者，记录他们所吃的食物，并确保他们按规定食用分配给他们的食物。

食物阶段结束后，受试者需要填写两份问卷，并完成一项解决问题的任务。解决问题的任务包括描画一个几何图形，但不能重描这些线条，而且笔尖不离纸，一笔画一个图形。每个形状都有几张纸可供选择，给参与者多次尝试的机会。参与者最初接受了几种形状的练习训练，而实验员在一旁提供帮助并回答任何问题。参与者可以花尽可能多的时间，并尽量多尝试几次，但他们的成绩取决于任务的完成情况，而不是尝试的次数或花费的时间。然而，在关键的操纵检查中，中间的两个图形实在太难画了。实验者离开房间，记录参与者在放弃前所花费的时间，并用铃声表示。如果参与者在30分钟内没有放弃，实验员就会让他们停下来。

因此，平均而言，小萝卜组在19.40次尝试中仅花费了8.35分钟来解决无法解决的任务。相比之下，巧克力组和无食物组分别花费了18.90分钟和20.86分钟，尝试了34.29次和32.81次。最终的调查问卷显示了除了操纵检查的其他证据。小萝卜组的参与者比巧克力组或无食物组的参与者感觉更累。他们还报告说，与其他两组的参与者相比，他们继续完成跟踪任务的欲望更弱，而且强迫自己工作的次数更多。然而，他们比巧克力组或无食物组的参与者放弃得更早。这些研究结果表明，抵制诱惑（不吃巧克力而吃小萝卜）需要付出心理代价，这使参与者在面对挫折时更容易迅速放弃。

研究结果支持"自我损耗"这一理论，即抵制诱惑会降低面对挫折时坚持下去的能力。自我控制（比如抵制巧克力而吃小萝卜）会耗尽一种类似于力量或能量的有限资源，并可能影响其他形式的自我控制力。其他研究的相关证据也支持这一观点，因为人们发现，思想控制、情绪控制、冲动控制和任务执行等行为都利用了相同的资源。这种现象被称为自我损耗，取自弗洛伊德的术语，指的是大脑中负责抑制冲动的部分。虽然自我控制能力强的人可能会有更大的意志力储备，但面临巨大压力的时候，他们的意志力也会逐渐枯竭。

考虑到这些发现，我们似乎可以直观地认为，我们的心智能力和自我控制能力就像一块可能耗尽能量的电池。自我损耗的概念表明，我们的意志力是一种有限的资源，当我们使用它时，它就会被耗尽，就像肌肉在运动后会疲惫一样。这一观点对于理解为什么我们有时会在抵制诱惑或做出艰难决定后难以保持自我控制很有帮助。

多年来，自我损耗这一观点被广泛接受，它把我们的意志力描绘成一种可耗尽的资源，就像即将耗尽的电池一样，但最近的研究表明，这种模式可能更像是神话而非现实。我们所体验到的"损耗"并不是一种内在的限制，而似乎在很大程度上是我们对意志力的信念和态度的产物。最近的研究开始描绘出一幅更为复杂的图景，表明我们对意志力的信念和看法可能对意志力的发挥至关重要。

2010年，维也纳大学心理学家、动机心理学教授维罗妮卡·乔布（Veronika Job）[13]和她的同事进行了一项研究，对之前确立的自我损耗理论提出了质疑。这项研究使用了一份调查问卷来衡量参与者对意志力的看法。参与者用1~6分对各种陈述进行评分，1分代表"非常同意"，6分代表"非常不同意"。前两项陈述表明意志力是有限的，对这两项陈述赞同较多的人被认为具有"意志力受限"的观点。相反，后两项陈述表明意志力是无限的，对这两项陈述赞同较多的人被认为具有"意志力不受限"的观点。随后，维罗妮卡·乔布对与意志力有关的精神专注度进行了标准的实验室测试。

研究结果显示，根据自我损耗理论，认为意志力有限的人的表现符合预期。他们在完成一项具有心理挑战性的任务后，很难将注意力集中在后续任务上，而持"意志力不受限"观点的人则不同，他们的注意力没有下降。这表明，参与者们对意志力的信念是一个自我实现的预言。那些认为自己的意志力很快就会消耗殆尽的人会发现自己抵御诱惑和分心的能力正在迅速减弱。另外，那些认为意志力可以自我补充的人也会有与之相符的表现。

后来，乔布的研究结果在不同的环境中得到了证实。例如，她与新加坡南洋理工大学的克里希纳·萨瓦尼（Krishna Savani）合作，结果发现，与美国学生相比，印度学生更倾向于持"意志力不受限"的观点，这一点也反映在他们在意志力测试中的表现上。

虽然一些科学家对实验室测试自我损耗的有效性提出了质疑，但乔布的研究表明，人们对意志力的信念与现实生活的结果有关。她要求大学生们在不连续的两周内每天接受问卷调查，并记录他们的日常活动。不出所料，有些日子真是苦不堪言，这会导致他们极度疲惫。好在大多数参与者都能在一夜之间恢复过来，更幸运的是，那些持"意志力不受限"观点的人第二天的工作效率却有所提高，仿佛额外的压力给了他们补充能量的"燃料"。再一次，他们相信的"意志力能够自我维持"的信念成为现实。

进一步的研究发现，学生对意志力的信念与他们在考试前的拖延倾向之间存在联系。那些对自己的意志力有更广阔认识的人往往拖延时间较少，成绩也较好。此外，这些信念还影响了高压环境下其他方面的自我控制，比如，抵制快餐诱惑或冲动消费。相反，那些认为自己的意志力很容易被学业消耗殆尽的学生则更容易屈服于这些诱惑。此外，意志力信念的影响还延伸到了健身方面，印第安纳大学的纳文·考沙尔（Navin Kaushal）及其同事的一项研究（2021）[14]表明，对意志力有着无限信念的人更有动力去锻炼。菲莎河谷大学心理学教授佐埃尔·弗朗西斯（Zoë Francis）及其同事的研究（2021）[15]发现，与意志力受限的人相比，意志力不受限的人更有可能锻炼身体，更不可能吃零食。这种差异在晚上尤为明显，因为在晚上，那些相信自我控制能力很容易被耗尽的人往往会踌躇不前，而认为自己的意志力不受限的人则会坚持下去。

与其将意志力视为一种有限的资源，不如将其视为一种可以培养和发展的技能和观念，尤其可以从小开始培养和发展意志力，这样做更有益。这种方法在小学特别有效，通常代表幼儿的第一个重要的学习环境。教师将学生的意志力作为一种动态的、可成长的特质来培养，同时传授管理和扩展意志力的技能，孩子们就能更好地应对挑战，保持学习动力。教师在这一过程中发挥着至关重要的作用。他们可以采取各种策略，帮助学生建立和强化他们对意志力的坚韧不拔的适应态度，将其转化为终身财富。教师培养学生这种以成长为导向的意志力的一些实际步骤包括：

1. **阅读研究性文章**：这是支持读者信念和提供心理保证的有效途径。通过阅读科学证据，人们可以了解意志力的无限本质及其机制。当然，阅读关于意志力的无限本质的研究性文章，对学生来说不是一个合适的选择，尤其是青少年学生，他们可能无法阅读科学文献，也可能会觉得枯燥乏味。不过，对于教育者和家长来说，这是一个深入理解这一概念并增强信心的好方法。对于那些向孩子们传授意志力知识的长者来说，关键是要对他们与下一代分享的理念有丰富的经验和坚定的信念。

2. **儿童故事书**：年幼的孩子可以通过儿童故事书了解意志力的无限本质，故事书教授了意志力的好处以及如何通过练习提高意志力。在延迟满足测试中，听过这样故事的孩子比听过其他故事的孩子表现出更强的自控力。

以下是一些适合不同年龄儿童阅读的有关意志力的书籍：

适合 7~10 岁儿童的书：

- 《然而的力量》（*The Power of Yet*），作者：丽莎·布拉德（Lisa Bullard）。

- 《龟兔赛跑》(*The Tortoise and the Hare*),作者:伊索(Aesop)。
- 《小火车做到了》(*The Little Engine That Could*),作者:华提·派尔普(Watty Piper)。

适合 11~14 岁儿童的书:

- 《坚毅:释放激情与坚持的力量》(*Grit: The Power of Passion and Perseverance*),作者:安杰拉·达克沃思(Angela Duckworth)。
- 《杰出青少年的7个习惯》(*The 7 Habits of Highly Effective Teens*),作者:肖恩·柯维(Sean Covey)。
- 《最重要的事只有一件》(*The One Thing*),作者:加里·凯勒(Gary Keller)、杰伊·帕帕森(Jay Papasan)。

适合 15~18 岁青少年的书:

- 《终身成长:重新定义成功的思维模式》(*Mindset: The New Psychology of Success*),作者:卡罗尔·德韦克(Carol Dweck)。
- 《驱动力》(*Drive: The Surprising Truth About What Motivates Us*),作者:丹尼尔·H. 平克(Daniel H. Pink)。
- 《掌控习惯:如何养成好习惯并戒除坏习惯》(*Atomic Habits: An Easy & Proven Way to Build Good Habits & Break Bad Ones*),作者:詹姆斯·克利尔(James Clear)。

请注意,这些只是少数几个例子,还有更多好书可以教导孩子提升意志力,帮助他们建立强大的自制力和决心。

3. 回忆一项具有挑战性的任务：回想一下你曾喜欢过的一项需要高度集中注意力的、具有精神挑战性的任务，比如一份工作或一个爱好。这个练习可以通过证明你的意志力，将你的信念转变为无限的意志力。假设一下，如果你很难回忆起一项具有挑战性的任务，你也可以从当代或历史人物身上获得灵感，因为这些人物以其坚韧和毅力而闻名。你可以将他们视为你提升意志力的榜样。对于小学生来说，教师可以讲讲马丁·路德·金（Martin Luther King）和尼尔·阿姆斯特朗（Neil Armstrong）的故事。前者不顾反对和危险，坚持反对种族隔离，争取民权；后者不顾太空探索的挑战和风险，成为登月第一人。对于年龄稍大的孩子来说，教师可以列举亚伯拉罕·林肯（Abraham Lincoln）或海伦·凯勒（Helen Keller）的故事。前者带领国家经历了南北战争，并帮助废除了奴隶制；后者则从小就克服了失明和失聪的困难，成为著名的演讲家和身残志坚的代言人。

4. 意志力小考验：从避免吃零食、工作期间远离社交媒体、对心爱之人表现出更多耐心等意志力小考验开始，这些可以增强人的意志力。你可以向自己证明意志力是可以加强的，这样就更容易抵制其他诱惑。

形成或改变对意志力的看法，可能并非一朝一夕之事。但是，只要持之以恒，你就会看到视角的转变，从而更好地控制你的思想、情感和行动，朝着你的目标前进。坚持是实现这一目标的关键，对于仍在培养自己的信念和习惯的小学生来说，这一点更为重要。通过向孩子们灌输无限意志力的信念，我们可以帮助他们充分发挥潜能，引领成功的人生。

第十五章　同伴学习

养育孩子是一项极具挑战性但又回报丰厚的任务，它需要父母花费时间、精力和心血。然而，在现代生活的压力下，父母们很难平衡工作、学业和其他责任之间的关系，留给他们陪伴孩子的时间少之又少。事实上，研究表明，美国父母平均每天花约 2 小时陪伴 6 岁以下的孩子，每天花 60~90 分钟陪伴 6~12 岁和 13~18 岁的孩子（见图 15-1）。

重要的是，这种现象并不是最近才出现的，也不是美国特有的。如图 15-2 所示，尽管自 1965 年以来，全球范围内父母与孩子共处的平均时长稳步增长，但在 2012 年，美国受过大学教育的父亲每天与孩子共处的时间仅略高于 1 小时，而没有大学学位的父亲与孩子共处的时间甚至更少。另外，受过大学教育的母亲每天与孩子相处的时间约为 2 小时，而受教育程度较低的母亲陪伴时间则不到 2 小时。这些数据凸显了一个严峻的现实，即父母在孩子的教育和发展上投入的时间有限，因此孩子们如何充分利用自己的时间就显得尤为重要。

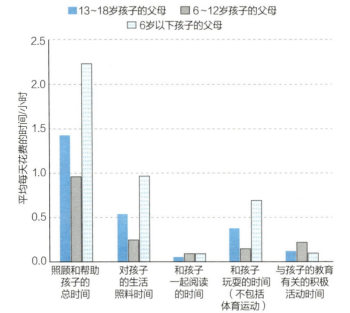

图 15-1 育儿时间投资：美国各年龄段孩子的父母陪伴时间平均值[1]

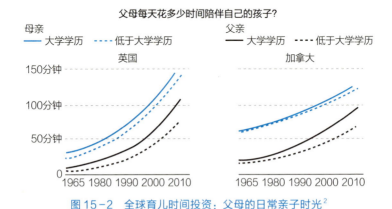

图 15-2 全球育儿时间投资：父母的日常亲子时光[2]

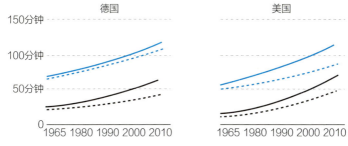

图15-2 全球育儿时间投资：父母的日常亲子时光（续）

许多家长依靠教师为他们的孩子提供优质教育，这是可以理解的。家长用于孩子教育的时间和资源有限，因此他们希望学校能够承担大部分责任。然而，美国和全球教育体系的现状引发了人们对学校能否满足这些期望的担忧。教师的工作已经十分紧张，在美国，平均每班24名学生，学生与教师的比例为16∶1。此外，合格教师日益短缺，这对学生的学习能力和教师的工作效率构成了巨大挑战。这种短缺还给低收入家庭的学生造成了极大的影响，使教育系统难以公平地为所有儿童提供良好的教育。因此，尽管学校在塑造儿童的学业和个人发展方面发挥着至关重要的作用，但仅靠学校的力量无法弥补父母与孩子相处的有限时间。

基于前面的讨论，解决父母和老师时间有限的方法之一就是通过同伴学习来实现。在学校、课外活动和校外社交中，孩子们有大量时间与同伴在一起。鼓励学生通过同伴学习来相互学习，可以加深对各学科的理解，培养重要的社交和沟通技能。同伴学习是一种教育和教学方法，学生通过相互合作来分享知识和技能。学生可以向他们的同龄人学习，并通过合作促进自己的学习。

　　同伴学习在学校环境中至关重要，因为它有助于学生发展批判性思维、沟通和人际交往技能。此外，同伴学习还能让学生掌握学习的主动权，并有机会从同伴那里获得及时的反馈和支持。有关同伴学习的研究表明，能够与同伴一起学习的学生往往学习成绩更好。莱昂（Leung）进行了一项研究（2018）[3]，发现同伴学习与学业成绩之间存在着积极而显著的关系。更详细地说，莱昂对实验结果进行了荟萃分析，对比了参与同伴学习的学生组和没有此类经历的对照组的学业成绩。该荟萃分析表明，同伴辅导是一种特殊的同伴学习方式，即一名学生（辅导者）教导另一名学生（被辅导者）。结果显示，接受同伴辅导的小组比没有接受同伴辅导的小组在测验后的成绩要高。这些结果有力地证明，同伴辅导可以提高学生的学习成绩。

　　此外，有研究表明，同龄人群体的影响力与学业成就之间存在显著的正相关关系。乌泽兹（Uzezi）和迪亚（Deya）的研究（2017）[4]发现，善于小组合作和向同伴学习的学生在科学课程中表现更好。其他研究也发现，同伴学习可以提高班级所有成员的学习成绩，因为同班学生有更多机会一起学习和合作。班科勒（Bankole）和奥贡萨金（Ogunsakin）也曾断言（2015）[5]，同伴学习提高了班级所有成员的学习成绩。

　　教育界越来越认识到同伴学习的益处，因此，同伴学习模式在全世界越来越受欢迎。该模式强调社会互动和协作学习，因此被认为比传统的教师主导型教学法更有效（Cauley & Mc-

Millan，2010[6]；Nicol & Macfarlane-Dick，2006[7]）。维果茨基（Vygotsky）是理解社会动力学在学习中的重要意义的关键人物，他探索了社会互动和文化背景在人类认知发展中的基本作用。维果茨基提出了"知识更丰富的他人"（MKO）[8]的概念，是指比某个学习者拥有更多知识或经验的另一个人。这可以帮助他们提高理解力或技能水平。这个"他人"可以是老师、父母、年长的兄弟姐妹，或者通常是在某一领域更有专长的同伴。维果茨基认为，孩子大部分的学习和认知发展是通过与同伴的社会互动实现的。他认为，孩子们通过参与协作活动、挑战和支持彼此的思维来相互学习。

同伴学习可以为孩子的学习和发展提供良好的环境。当同伴们共同完成一项任务时，他们可以分享自己的知识和专长，也质疑对方的想法，并提供反馈和支持。同伴学习可以培养人际关系、沟通技巧和归属感，从而促进社交和情感发展。这一观点也得到了社会建构主义理论家们的支持，因为他们认为，认知发展是社会文化实践的一部分，而社会因素对个人发展过程有着重要的影响（Bandura，1977[9]；Walker，2011[10]）。

认知神经科学的最新研究显示了团队合作的一些有趣之处。徐（Xu）等人的一项研究（2023）[11]发现，当人们合作完成一项共同任务时，他们大脑中的相关区域会开始同步。这一发现意味着，在解决问题时，两个合作者的大脑就像一个系统一样协同工作。在该研究中，参与者们在触摸屏上布置虚拟房间的内部结构，并记录他们自己的大脑活动。结果发现，在完成任务的过程中，两个人大脑中的同一组神经元同时发生了反应。这种共同激活现象在大脑的某些部位尤为明显，如右侧大脑的上颞区和中颞区以及前额叶皮层的某些区域。

此外，当其中一人抬起头注视另一人的时候，同步性变得最强。这些发现强调了社会互动和"我们模式"的重要性，在这种模式下，互动者集体分享他们的思想，并通过加速获取对方的认知来促进互动。根据这项研究，小学阶段同伴学习的益处日益明显，因为小学生们在协作和同步的环境中相互学习，并发展他们的认知和社交技能。

有研究发现，除了大脑功能激活的变化，同伴学习等互动型学习环境还能显著提高学生的内在学习动机（Sakaiya et al., 2013[12]；Schilbach et al., 2013[13]）。这是因为社交互动会刺激大脑活动，促进多巴胺的分泌，从而增强继续互动的欲望，并提高对未来同伴学习活动的期待感（Babiloni et al., 2006[14]；Guionnet et al., 2012[15]；Schilbach et al., 2006[16]）。

还有研究表明，当年轻的学习者有更多机会积极、公平地参与协作学习活动时，他们会体验到幸福感、满足感，甚至兴奋的感觉（Vygotsky, 1978；Wood et al., 1976[17]）。这可以归因于社会环境通过支持或阻碍人们的内在心理需求来促进或阻碍内在动机（Ryan & Deci, 2000b[18]）。因此，教育者必须重视社会和同伴互动的作用，将其视为在集体环境中构建个人学习动机的重要推动力（Cauley & McMillan, 2010；Nicol & Macfarlane-Dick, 2006）。

众多研究表明，同伴学习对数学技能有着积极的影响。40多年来，在数学方面，同伴辅导的好处已经在许多研究中得到了充分的证明（Fogarty & Wang，1982[19]；Harris & Sherman，1973[20]）。最近的研究一致表明，参加同伴辅导的学生在数学技能方面有了显著的提高（Alegre et al.，2019c[21]；Gamlem，2019[22]）。荟萃分析和文献综述也证实了同伴辅导在从学前教育到高等教育的各个教育阶段都能带来学业上的益处（Britz，1989[23]；Morano & Riccomini，2017[24]；Robinson et al.，2005[25]；Rohrbeck et al.，2003[26]）。有趣的是，最近有证据表明，同伴辅导在小学教育（7~12岁）中可能比在中学教育（13~18岁）中更有效。尽管两个年龄组都显示出适度的效果。具体而言，有研究报告称，与中学教育经历相比，小学教育经历的影响幅度更大（Leung，2015[27]；Moeyaert et al.，2019[28]；Zeneli et al.，2016[29]）。然而，阿雷格里（Alegre）等人最近的一项实证研究（2020）[30]表明，在一组来自不同年级的89名学生中，小学生和中学生从同伴学习中受益均等，没有明显的年龄差异。因此，同伴学习可能是一种普遍有效的学习机制。

同伴辅导是指由能力或知识水平较高的学生帮助同龄人进行学习的过程。研究发现，这种方法有助于促进课堂上的包容性，并促进来自相似社会群体的学生之间的合作（Topping，2009[31]；Yang et al.，2016[32]）。研究证明，同伴辅导除了在提高学业成绩方面效果显著（Ryan et al.，2004[33]），还能对学生的心理、行为和态度变量产生积极的影响（Flores & Duran，2013[34]）。根据弗洛雷斯（Flores）和杜兰（Duran）的研究（2013），学生通常很感激可以得到同龄人的帮助，因为他们能理解彼此的困难，并更好地了解对方的学习需求。因此，同伴辅导可以成为促进一个支持和包容的课堂环境的有力工具，让学生在相互学习和帮助中成长。

根据学生的年龄和在辅导过程中的角色,同伴辅导可分为两种类型:跨龄辅导和同龄辅导。跨龄辅导是指不同年级的学生一起学习,而同龄辅导是指同一年级的学生一起学习。对于哪种辅导方式更有效,专家们有不同的看法。关于同龄辅导效果最好还是跨龄辅导效果最好的话题,相关文献中并没有一致的看法。此外,文献综述和荟萃分析也没有发现这两种辅导方式之间有任何显著的差异(Stenhoff & Lignugaris/Kraft,2007)。[35]

同伴辅导又可分为两种类型:固定辅导和互惠辅导。固定辅导是指学生在整个项目中保持相同的角色,而互惠辅导则是指学生之间互换角色。虽然有些人认为,学习能力强的学生应该辅导学习能力弱的学生,但研究表明,互惠辅导对于增强学生的自尊心和培养学生对数学的积极态度更为有效(Cheng & Ku,2009[36];Moliner & Alegre,2020[37];Sutherland & Snyder,2007[38])。然而,就学业成绩而言,固定辅导与互惠辅导之间并无显著差异(Leung,2015,2019[39])。同龄辅导一般比跨龄辅导更容易安排,因为它可以在同一间教室进行,避免了额外的组织协调问题(Ramani et al.,2016)[40]。教师可以考虑采用同龄辅导,以便促进学生对学习数学产生积极态度并建立自尊。

阿雷格里–安苏阿特吉(Alegre-Ansuategui)等人(2017)[41]对50项关于不同教育水平的数学同伴辅导项目的研究进行了荟萃分析。他们发现,其中88%的项目对学生的学业成绩产生了积极影响($g = 0.333$)。结果显示,学生的年龄、所扮演的角色、被辅导者的技能以及辅导时间的长短和频率等因素对学业成绩的调节作用并不显著。然而,研究发现,教育程度、研究设计、项目时长、辅导者的知识水平、一天中的辅导时间以及样本量等因素是重要的调节因素,因此,我们有必要进一步研究这些细节。

但要注意的是,尽管同伴学习有很多好处和积极的一面,但这种方法也有一些注意事项和潜在的隐患,在小学实施同伴学习时应加以考虑。其中一点就是同龄辅导者的知识和专业技能有限。同龄辅导者的知识水平和专业技能都不如教师,这可能会导致他们传播不准确的信息或加深误解。

妨碍同伴学习的另一个潜在困难是年龄差异。年龄较大的学生在担任辅导者时,可能很难以适合其年龄的方式向年龄较小的学生提供材料,也很难让他们理解材料中的内容。低年级学生可能不具备理解高年级学生所讲材料的认知能力。此外,低年级学生的学习需求可能与高年级学生不同。

另外两个潜在的困难与学习小组内的社会动态和学习过程的结构框架有关。同伴学习依赖于学生之间的合作能力和相互支持。然而,学生之间的社会动态有时可能具有挑战性,有些学生可能不喜欢与同伴合作。同伴学习也可能缺乏结构框架。如果没有适当的规划安排和结构框架,同伴学习就会失去重点,效果也会大打折扣。教师必须有明确的目标、指导方针和反馈机制,从而确保同伴学习富有成效且有意义。最后,教师必须获得必要的培训和资源,才能有效地开展同伴学习。他们需要知道如何选择合适的同龄辅导者,如何监控学习过程,如何为辅导者和被辅导者提供反馈和支持。为了应对这些挑战,教师可以考虑采取以下行动:

1. **策略性同伴配对**:将学生与年龄和学业水平较接近的同伴配对。这可能包括将同一年级或智力水平相似的学生配对。

2. 培训辅导者：为同龄辅导者提供培训，使其了解如何以适合其年龄的方式提供材料，以及如何调整其教学方式，以便满足低年级学生的需要。

3. 课程监督：监督同伴辅导课程，确保辅导者以低年级学生能够理解的方式讲解教材。

通过采取这些措施，教师可以帮助确保同伴辅导对所有参与辅导的学生来说都是积极有效的学习体验。不过，同样重要的是，我们不应将同伴辅导视为教师授课的替代品。相反，它应被视为传统教学方法的补充。教师应仔细考虑哪些学生最适合担任同龄辅导者，并确保他们具备必要的知识和社交技能，能够有效地与同伴合作。

同伴学习是一种有价值的教育方法，能使辅导者和被辅导者在许多方面受益。同伴学习通过让学生合作学习，可以提高他们的学习成绩、自信心和社交技能。同伴学习对于提高数学和阅读方面的技能和丰富相关知识尤为有效。此外，同伴学习还有助于减轻教师的工作量，让学生对自己的学习有一种自主感和主人翁意识。

尽管有这些优点，但也必须承认同伴学习的一些潜在隐患和挑战，尤其是对低年级学生而言。年龄较小的同龄辅导者可能缺乏准确传递信息的知识或专业技能，辅导者和被辅导者之间的年龄差异可能会造成沟通和理解上的困难。教师和教育者还应意识到同伴学习活动中可能出现的负面社会动态或竞争现象。

第五部分
结构框架和支撑体系
——学校的屋顶

在探讨"韧性"这一主题时，我们提到了一句强有力的名言，它很好地概括了这一概念："风筝迎风而上，而不是顺风而上。"这句名言出自第二次世界大战期间坚毅不屈的英国首相温斯顿·丘吉尔（Winston Churchill）之口，但它的真正起源却被蒙上了一层神秘的面纱。有人认为，它可以追溯到一句古老的中国谚语，在这句谚语中，风不仅象征着逆境，也象征着朋友提供的支持和挑战。[1]无论出处如何，这句话都指引着本书第五部分的主题方向。它掷地有声地提醒我们，直面逆境可以带来无与伦比的成长和成就。就像屋顶经受住恶劣天气的考验后变得更加坚固，为屋内的人提供庇护和保护一样，这一原则强调了韧性的变革力量。

由此，我们开始了旅程的第五部分，"结构框架和支撑体系——学校的屋顶"。虽然人们常常重视地基或墙壁而忽视了屋顶，但实际上，屋顶起着至关重要的作用。它抵御风雨，保证人们处于安全和干燥的环境中。同样，在教学和学习中，我们在这部分探索的各种特质就像学校的屋顶，为学生提供保护和支持，培养学生的韧性，促进学生成长。

第十六章探讨了"坚毅力"，即对长期目标的热情和坚持不懈的力量，这是心理学家安杰拉·达克沃思推广的一个概念。这种特质就像坚固结实的屋顶，能够抵御风暴和挑战，永不动摇地发挥保护作用。

第十七章深入探讨了"自我调节"，即在追求长期目标的过程中控制情绪、行为和欲望的能力。这些品质反映了屋顶在保持其基本功能的同时还可以适应不同情况的能力。美国前总统亚伯拉罕·林肯明智地指出："自律就是在你现在想要的和你最想要的之间做出选择。"[2]就像屋顶要忍受眼前的困难以提供持久的保护一样，自我调节需要放弃眼前的满足以换取更长远的成功。

第十八章探讨了"成长型思维模式"，这是心理学家卡罗尔·德韦克推广的一个概念。就像屋顶为成长提供庇护和营造生长环境一样，成长型思维模式培养了一种文化，在这种文化中，学习者相信自己有能力通过努力、策略和他人的建议来获得成长和发展自己的能力。

第十九章探讨了"自动性"。"自动性"就像建造支撑性良好的屋顶一样，指的是无须有意识思考就能完成任务的能力，从而使学生腾出认知资源用于其他任务。托马斯·爱迪生是坚持不懈的典范，他的一句话概括了这一观点："等待时也匆忙做事的人，可以得到一切。"[3]在学习环境中，自动性可以释放学生的认知资源以应对新的或复杂的任务。

第二十章介绍了"心流"的概念，并将其与格里戈里·佩雷尔曼（Grigory Perelman）为解决"庞加莱猜测"（Poincaré Conjecture）所做的专注努力进行了比较。根据米哈里·契克森米哈伊（Mihaly Csikszentmihalyi）的定义，这种状态体现了人们对工作的深度沉浸,其中的挑战与个人技能完美契合,从而促进了全情投入和尽情享受的乐趣。从事兼顾技能和挑战的任务的人会获得高度的专注力和满足感。本章总结了我们学习旅程的巅峰时刻,展示了如何以正确的心态迎接挑战,从而取得非凡的成就和个人满足感。

在浏览第五部分内容时,我们必须牢记,这些元素与屋顶一样,不仅仅是点睛之笔。它们可以提供庇护,营造一个让学生感到足够安全的环境,让他们敢于冒险、敢于犯错,并从中吸取教训。建设屋顶不仅仅是为了遮盖建筑物,而是为了创造一个可以让学生成长和发展的庇护所。

让我们一起登上屋顶,探索如何支持学生发展这些基本特质。让我们致力于建造一个"屋顶",为学生提供庇护和安全,并营造一个充满韧性、成长和潜能的环境。

第十六章 坚毅力

在我们的人生旅途中,我们会意识到,成功不仅仅与天赋或智力有关,还与实现长期目标的毅力和激情有关。这种品质叫作"坚毅力"。坚毅力可以让优秀者脱颖而出。永不言败的态度使学习者能够战胜挑战,克服挫折,最终在学业上取得成功。

在当今快节奏的世界里,很多人都强调"即时满足"。科技使我们几乎可以立即得到我们想要的任何东西,比如搭车、送餐,甚至是流媒体电影或电视节目。我们只需点击几下鼠标就可以得到我们想要的东西,无须等待。然而,学术学习是一个循序渐进的过程,需要持续的努力和决心,尤其是在遇到障碍和挫折的时候。教育之路漫长而艰辛,充满了障碍,有时似乎是不可能完成的。而正是坚毅力让学习者能够坚持不懈,不忘初心,最终取得胜利。本章将深入探讨坚毅力及其与学业成功的关系。我们将探讨如何定义坚毅力、如何培养坚毅力,以及如何利用坚毅力将学习者推向新的高度(最重要的一点)。

"坚毅力"这一概念经常被当作一个肤浅的流行语,但我们不应低估这一术语的含义。它是一个深深植根于人类心灵的概念，是各行各业取得成功的必要条件。简单地说，坚毅力就是对长期目标的执着和坚持，即使遇到障碍或挫折也不放弃。它是一种坚持不懈、忍耐痛苦、永不放弃的意愿。

在定义"坚毅力"时，重要的是要注意它不仅仅是纯粹的意志力。意志力是抵御短期诱惑以实现长期目标的能力。它通常是指控制冲动和延迟满足的能力。例如，拒绝一块蛋糕以保持健康的饮食，这属于意志力。在同样的背景下，坚毅力则是对长期目标的持续承诺，比如不顾挑战和挫折成为一名营养学家。坚毅力超越了一时的意志力。它包含了对长期目标的持久动力和持续努力。意志力可能被视为一种冲刺，一种强大但短暂的自控力爆发，而坚毅力则更像是一场马拉松，需要长期的耐力和坚持。

J. K. 罗琳（J. K. Rowling）的过往经历是一个关于坚毅力的故事。与20世纪90年代她努力维持生计的生活相比，她现在的生活已大不相同。出版商曾建议她在写作时使用自己名字的首字母取代自己的全名，因为这样可以吸引年轻的男孩。于是，罗琳以祖母的名字"凯瑟琳"（首字母是K）为中间名，J. K. 罗琳这个名字就这样诞生了。20世纪90年代末，罗琳在从曼彻斯特开往伦敦的火车上，突然萌生了写《哈利·波特》的念头。她开始在碎纸片上写作，后来把小纸片换成了长篇手稿。

不幸的是，在她写作的六个月后，她的母亲死于多发性硬化症。这次丧母之痛让她陷入了抑郁的漩涡，她做出了一些草率的决定，比如搬到一个新的国家。罗琳在葡萄牙继续创作《哈利·波特》，以母亲去世为主题。她遇到了一个叫豪尔赫·

阿兰特斯（Jorge Arantes）的男人，两人结婚了，但他们的关系很糟糕。罗琳生下了女儿杰西卡（Jessica），几个月后，她与阿兰特斯离婚，搬回了英国，这次是回苏格兰。她带着女儿和她在波尔图时完成的《哈利·波特与魔法石》（*Harry Potter and the Sorcerer's Stone*）的前三章来到了苏格兰。

罗琳来到苏格兰时身无分文，情绪低落，整天在咖啡馆里写作，几乎连房租都付不起。尽管遭到出版商的拒绝，罗琳仍然对自己写的故事充满信心，并向多家出版社投稿。经历了13次退稿，《哈利·波特与魔法石》终于得以出版，本书发行于1997年，并迅速成为畅销书。罗琳从一个生活贫困的单身母亲一夜成名。可成名带来的混乱让她措手不及，不过她还是坚持了下来。罗琳的故事证明了永不放弃和相信自己的力量。[1]

坚毅力也让我想起苏宪平的一段故事，讲的是从另一个花园移植到他们家的三棵成年树木。在新的环境中，第一棵树很快就死了。第二棵树不久也死了。不知为何，第三棵树却可以茁壮成长，而且开花结果，甚至变得更加高大，至今仍挺拔健康地屹立着（见图16-1）。是什么让第三棵树在新的环境下存活并茁壮成长呢？是什么因素促成了坚韧品质的发展呢？

这是一个不同因素的组合。人格特质是一个关键因素。尽责性、情绪稳定性和对经验的开放态度都与较强的坚毅力有关。尽责性是指有条不紊的、可靠和自律的倾向。高度尽责的人通常以他们的可靠性和责任感而闻名，并且通常表现出强烈的职业道德。这些特点是坚毅力的基本要素，因为高度尽责的人通常会设定目标，并不畏艰难险阻，坚持不懈地朝着目标努力。

图16-1　第三棵树在逆境中茁壮成长

除了尽责性,情绪稳定性也起着举足轻重的作用。这一特征包括在压力下保持冷静和镇定的能力。情绪高度稳定的人可能会更有效地应对挫折和挑战,这对于长期保持坚韧和热情至关重要,而这正是培养坚毅力的关键要素。

对经验的开放态度是另一个有助于培养坚毅力的特质。它标志着一种接受新观念和新体验的意愿,以及一种冒险和创新思维的倾向。在不确定和充满挑战的情况下,那些乐于接受新体验的人可能更容易坚持下去,而这一品质与坚毅力的概念非常契合。

但是,坚毅力最关键的组成部分是坚韧的毅力和持续的兴趣,因为这两者对于实现长期目标和取得成功至关重要。让我们来仔细分析一下这两个因素。

毅力包括面对逆境、挫折和挑战时的坚持不懈。它是指即使进展缓慢或困难重重,也愿意继续朝着目标努力。毅力需要坚韧的精神、决心以及克服不适和不确定性的意愿。当学习者培养了毅力，他们就会变得更有韧性，更有能力应对学习和个人生活中不可避免的障碍和挫折。

持续的兴趣是指对某一特定领域的兴趣或技能保持长期的热情和投入。这是一种长期专注于某一目标或任务的能力，即使在新鲜感消失或困难重重的情况下也是如此。持续的兴趣至关重要，因为它有助于学习者保持积极性和参与感。对某一特定领域保持持续兴趣的学习者更有可能取得长期成功。

为了更好地理解"坚毅力"这两个方面之间的协同作用，让我们打一个比方：如果说坚韧的毅力像汽车的发动机，在各种困难和不利条件下推动汽车前进，那么，持续的兴趣就好比维持发动机运转的燃料。坚韧的毅力和持续的兴趣结合在一起，创造了一个强大的组合，推动学习者迈向成功。通过培养毅力，学习者会变得更有韧性，更有能力应对挑战和挫折。通过保持一贯的兴趣，学习者能始终保持学习的动力和投入，从而帮助他们实现长期目标。

坚毅力是一个迷人的概念，吸引了研究者和教育者的共同关注。达克沃思等人在一部关于坚毅力的最有影响力的著作（2007）[2]中研究了坚毅力在预测不同领域成功结果中的重要性。其中一项研究考察了成年人的坚毅力和受教育程度之间的关系，从普通人群中抽取了两个样本，分别涉及 1545 名和 690 名成年人，完成了一项线上调查，调查内容包括对坚毅力、人口统计信息和受教育程度的测试。即使控制了年龄、性别和社会经济地位等人口统计学变量，坚毅力与受教育程度仍有明显的相关性。具体来说，坚毅力对受教育程度差异的影响占比为4%。

达克沃思等人的另一项实验（2007）研究了坚毅力在成绩优异者当中的作用，特别是常春藤盟校的学生。来自常春藤盟校的138名学生完成了对坚毅力、智商和大五人格特质㊀的测试，并提供了他们的GPA。即使在控制了智商和大五人格特质之后，坚毅力仍与GPA有明显的相关性。

达克沃思等人随后又进行了一项实验（2007），重点研究了坚毅力在美国西点军校这种需要身体韧性和心理承受力的激烈竞争环境中的作用。两个样本的学员（人数分别为1218人和1308人）完成了对坚毅力、智商和大五人格特质的测试，并提供了有关他们留用情况的信息。即使在控制了智商和大五人格特质之后，坚毅力仍与留用情况呈显著的正相关。坚毅力得分较高的学员更有可能不会退学，并经受住高强度训练项目的艰苦考验。

最后，研究者们检验了坚毅力在预测全国拼字比赛成功率方面的有效性。该大赛的175名参赛者完成了对坚毅力、智商

㊀ 大五人格特质，又称为人格五因素模型，包括开放性（对新体验和创造力的开放程度）、尽责性（组织能力、可靠性和自律程度）、外向性（偏好社交互动和高能量水平）、亲和性（利他主义、信任和合作行为的程度）和神经质（负面情绪和情绪不稳定的倾向）。这些特质为理解人类人格提供了全面的框架，并在心理学领域得到了广泛研究以预测各种生活结果，包括学业成就、职业满意度和个人幸福感。

和大五人格特质的测试，并提供了有关其拼字比赛成绩的信息。坚毅力与拼字比赛的成绩有明显的相关性，坚毅力得分较高的学生也更有可能在拼字比赛中获得较高的名次。

达克沃思及其同事的研究揭示了坚毅力在学业成功中的作用，以下是几个关键点：

1. 个体差异对成功结果的影响大大超过了智商所能解释的范围，而智商与之并无正相关。

2. 坚毅力比大五人格特质中的责任性更能解释结果的差异，尽管这两个变量显示出非常高的相关性。

3. 常春藤盟校的学生、西点军校的学员以及全国拼字比赛的选手的故事都可以证明，更有韧性的人，其受教育程度也更高，在面对身体和心理挑战时表现出更强的应变能力。

4. "坚持到底"（一种体现坚毅力精髓的品质）是比其他因素更好的预测因素，比其他变量（包括 SAT 分数和高中排名）更能预测学生是否会在大学中担任领导职务，以及是否会在科学、艺术、体育、通信、组织或其他领域取得重大成就。在预测谁能以优异成绩毕业方面，"坚持到底"也是仅次于 SAT 分数和高中排名的第三大预测因素。

这些发现表明，坚毅力是促成各个领域成功的关键因素，远远超出智力或其他性格特征所能解释的范围。

这些结果令人信服地表明，坚毅力在学业成绩和整体事业成功中发挥着至关重要的作用。然而，坚毅力的驱动因素是什么？坚毅力是与生俱来的品质还是可以有意识地培养？这些问题仍然不得而知。林菲尔德（Rimfeld）等人的一项研究

（2016）[3]解决了这一问题。这些研究者们调查了遗传和环境对坚毅力的影响及其与学业成绩的关系。这项研究的样本来自英国的4642对双胞胎（总人数为9284人），并且历时数年。研究人员让受试者们完成了关于坚毅力和学业成绩的自评问卷，并使用双胞胎模型对遗传和环境因素进行了分析。结果表明，坚毅力与学业成绩显著相关，遗传因素约占坚毅力差异的1/3。这表明，坚毅力可能具有部分遗传性，遗传因素可能通过对坚毅力的影响而导致学习成绩的个体差异。研究者们指出，坚毅力有遗传成分，但这并不意味着坚毅力是不可改变或固定不变的。遗传性是指遗传因素对群体内某一性状的个体差异所起的作用。然而，这并不意味着环境因素不会对该性状产生影响。另外，其余2/3的差异应该由遗传以外的因素来解释。

研究人员发现，影响一对双胞胎中两个人差异的因素，如在同一个家庭中长大、上同一所学校等，并不会对他们的性格（包括坚毅力）产生重大影响。相反，他们性格上的差异主要是由于每个双胞胎特有的因素造成的，比如，不同的生活经历，以及与家庭和学校以外的人的互动。

那么，遗传因素和环境因素是如何相互作用，并通过坚毅力来影响学业成功的呢？其中一种可能是，遗传因素促成了个体的坚毅力基础水平，而环境因素则随着时间的推移影响着坚毅力的发展。举例来说，如果一个学生在遗传上具有较高水平的坚毅力遗传倾向，但如果没有一个促进其坚毅力发展的环境，如一个支持的家庭或一个具有挑战性的学术课程，那么，这个学生在学业上可能仍然会举步维艰。

相反，如果能提供一个鼓励培养坚毅力的环境，坚毅力水平较低的儿童也可能在学业上取得成功。例如，一个来自弱势背景的学生接触到具有挑战性的学术材料，并获得帮助他坚持下去的支持和资源，随着时间的推移，他可能会发展出更高水平的坚毅力。这就强调了创造一个能够培养个人坚毅力的环境的重要性，无论所需帮助的人的起点如何。

芬兰文化提供了一个显著强调坚毅力的范例。芬兰语中的"Sisu"意为"决心""坚韧""坚毅力"，包含了韧性、顽强和坚持不懈的品质。"Sisu"强调在困难的情况下，即使看似不可能也要坚持到底的重要性。它被认为是芬兰民族认同的一个标志性特征，在帮助芬兰应对历史上的各种挑战方面发挥了重要作用。"Sisu"在芬兰文化中的突出地位凸显了坚毅力的价值，这是个人和集体都应该努力培养的一种关键特征。

最近，来自芬兰的研究人员开展了一项纵向研究，对赫尔辛基2000多名6~9年级、12~16岁的学生进行了跟踪调查（Tang et al., 2019）[4]。研究者们发现，青少年的坚毅力水平可以预测他们的学业是否成功和对学习的投入程度。该研究负责人卡塔丽娜·萨尔梅拉-阿罗（Katariina Salmela-Aro）教授指出，研究表明，对目标的坚定承诺就是对坚毅力的最佳预测。当在校学生为自己设定目标并认真去实现这些目标时，即使遇到困难，他们也会更加努力，不断尝试。即使我们考虑到其他因素（比如，他们的勤奋程度、他们以前的学习成绩、他们对学校的关心程度以及他们的背景），情况也是如此。当学生致力于实现自己的目标时，他们就更有可能继续努力学习，并对上学保持积极的兴趣。

这些研究结果表明，学校可以通过让目标更贴近学生、对学生更有意义来帮助学生培养坚毅力。换句话说，学生必须"拥有"自己的目标，使其更加个性化。这项研究强调了制定干预措施、开展实践和试验以提高儿童和青少年坚毅力的重要性。随着非认知技能变得越来越重要，关注包括坚毅力在内的社交和情感技能，对于帮助青少年取得学业成功和幸福至关重要。

桑托斯（Santos）等人最近的一项研究（2022）[5]评估了专门的干预措施能否提高学生的坚毅力。这项研究旨在探讨是否可以通过在北马其顿的小学实施的一项全国性计划来培养坚毅力，即一种与为实现长期目标而持续努力有关的社会情感技能。该研究采用了随机对照试验，在北马其顿的350所学校中选取了约3.3万名学生进行了研究。该计划旨在提高六年级和七年级学生的自我调节能力和坚毅力。

更详细地说，这项干预措施是一个教导六年级和七年级学生如何设定目标、集中精力、获得反馈和练习，直到他们变得擅长某件事的计划。该计划还强调，成功不仅与天赋有关，还与勤奋和毅力有关。该计划旨在帮助学生培养坚毅力。为了检验这个计划是否有效，研究人员通过调查来衡量学生在社交和情感技能方面的进步，并在试验结束一年后观察他们的学业成绩。

结果，与对照组学生相比，这些学生的自我调节能力有所提高，特别是在坚毅力的"不懈努力"方面。这意味着，参加该计划的学生比那些没有参加的学生更好地保持努力的劲头和他们对长期目标的兴趣。

在学生和教师都参与课程的情况下,干预措施的影响要大于只让学生参与的情况。教师的参与对计划的成功非常重要,原因有以下几点:首先,教师通常被学生视为榜样,当他们积极参与并推广课程时,就会向学生传达有关课程价值的有力信息;其次,在学生努力实现自己的目标时,教师可以为他们提供支持和指导,这有助于强化所教技能的重要性;最后,教师还可以对学生的学习进展提供反馈,这有助于培养他们的自信心和激发他们面对挑战坚持不懈的动力。总之,让教师参与到课程中来,可以创造一个更具支持性和吸引力的学习环境,从而促进坚毅力和自我调节技能的发展。

对于弱势学生而言,该计划在实施一年后对他们的GPA产生了积极影响,提高了28%的标准差。来自弱势背景的学生可能会面临更多的挑战,比如获得资源和支持的机会有限,从而影响他们的学业成绩。通过传授这些技能,该计划帮助这些学生更好地应对挑战和克服障碍,并保持对实现长期目标的动力,从而提高学业成绩。此外,在实施一年后还能观察到学生的进步,这表明在该计划中学到的技能可能会持续并延续到随后的学年。

对于希望培养学生坚毅力的教师来说,这凸显了为学生提供持续支持和机会来长期练习和应用这些技能的重要性。在下面的段落中,我们将概述一些教师可以采取的实际步骤来帮助学生培养和加强他们的坚毅力。

1. **将学生的目标与他们的教育联系起来**:这一步骤旨在通

过鼓励学生反思自己的梦想以及教育如何帮助他们实现目标来帮助他们发现自己学习的核心使命。通过制作一块"梦想板"或者参与反思性写作活动,学生可以将自己的愿望形象化,并为实现学习目标保持动力。

2. **邀请成功者来演讲**:邀请在学业上克服困难并取得成功的演讲者。这些演讲者可以是当地社区成员,也可以是某一特定领域的专业人士。分享他们的故事可以激发学生的勇气和毅力,让他们朝着自己的目标前进。在演讲者演讲结束后,教师可以鼓励学生对自己的父母、祖父母、邻居或其他曾面临挑战并取得成功的成年人进行类似的采访。这一活动将帮助学生吸取他人的经验,培养成长型思维模式(见图16-2)。

图16-2 学生在课堂上聆听演讲

3. **分享名人坚韧不拔的故事**:鼓励学生坚毅力的另一种方法是分享名人坚韧不拔的故事。例如,J.K.罗琳在屡遭拒绝和逆境中坚持不懈,最终成为世界上最成功的作家之一。其他例子还包括华特·迪士尼（Walt Disney）和奥普拉·温弗瑞（Oprah Winfrey）。前者因缺乏创造力而被报社解雇；后者从小家境贫寒，在成为媒体大亨的道路上面临重重挑战。分享这些故事可以帮助学生了解坚毅力的重要性，以及它如何帮助这些名流克服障碍并实现目标。

4. **寓教于自然**：以大自然为例，说明毅力和韧性的故事。例如，坚毅力经常被比作钻石，一种需要付出巨大努力和毅力才能形成的珍贵宝石。在大自然中，钻石是在地幔深处经过数百万年的高压和高温形成的。同样，坚毅力也是在长期的挑战和挫折中，通过对长期目标的坚持和奉献而逐渐形成的。就像钻石一样，坚毅力不可能轻易获得或复制。它需要多种因素的结合，比如明确的目标感、强烈的职业道德和从失败中恢复过来的能力。就像钻石因其稀有性和耐久性而备受推崇一样，拥有坚毅力的人也因其在逆境中克服困难并取得成功而备受推崇。

5. **讨论障碍和克服障碍的方法**：使用WOOP策略帮助学生培养坚毅力。WOOP是由愿望（Wish）、结果（Outcome）、障碍（Obstacle）、计划（Plan）的英语首字母缩写组成的，是心理学家加布里埃尔·厄廷根（Gabrielle Oettingen）提出的一种策略，旨在通过识别和克服障碍来帮助个人将梦想变成现实。为了帮助学生培养坚毅力，教师可以使用WOOP策略来指导他们设定目标和实现目标。具体操作如下：

（1）**愿望**：第一步是确定一个具体的目标或愿望。鼓励学生要有远大的理想和目标。例如，学生可能希望成为一名医生、学习一门新语言或创业。

（2）**结果**：第二步是设想实现目标的积极结果。请学生想象他们完成目标后的感受。他们会感到自豪、有成就感，还是快乐呢？

（3）**障碍**：第三步是找出实现目标的障碍。与学生讨论他们可能遇到的障碍，比如缺乏资源、自我怀疑或外界批评。

（4）**计划**：第四步是制订一个计划来克服障碍并实现目标。帮助学生集思广益，制定克服障碍和实现目标的具体步骤。鼓励他们将目标分解成较小的、可实现的任务，并为完成目标而创建一个时间轴。

学生可以使用WOOP策略制定出更现实、更具弹性的方法来实现自己的目标。他们将学会预测和克服障碍，学会在挫折和失败面前坚持不懈。这可以帮助学生培养在学校和其他地方取得成功所必需的坚毅力和坚韧精神。

总之，坚毅力的培养是一个复杂而多面的过程，涉及人格特质、动机和坚持不懈等因素。通过了解促成坚毅力的因素，我们可以在自己和学习者身上培养这一宝贵的品质。无论是通过设定个人目标、寻求社会支持，还是坚持不懈地应对挑战，培养坚毅力都能帮助我们在生活的各个领域取得成功。

教师和教育机构可以在培养年轻学习者的坚毅力方面发挥关键作用，为他们提供制定长期目标的机会，鼓励他们在挑战面前坚持不懈，并帮助他们培养克服挫折所需的韧性。这样做可以帮助我们的孩子成为像钻石一样坚强、坚韧且在各方面都具有价值的人。

第十七章 自我调节

18世纪,活跃在科学、政治和媒体领域的美国博学家本杰明·富兰克林发起了一项独特的个人发展实验,成为早期自我调节实践的典范。富兰克林意识到道德和个人修养的重要性,因此,他开始系统地努力培养自己的品格。他确定了个人成长所必需的13种基本美德:节制、缄默、有序、决心、节俭、勤劳、真诚、公正、温和、洁净、平静、贞洁和谦逊。[1]

为了追踪和改进自己对这些美德的遵守情况,富兰克林创建了他所谓的"美德日志"。该日志的结构便于每天都做记录,每页专注于一种美德,并根据一周的天数分为不同的栏位。富兰克林的方法简单而严谨:每天结束时,他会回顾自己的言行和人际互动,在他认为自己没有完全做到的美德旁边打上一个勾。这个过程是一种自我认识和行为修正的刻意练习。通过保持每日记录,富兰克林可以密切监督自己的行为,识别自己的行为模式,并在偏离理想时实施纠正策略。他使用了迭代方法。他还认识到改进是一个持续的过程,而不是一个有限的目标。

富兰克林通过他的"美德日志"进行的自我调节实践代表

了一种早期的实际应用，现在被认为是自我调节的认知和行为策略。它包括设定明确具体的目标（13种美德），监督自己有关这些目标的行为，评估自己的表现，并根据评估结果调整自己的策略。这种有条不紊的方法使富兰克林养成了与其价值观和愿望相一致的思想和行为习惯。

就像本杰明·富兰克林在18世纪通过自我调节和刻意练习来驾驭复杂的世界一样，现代学生也发现自己身处一个充满机遇和杂念纷飞的世界。富兰克林的方法的精髓（设定明确目标、监测进展情况并做出策略性调整）如今仍与当时一样重要。今天，挑战可能表现为社交媒体、课外活动和人际关系，但自我调节以克服这些干扰因素的核心要求与富兰克林严谨的个人成长方法如出一辙。

现代学生在追求学业目标的过程中，往往会面对许多需要自我调节的干扰因素和竞争。这些干扰和竞争有多种形式，如社交媒体、课外活动和人际关系。适当的自我调节可以有效地管理这些相互竞争的需求，防止学业目标和非学业目标之间产生冲突，最终取得更好的教育成果。自我调节包括控制自己的思想、情绪和行为以实现特定的目标。在学业环境中，自我调节对学习、完成作业和在课堂上保持专注等各个过程都至关重要。例如，学生必须能够有效地调节自己的注意力和管理自己的时间，以便按时学习和完成作业。他们还需要能够调节自己的情绪，应对压力和焦虑，以便在课堂上保持专注和投入。

然而，缺乏自我调节能力的学生可能会在这些过程中苦苦挣扎，并遭遇消极的学习后果。例如，他们可能会在课堂上难以集中注意力，拖延完成作业，无法有效地管理时间。他们还可能经历更高水平的压力和焦虑，这可能会影响他们的学习能力和考试成绩。最终，这些困难会导致学习成绩下滑。

研究表明，自我调节能力较强的学生往往成绩较好，出勤率较高，更有可能从高中和大学顺利毕业。此外，与广泛使用的智商（IQ）或入门级阅读和数学技能相比，掌握执行控制能力更能预测学生是否做好了入学准备（Blair et al., 2007[2]; McClelland et al., 2000[3]）。然而，尽管自我调节非常重要，传统的教育体制却往往忽视了它，传统教育将学术内容置于培养关键学习技能之上。本章将探讨自我调节在学习成绩中的重要作用，以及我们应该如何培养和加强自我调节。

科学家们发现，大脑中被称为前扣带回皮质（ACC）的部分在自我调节中起着至关重要的作用。此外，一些证据表明，儿童ACC激活的个体间差异可以预测他们的学习成绩。普莱斯（Price）及其同事的研究（2013）[4]调查了大脑运算机制的个体差异是否构成了高中数学能力差异的基础。他们使用fMRI来测量高三学生对个位数计算任务的大脑反应。他们将这些反应与"学业能力倾向初步测验"（简称PSAT）数学分科考试的标准分数联系起来。结果表明，PSAT数学成绩的提高与特定脑区活动的增加有关，特别是前扣带回皮质和左侧缘上回。这些区域与快速检索数学事实、集中注意力和自我控制等技能有关。该结果表明，如果我们能帮助学生提高自我调节能力，就有可能提高他们的学习成绩，尤其是数学成绩。因此，教师在准备教学计划时，可以考虑加入一些能提高注意力和自我控制能力的活动。

曾经有研究发现，基因和环境都会影响一个人调节自己行为的能力。例如，COMT 基因会影响一个人大脑对多巴胺的使用，而多巴胺对自我调节非常重要。然而，这种基因影响自我调节的方式也取决于一个人的成长方式。研究表明，在婴幼儿期就可以得到体贴入微且有求必应的照顾的儿童，其日后的自我调节技能和执行功能会更好（Landry et al., 2006）[5]。同样，从事需要高水平执行功能的活动的人，比如演奏乐器或参加体育运动（见图 17-1），往往比那些不从事此类活动的人具有更好的执行能力（Hillman et al., 2008）[6]。因此，自我调节能力对儿童和成人都很重要，而且会受到基因和环境的影响。

图 17-1　参加体育运动可提高执行功能

许多研究都证明了自我调节与学业成功之间的正相关关系。布莱尔（Blair）和拉扎（Razza）的研究（2007）探讨了自我调节是否可以解释早期数学技能的好坏预示着日后学业成绩的高低。更详细地说，该研究分析了一个年龄跨度为5年的纵向数据集。研究人员测量了儿童在幼儿园期间的各种技能的掌握情况，包括数学的成绩、自我调节技能（即执行功能）的高低、语音意识、词汇量以及儿童的社会人口学变量。5年后，研究人员再次访问了这些已经入学的儿童，并测试了他们的数学和阅读成绩。在对数据进行分析后，得出的结论是，早期数学技能与日后的学业成绩之间存在正相关关系。研究发现，即使控制了执行功能、语音意识、词汇量和儿童的社会人口学变量，儿童在幼儿园的数学技能也是他们5年后数学和阅读成绩的重要预测指标。

此外，布莱尔和拉扎的研究（2007）揭示了自我调节和执行功能在学业成就中扮演的迷人角色。具体来说，执行技能的中介效应可以部分解释早期数学能力与未来学业成绩之间的关系。也就是说，即使控制了先前的技能、早期数学和阅读指标，自我调节能力仍能显著预测学业成功。换句话说，该研究表明，在幼儿园表现出强大的自我调节和执行控制能力的儿童更有可能在学业上取得优异成绩。这些发现强调了在儿童成长早期培养这些技能对促进长期学业成功至关重要。

注重高质量数学教育的幼儿教育和保育工作可以通过其与自我调节的关系来促进儿童学习技能的发展。这些信息对于数学基础薄弱的儿童来说至关重要，因为他们可能难以应付正规学校中越来越复杂、认知要求越来越高的指令和活动，这需要更高的自我调节能力。如果数学技能和执行功能都不强大，那么，数学技能的缺失可能会导致屡战屡败的恶性循环。

在另一项研究中，盖斯朵蒂尔（Gestsdottir）及其同事的研究（2014）[7]也证明，行为上的自我调节可以预示学习成绩的提高。这项研究对260名平均年龄为74.5个月的儿童进行了为期一至两年的纵向跟踪。研究人员通过直接观察，特别是引入"头－脚－膝－肩"（简称HTKS）任务和教师评分机制，对儿童的自我调节能力进行了评估。HTKS任务是一种结构化的观察工具，旨在测量幼儿的自我调节能力。它要求参与者做出与指令相反的肢体动作（例如，当指令要求他们摸头时，他们却摸自己的脚趾），以便测试他们控制冲动和"与口令对着干"的能力。这种方法与教师评分机制一起显示，在控制性别、年龄、母亲教育程度和以往成绩等因素的情况下，自我调节水平越高，学业技能越好。有趣的是，教师对自我调节的评价比HTKS的直接评价更能反映学生的学业成绩。这些研究结果强调了开发有效的干预措施以加强自我调节，从而提高学业成绩的重要性。

科赫（Koh）及其同事的一项最近的研究（2022）[8]探讨了自我效能感是否能够通过自我调节来预测第一代大学生和继续深造的大学生的学业成就。该研究涉及3316名大一新生。自我效能感可以预测学业成功，但自我调节在自我效能感和学业成功之间起到了中介作用（即解释了两者之间的关系）。该研究还发现，行为调节能力（即设定目标和有效管理时间的能力)的增强与学业成绩的提高有关。

以下是自我调节促进学业成功的一些方法:

1. 提高专注力和注意力:自我调节技能可以帮助学生保持对学习任务的专注力和注意力,从而帮助学生取得更好的学习成绩。

2. 更好地计划与组织:那些能够控制自己思维和行为的学生可以有效地计划和组织自己的工作,从而更有效地利用时间和资源。

3. 提升元认知技能:自我调节涉及元认知技能,即监控和反思自己思维和学习的能力。这些技能可以帮助学生识别需要改进的领域并调整自己的方法。

4. 改进决策能力:自我调节可以帮助学生就他们的学习做出更好的决策,比如,何时向老师寻求帮助,或者如何完成有挑战性的作业。

自我调节是学业成功的有力工具,使学生能够控制自己的学习并实现自己的目标。重要的是,鉴于自我调节在教育环境中的积极作用,人们不禁要问:"是否可以通过有针对性的干预计划来培养和提升自我调节能力?"阿黛尔·戴蒙德(Adele Diamond)及其同事的研究(2007)[9]调查了一项学前教育计划是否可以改善儿童的认知控制能力,尤其是他们的工作记忆、认知灵活性和抑制控制能力。研究人员对来自美国新泽西州"启智班"的低收入家庭的58名4~5岁儿童进行了随机对照试验。这些儿童被随机分配到实验组或对照组。实验组接受了为期 30 周的学前教育课程，其中包括 40 项旨在提高认知控制能力的活动。相比之下，对照组只接受了常规的启智计划（Head Start）⊖，而没有接受额外的认知控制训练。

实验组参加了一个名为"思维工具"的课程，该课程旨在提高幼儿的自我调节能力，包括注意力、记忆力和冲动控制能力，以及高阶思维能力，比如计划、解决问题和反思的能力。"思维工具"课程基于心理学家列夫·维果茨基的研究，他认为儿童类游戏是其认知发展的关键组成部分。该课程包括各种旨在促进儿童认知和社会情感发展的活动。其中一项关键活动是"过家家"游戏，让孩子们练习社交互动、语言和解决问题的技能。我们鼓励儿童创造情景，使用道具和服装，扮演不同的角色。

"思维工具"课程的另一个重要组成部分是计划和执行任务。孩子们可以选择一系列活动，但必须计划好如何完成每个任务，包括需要哪些材料以及需要多长时间完成。这些活动旨在培养自我调节能力，比如组织能力、时间管理能力、设定目标并为之努力的能力。

相比之下，对照组接受的是标准的启智计划。启智计划是

⊖ 启智计划是美国为低收入家庭的学龄前儿童提供早期教育、健康和营养服务的联邦政府资助项目。该计划旨在通过促进低收入家庭儿童（0~5 岁）的认知、社交和情感发展，帮助他们为入学做好准备。各州的启智计划可能有所不同，但通常包括中心式服务和家庭式服务的组合，以及家长参与和支持。

一项由联邦政府资助的计划，为低收入儿童及其家庭提供全面的幼儿教育和支持服务。该项目包括各种旨在促进儿童社会、情感和认知发展的活动，包括课堂教学、教育游戏和活动以及社交机会。启智计划以"儿童全面发展"为基础，即考虑儿童的身体、社交、情感和认知发展。该计划还包括健康、营养和家庭支持服务，旨在帮助家庭满足其基本需求并改善其整体福祉。

研究人员进行了为期8个月的纵向研究，在此期间，他们通过几项任务测量了儿童的认知发展。经过8个月的训练后，实验组儿童的认知发展显著优于对照组。具体来说，他们的工作记忆、认知灵活性和抑制控制能力都有了显著提高。

这些改进是通过使用"维度变化卡片分类任务"和"日夜反转任务"来测量的。"维度变化卡片分类任务"可以评估儿童在分类任务中于两种规则之间切换的能力，需要工作记忆和抑制控制能力。日夜反转任务可以测量认知灵活性，涉及在两种相互冲突的信息之间切换，本例中为颜色名称与文字颜色之间的切换。因此，可以得出结论，这种训练可以改善儿童的这些素质。此外，实验组的孩子在解决问题的能力上也有了显著的提高，这是通过汉诺塔任务来衡量的。汉诺塔任务要求孩子们遵循特定规则，将一套圆盘从一根柱子移动到另一根柱子，一次解决一个复杂的谜题。

值得注意的是，该研究还包括一个后续测试环节以评估干预措施的长期效果。后续测试是在该干预计划结束六个月后进行的，包括与测试前和测试后相同的认知控制任务。这种跟踪测试的结果显示，参加干预计划的儿童在与认知控制有关的任务（包括工作记忆、认知灵活性和抑制控制）上继续优于对照组。这些结果表明，干预计划的认知益处能够持续较长时间，而不是仅限于短期改善。

研究结果表明，该培训项目有效地提高了幼儿的自我调节能力，包括工作记忆、认知灵活性、抑制控制和解决问题的能力。这些能力的提高对于学业成就和整体幸福感都非常重要，因为它们有助于提高儿童调控学习、批判性思考和有效解决问题的能力。研究结果还表明，在学龄前阶段进行短期的、有针对性的干预可以显著提高工作记忆、认知灵活性和抑制控制等执行功能。这些技能对于学业及以后的成功至关重要，早期干预可为长期学业成功奠定重要基础。因此，学校教师应将促进执行功能的活动（比如，"过家家"游戏和计划任务）纳入其课程中。

这些结果对于低收入家庭儿童尤其重要，他们可能因环境压力等因素而面临更大的认知控制能力缺陷的风险。这项研究表明，有针对性的干预措施有助于减轻这些风险，并促进儿童早期的健康认知发展。对于教师来说，这项研究强调了早期干预对支持认知发展的重要性，尤其是对来自弱势背景的儿童。通过提供具有挑战性的、支持认知控制的结构化活动，教师可以促进儿童健康发展，并更好地为他们在学校和其他地方取得成功做更充分的准备。

过去几十年来，人们一直在开展旨在提高儿童自我调节能力的干预活动。最近的一项荟萃分析研究回顾了自我调节干预对小学生和中学生学业成绩的影响（Elhusseini et al., 2022）[10]。该研究综合分析了关于自我调节干预对数学、阅读和写作成绩影响的现有研究，并发现此类干预可以提高儿童和青少年的学业成绩。该研究通过系统性检索，筛选出了过去50年中的46篇经同行评审的出版物。

这些干预措施包括认知学习、助记手段和行为管理策略。这项综述显示，自我调节干预对学习成绩的影响总体上是积极的。研究结果表明，在学校环境中持续和有针对性地实施自我调节干预措施，可能特别有利于解决自我调节方面的缺陷，并促进学业成绩的提高。

以下是教师可以用来促进学生自我调节的几点干预策略：

1. **明确传授自我调节技能**：教师可以向儿童传授自我调节技能，如情绪调节、注意力控制和冲动控制等。教师可通过示范和指导儿童在各种情境中进行实践练习来传授这些技能。

2. **创造平静且可预测的环境**：教师可以创造一个平静且可预测的学习环境，帮助儿童获得安全感，从而帮助他们进行自我调节。这可以包括设定明确的期望、建立常规日程和长期不变的时间表。

3. **使用正向强化手段**：教师可以使用表扬等正向强化手段来鼓励儿童进行自我调节。这可以包括在出现自我调节行为时对其进行肯定和强化，比如等待自己发言，或者在感到不安时使用平复情绪的策略。

4. **提供体育活动的机会**：体育活动可以帮助儿童调节情绪

和行为，因此，教师可以在一天中提供运动休息、瑜伽或其他形式的体育活动的机会。

5. **鼓励正念练习**：教师可将正念练习纳入日常课堂，比如引导式呼吸练习、身体扫描或正念行走。这些练习可以帮助儿童更有效地调节注意力和情绪。

6. **与家庭开展合作活动**：教师可与家庭开展合作以促进孩子的自我调节能力。这可以包括在家中分享促进自我调节的策略，并为家长提供资源和支持，帮助他们的孩子发展这些技能。

通过实施这些策略，教师可以营造一个支持性的课堂环境，提升儿童的自我调节能力，最终促进他们的学业进步和社会情感发展。

当学生开始学习旅程时，他们最初依赖成年人（家长和教师）的指导来适应行为准则，并了解他们的学习环境。随着学习的进步，学生逐渐发展出调节自己行为的能力。教师可以通过在行动中示范如何进行自我控制来培养孩子的自我调节能力。例如，教师在处理挫折或愤怒时表现出的冷静，就是学生有效管理挑战性情绪的实际范例。

此外，教师还可以采用具体的策略来促进学生的自我调节。这些策略包括制定明确的规则和期望、实施一贯的纪律、创造独立决策和解决问题的机会，以及鼓励有益的同伴互动。这些策略有助于帮助学生在自主成长的过程中学会如何调节自己的行为和情绪。

在教育环境中，教师对于进一步培养学生的自我调节能力至关重要。学生在课堂上会遇到各种需要行为控制的情况，比如，遵守课堂规则、在讨论中耐心等待自己发言、完成学习任务等。教师通过示范适当的行为，建立明确一致的课堂期望，并为学生提供机会，让他们在结构化和支持性的学习环境中锻炼自我调节能力，从而促进这一发展过程。

教师还可以结合各种活动和练习来促进大脑发育和自我调节。例如，教师利用游戏活动让孩子们运用他们的执行功能，如计划、组织和冲动控制。他们还可以鼓励学生反思自己的情绪，并在不知所措或焦虑的时候制定应对策略。此外，提供自主学习和解决问题的机会，也能帮助孩子建立自我调节技能和自信心。有了对自我调节的扎实了解，教育者就能为孩子们提供管理行为所需的工具和资源，帮助他们在学业和个人生活中取得成功。

第十八章　成长型思维模式

你有没有听你的学生说过"我就是不擅长这个"或"我永远做不到",也许你自己也说过这样的话。我们很容易陷入这样的思维陷阱,即认为我们的技能和能力是固定不变的。然而,心理学家卡罗尔·德韦克认为,这种思维模式是不正确的,也会阻碍我们的学习和成长。究竟什么是思维模式?简单地说,它是一套信念或态度,决定了我们如何感知和应对环境和挑战。它就像一个心理过滤器,我们通过它来审视自己的经历,从而影响我们在各种情况下的思维、感觉和行为。

为什么了解思维模式很重要?因为我们的思维模式决定了我们应对生活中的挑战和机遇的方式。它塑造我们对成功和失败的反应,影响我们学习和成长的意愿,也关系到我们与他人的互动方式。思维方式的作用不止于充当被动的透镜,它往往在潜移默化中主动引导着我们的行为和决策。

21世纪初,德韦克[1]研究了表扬对儿童在智力方面的信念的影响。德韦克招募了400名五年级学生,对他们进行智力测验。在最初的测试结束后,学生们被随机分为两组。其中一组被表扬的是他们的智力("你在这方面一定很聪明"),而另一组被表扬的是他们的努力("你一定很努力")。

德韦克及其同事发现，表扬方面的这种看似微小的差异显著地影响了学生的思维模式。当他们面对一场为高两级的学生设计的高难度考试时，那些因聪明而受到表扬的学生在这场超难考试中挂科了，而且还继续摆烂，结果成绩下降了20%。相比之下，因努力而受到表扬的学生在这场超难考试中也挂科了，但他们继续努力，后来成绩提高了30%。

德韦克解释说，表扬孩子的智力会让他们陷入她所说的固定思维模式，即他们认为自己的能力是与生俱来、不可改变的。与此相反，表扬孩子的努力有助于培养他们的成长型思维模式，即他们相信自己的能力可以通过付出和努力得到提升（Mueller & Dweck，1998）[2]。

德韦克认为思维模式分为两种：固定型思维模式和成长型思维模式。在固定型思维模式中，人们认为自己的技能、特质和天赋是一成不变的。他们可能会说"我不是一个有创造力的人"或"我就是不擅长数学"之类的话。这种思维模式可能导致人们逃避新的挑战，害怕失败，因为他们觉得自己被与生俱来的能力给束缚住了。

与此相反，在成长型思维模式中，人们认为技能和能力可以通过努力工作和实践来发展。拥有成长型思维模式的人将挑战视为学习和成长的机会，愿意为追求进步而冒险和犯错。他们可能会说"我还不擅长这个，但我正在努力"或者"只要我付出努力，我就能学会怎么做这件事"之类的话。

这两种思维方式的差异会深深影响我们的行为和学习能力。拥有固定型思维模式的人可能会逃避挑战，很快就会放弃，还会因为他人的成功而感受到威胁。另外，拥有成长型思维模式的人更有可能坚持不懈地克服困难，迎接新的挑战，并寻求反馈来提升自己。

遗憾的是，我们的文化往往重视天赋和能力，而不是勤奋和努力。我们可能很快就会给某人贴上"天赋异禀"或"才华横溢"的标签，却不承认他在培养这些技能的过程中付出了大量的努力和艰辛。这样做可能会导致固定型思维模式，即人们认为别人的成功完全基于先天能力，而自己无法达到同样的技能水平。

实际上，只要愿意付出努力，任何人都可以学习和成长。通过采用成长型思维模式，我们可以克服自己的限制性信念，以热情和好奇心迎接新的挑战。正如德韦克所说："光有天才（或天赋）是不够的，我们得把工作做完。"

作为一名教师，我们有责任向学生传授知识，营造成长和发展的环境。这意味着要了解学习中的成长概念及其在课堂上的重要性。成长型思维模式是学业成功的关键，在这种模式下，学生相信自己的能力可以通过付出和努力而得以发展。本章将探讨如何培养学生的成长型思维模式，为他们提供有意义的学习体验的机会，并支持他们朝着自己的目标努力。

成长型思维模式背后的一个重要理念就是，相信失败不是一种永久的状态，而是一种成长和学习的机会。拥有成长型思维模式的学生将挑战和错误视为学习和进步的机会，而不是当作他们能力有限或不足的证据。成长型思维模式的另一个重要方面就是刻意练习的理念。刻意练习是一种结构化且有意识的技能培养法。它的特点是注重具体的、具有挑战性的目标和一个由反馈驱动的过程,这需要深刻的理解和不断的自我完善。刻意练习需要集中精力,不像简单的排练那样强调重复和流畅的现有技能。刻意练习与成长型思维模式相一致,强调通过努力和奉献来培养和提升能力。我们鼓励个人积极参加意向化练习,走出舒适区,迎接新的挑战,从错误中吸取经验教训,从而促进技能的提升、个人成长和更深层次的学习。这种方法与成长型思维模式相辅相成,强调了刻意且刻苦学习的重要性,以及对个人发展潜能和掌握知识的信念。具有成长型思维模式的学生明白,成功来自于勤奋和努力,而不是与生俱来的天赋。

下面是成长型思维模式发展过程中的几个里程碑:

1. 相信能力可以通过努力和实践而得以发展。
2. 学会迎接挑战,将错误视为成长的机会。
3. 认识到努力学习和坚持不懈对实现目标的重要性。
4. 培养好奇心和学习新事物的意愿。
5. 自信且相信自己有能力通过努力和奉献取得成功。

教师可以在课堂上培养学生的成长型思维方式,为学生提供接受挑战和从错误中学习的机会。教师还可以鼓励学生设定具体的目标,并有意识地努力提高自己的技能。通过创造一个支持和鼓励的环境,教师可以帮助学生培养成长型思维方式并充分发挥他们的潜能。

尽管成长型思维模式和控制信念有些相似,但它们是两个不同的概念。回想一下,控制信念是指一个人相信自己可以控制环境和自己所经历的结果的信念。控制信念可以是内在的（例如，"我可以控制自己的行为和决定"），也可以是外在的（例如，"事情发生在我身上，我对此几乎没有掌控力"）。另外，成长型思维模式指的是一个人相信自己的能力和智力可以通过付出和努力得到发展："虽然这门课程很难，但我知道，只要努力练习和学习，我就可以理解和掌握它。"换句话说，拥有成长型思维模式的人相信，他们可以通过努力学习和从错误中吸取教训来不断地提高和成长："只要我付出百分之百的努力，我就能学好这门课。"

虽然成长型思维模式关注的是通过努力和勤奋来培养能力的信念，但控制信念则是一套更广泛的理念，涵盖了个人对自己生活的自主性和掌控感。成长型思维和控制信念都可以影响一个人的幸福感和成功。成长型思维模式可以通过培养韧性和奉献精神来帮助人们克服障碍并实现目标。另外，控制信念可以帮助个人感到自己有能力掌控自己的生活，从而对他们的心理健康和幸福感产生积极的影响。

孩子成长的途径之一是社会交往和沟通。具体来说，这一观点是由列夫·维果茨基在 20 世纪 30 年代提出的[3]，他开发了一种社会文化发展理论，强调社会交往和文化在塑造个人认知发展方面的作用。维果茨基的观点在"同伴学习"一章中也有所涉及，我们在该章中讨论了一个人寻求帮助和向同伴学习的能力所带来的益处。具体来说，根据维果茨基的观点，儿童通过与更博学的人（如父母、教师和同伴）的互动以及参与文化实践和活动来学习。

维果茨基的社会文化理论强调社会互动和文化因素在塑造个体认知发展方面的作用。在这种观点下，成长并不仅仅是个人能力或努力的结果，而是在很大程度上受到学习所处的社会环境的影响。维果茨基理论中的一个关键概念是"最近发展区"（简称ZPD），指的是儿童在知识更丰富的他人的帮助下可以完成的任务范围。维果茨基认为，当儿童在知识更丰富的他人的指导和支持下，接受挑战，完成超出其现有能力水平的任务时，学习就发生了。通过这个学习过程，儿童可以扩展自己的知识和技能。ZPD被视为学习和成长的关键场所，因为它为儿童提供了在现有能力的基础上向更高的理解水平迈进的机会。

在ZPD中，成长可以通过各种社会互动实现，例如，合作解决问题、同伴辅导或由知识更丰富的成人提供"脚手架"式教学。例如，教师可以指导学生解决一道复杂的数学题，将问题分解为更小的任务，并在需要时提供帮助。在这个过程中，学生可以逐步培养自己解决问题的能力，并逐步迈向更强的独立性。

另一种通过社会互动促进成长的方式是语言的使用。维果茨基认为，语言作为思考和交流的工具，在认知发展中扮演着至关重要的角色。通过与他人交谈，儿童可以学习新概念，扩大词汇量，并发展出更复杂的思维方式。

最后，参与文化实践和活动也能促进成长。维果茨基认为，诸如写作、阅读和算术等文化工具都是认知发展的强大工具。通过参与这些活动，学生可以学会以新的方式思考问题，并培养新技能和学习新知识。例如，阅读不同主题的书籍可以让学生接触到新的思想和观点，而练习写作则可以帮助他们形成自己的独特风格，更有效地表达自己的想法。

研究表明，那些相信自己有能力通过努力学习、实际策略以及老师和同学的指导来发展自己的技能和知识的学生，通常拥有成长型思维。与那些认为自己的天赋是固定的、与生俱来的学生相比，他们往往会取得更多的成就。拥有成长型思维的学生，学习动力更强，对学习更投入，在解决问题时表现出更强的创造性和创新性。

教育者必须消除一些常见的误解，才能全面理解和应用成长型思维模式的概念。首先，教育者必须认识到成长型思维模式并不等同于思维灵活或态度积极。每个人都是固定型思维模式和成长型思维模式的混合体，并随着经验的积累而不断发展。其次，成长型思维不仅仅是对努力的奖赏。努力固然重要，但重点应放在学习和进步上，以及导致学习和进步的过程，如寻求帮助、尝试新策略和从挫折中吸取经验教训。

值得注意的是，思维模式是一个灵活的概念，它可以变得更倾向于"成长型"思维模式，也可能变得更僵化。在最近的研究中，利默里（Limeri）及其同事（2020）[4]旨在了解学生思维模式的发展，特别是他们对自己的智力是否可以提高的信念，以及这些信念如何影响学业成功。研究人员在整个学期对875名学习有机化学课程的高年级STEM学生进行了四次调查。他们采访了其中一部分学生以确定影响他们思维模式和信念的因素。研究发现，学生倾向于将智力视为一种稳定的特质，尤其是那些在课程中持续挣扎的学生。他们的思维转变与他们在学习上的艰难体验直接相关。

利默里及其同事（2020）强调了本科生思维模式的流动性，并强调了一个更广泛的含义：人们的思维模式在本质上是可变的，并受到其经历和环境的显著影响。这意味着人们对自己心态的看法并非一成不变。换句话说，正如学生对自己智力的看法会随着学习经历的变化而变化，特别是在学习像有机化学这样具有挑战性的课程时，他们对思维方式本质的总体看法也会发生变化。思维模式的这种动态特性意味着，在合适的经历和支持性环境中，即使那些最初将智力或能力视为静态特质的人，也有可能培养出一种更加以成长为导向的思维模式。因此，理解并促进教育和其他生活情境中的积极体验，可以促进一个人的思维向成长型思维模式转变，如此可以进一步影响他的学业成功和个人发展。

该研究还提供了思维模式与学习成绩之间存在正反馈循环的证据。在学期开始时，成长型思维较少而固定型思维较多的学生更有可能在整个学期中经历持续的挣扎。克服困难的学生认为他们的经历证明了他们的智力得到了提高，因此转向了成长型思维模式；而继续挣扎的学生则认为他们的经历证明了他们无法提高智力，因此转向了固定型思维模式。该研究结果对思维定式理论具有启示意义，表明思维定式干预措施应该考虑学生的学习经历，特别是他们遭遇失败的经历。这意味着，当学生面临持续的挣扎或失败时，这些经历可能会使他们倾向于采用固定型思维模式，即使他们最初持有的是成长型思维模式。因此，教育策略和干预措施不仅要促进成长型思维的发展，还要解决和减轻学业挑战和感知到的失败对学生思维模式取向的影响。

研究发现，大学生的思维模式是由多种因素塑造的，包括他们的学习经历、对同龄人的观察、逻辑推理、社会暗示和正规学习。这意味着学生的思维模式并不完全由其内在特征或人格特质决定，还受到其社会和教育环境的影响。这还意味着教师可以设计课堂活动和作业，鼓励学生观察和学习同龄人的行为，促进逻辑推理和批判性思维，并融入强调努力和毅力的积极社会暗示。

思维模式干预可以利用这些因素，鼓励学生反思过去的奋斗历程，分享克服困难的故事，消除对智力和大脑可塑性的误解。大脑可塑性是指大脑适应和改变的能力，它进一步增强了这些干预措施的效果，凸显了成长和发展的巨大潜力。米勒（Miller）和斯鲁吉（Srougi）的研究（2020）[5]讨论了学生思维模式对学业成就的影响，以及元认知干预促进生物化学系本科生成长型思维的效果。该研究历时四个学期，由两名教师教授同一门生物化学课程。学生的学习成果通过考试、小测验、响片训练、家庭作业和 ACS 期末考试等多种方法来衡量。此外，研究人员还使用了生物化学诊断评估工具来评估学生对某些概念的误解。

该研究涉及 2016 年秋季和 2017 年秋季参加成长型思维模式干预的两组学生，而 2015 年秋季和 2018 年秋季的两个对照组没有参加成长型思维模式干预。成长型思维模式干预引入了元认知干预措施，帮助学生内化"智力是可以塑造的"这一信念。无论是在"成长型思维模式"学期，还是在"非成长型思维模式"学期，该课程的内容都是相同的，唯一的区别在于

"成长型思维模式"学期中实施了"成长型思维模式"干预措施，包括成长型思维模式群体的反思任务。

在学期开始和结束时，所有参与者都完成了匿名的线上调查以衡量他们对智力的看法以及对学习的态度。成长型思维模式干预措施包括自我反思练习、概念图绘制、成长型思维模式的信息传递、考试反馈以及教师讲解。

该研究设计包括比较成长型思维模式组和对照组在四个学期中的表现。与未接受成长型思维模式干预的对照组相比，接受成长型思维模式干预的学生的学习成绩明显提高。成长型思维模式干预改善了学生的学习态度，使他们在期末综合考试中取得了更高的成绩。该研究表明，元认知干预可以成为提高学习成绩的有效工具。

由于具有成长型思维模式的学生倾向于追求挑战、学习，并在挑战中发展自己的能力（与具有固定型思维模式的学生相反），因此，从小学到大学，具有成长型思维模式的学生表现出更高的学习能力和获得更高的成绩也就不足为奇了。培养成长型思维模式可以提高学生的学习动机和学业成绩，缩小种族、性别和社会阶层之间的差距。成长型思维模式干预措施各不相同，但都强调学生的自我反思，并关注学生在教育环境中的主观体验。

以往的研究表明，培养成长型思维对数学和科学成绩不佳的学生、代表性不足的少数族裔以及女性的影响会更大，从而缩小成绩差距。在从初中到高中的过渡阶段，美国有20%的学生无法按时完成高中学业。然而，对这些学生实施的成长型思维模式干预措施提高了他们的成绩,尤其是那些成绩较差的学生(Yeager et al., 2019)[6]。

更详细地说,耶格尔(Yeager)及其同事在美国76所公立高中对超过12000名的九年级学生进行了实验研究。他们的研究证明,促进成长型思维模式的干预措施是可以显著改善高中毕业率和大学录取率的预测因素。研究发现,如果学校的文化支持这种信息处理机制,那么,成长型思维模式(即认为智力是可以发展的,而不是固定不变的)可以帮助学生取得长期的成功。

研究表明,在高中开学时进行两节25分钟的线上课程,可以重塑学生对自身能力的态度,从而提高学习成绩。该项目在中低档学校尤为有效,因为这些学校的教学规范鼓励学生学习更具挑战性的课程。在这些学校中,参加该计划的成绩较差的学生的核心课程成绩提高了0.15分,STEM课程成绩提高了0.17分。

该干预措施对成绩较差和成绩较好的学生都产生了积极影响,成绩较差的学生在核心学科中的平均成绩提高了0.10分,在这些课程中平均成绩为D或F的学生比例减少了5%以上。对于成绩较好和较差的学生而言,该计划还将他们在10年级选修代数Ⅱ或更高级别课程的可能性提高了3%。

研究人员还证实,短期干预可以在数月后改变青少年的成绩。研究还显示,成绩优异的学生在接受该计划后成绩并未提高,但他们更有可能选择更难的课程,这为他们的长期成功奠定了基础。耶格尔还提醒说,该计划的效果取决于学校的环境,而思维模式干预就像在肥沃的土壤中播下一颗种子。研究结果表明,成长型思维模式干预是一项成本低廉且效果显著的计划，对学生的学业成绩有显著影响，尤其是在鼓励学生学习具有挑战性课程的中低档学校。

最后，卢里（Lurie）等人最近的一项研究（2022）[7]探讨了成长型思维模式与童年逆境之间的联系。童年逆境是指在童年时期经历各种压力或创伤经历，比如虐待、忽视、家庭功能失调或遭受暴力。这些经历普遍存在，并且一直被认为与学业成绩不佳和心理病理问题有关。然而，尽管童年逆境的影响众所周知，但能有效减轻其负面影响的干预措施却仍然很少。卢里等人的研究考察了培养成长型思维模式是否可以作为一种可调节的机制来削弱童年逆境、学业成绩和心理病理问题之间的关联。他们的研究对象来自两个纵向研究的 408 名 10~18 岁的青少年，这些研究以社区为基础，囊括了不同的童年逆境经历。卢里等人的研究发现，威胁经历与成长型思维模式之间存在持续且一致的负相关关系。这表明，遭遇环境或境遇的威胁的年轻人往往不太相信自己能够在智力上得到发展和成长。

研究人员采用多种方法对威胁经历、智力成长型思维模式、焦虑和抑郁症状以及学习成绩进行了评估。该研究发现，面临威胁（如危险情况）或匮乏（如缺乏必要的资源）通常会表现出较低的成长型思维倾向，这意味着他们不太可能相信自己的能力可以通过努力得到提高。然而，当研究人员更仔细地观察时，特别是当人们同时面临多个挑战时，他们发现只有威胁的经历会持续导致较低的成长型思维模式。换句话说，虽然威胁和匮乏通常会阻碍成长型思维模式的形成，但在多种困难环境并存的情况下，威胁的经历会产生持久的影响。

成长型思维模式越弱，学习成绩就越差，焦虑和抑郁症状也就越严重。研究还发现，威胁经历会通过较弱的成长型思维模式对学习成绩产生明显的间接影响并加剧焦虑状态。这些研究结果表明，培养成长型思维模式可能是减轻童年逆境对学业成绩和心理病理问题影响的重要目标之一。这项研究强调了现有的、简短的、可扩展的成长型思维模式干预措施的有效性。

这些先前的研究结果为教育者如何在学生中推广成长型思维模式以帮助他们取得学业成功提供了启示。请看以下几个方法：

1. 引入概念：教育者可以向学生传授有关成长型思维模式的知识，以及这种思维模式如何帮助他们实现学业目标。通过解释智力如何随着时间的推移而发展，教育者可以帮助学生相信他们可以通过努力和毅力来提高自己的能力。

2. 促进逻辑思维：教育者可以为学生提供逻辑推理的机会，并得出关于智力本质的结论。通过讨论与智力的可塑性有关的话题，如大脑的可塑性和科学的本质，教育者可以帮助学生加深对成长型思维模式的理解。以下是教育者在帮助学生进行逻辑推理和培养成长型思维模式方面的一些实用建议：

（1）**鼓励对话和辩论**：教师可以为课堂讨论和辩论创造机会，讨论与智力和学习有关的话题，比如科学的本质、大脑可塑性的概念以及努力和毅力的价值。

（2）**挑战个人假设**：鼓励学生质疑和挑战有关其智力和学习能力的假设。例如，教育者可以让学生反思他们的学习经历，并找出帮助他们进步的策略。

（3）**通过成功故事来启迪学生**：给学生举一些具有成长型

思维模式的成功人士的例子,比如著名的科学家、运动员或艺术家。例如,汤姆·克鲁斯(Tom Cruise)虽然患有阅读障碍症,但他通过不懈努力和对艺术的执着追求,成为著名演员。同样,迈克尔·菲尔普斯(Michael Phelps)也患有多动症,但他通过自己的努力和专注,成为功勋卓著的奥运选手之一。请用这些例子来说明努力和毅力在取得成功中的力量,向学生展示如何用成长型思维应对个人挑战。

(4)**通过挑战来培养韧性**:开展课堂活动,鼓励学生勇于冒险,迎接挑战。例如,教育者可以布置一些作业,要求学生应对不熟悉的话题或通过小组合作来解决复杂的问题。

(5)**支持目标的设定和改进**:教育者应定期反馈学生的进步情况,鼓励学生为自己设定切实可行的目标(见图18-1)。教师要强调不断进步和从错误中吸取经验的重要性,以此来帮助学生培养成长型思维模式。

图18-1 教师向学生提供反馈意见

3. 培养自我意识和毅力：教育者可以鼓励学生反思自己在学业上成功和失败的经历，帮助他们看到自己的努力和策略是如何带来进步的。通过强调努力和毅力的价值，教育者可以帮助学生培养成长型思维模式。以下是一些关于教育者鼓励学生反思自己学业成败的实用建议：

（1）**提供自我反思的机会**：鼓励学生定期反思自己的学业进步，并设定和改进目标。教育者可以提供反思小提示，例如：

①你在这次作业或考试中哪些地方做得好，为什么？

②哪些地方你可以做得更好，为什么？

③你使用了哪些有效的策略？

④你使用了哪些无效的策略？

（2）**庆祝成功**：当学生取得学业成功时，教育者可以和学生一起庆祝。教育者要肯定学生为取得成功所做的努力和采取的策略，并鼓励他们今后继续使用这些策略。

（3）**感谢失败**：教育者应帮助学生理解失败是学习过程中不可或缺的一部分。鼓励他们将失败视为学习和成长的机会，而不是低智力或低能力的体现。让我们学习托马斯·爱迪生关于失败的名言："我没有失败。我只是找到了一万种行不通的方法。"[8]

密尔沃基雄鹿队的明星篮球运动员之一扬尼斯·阿德托昆博（Giannis Antetokounmpo）也以健康积极的态度对待失败。2023年，尽管密尔沃基雄鹿队在季后赛中出局令人失望，但扬尼斯分享了一个有价值的观点。他摒弃了体育运动中的失败观念，强调体育运动是一个充满起起落落的领域。有时你会赢，有时你会输，这就是赛事中的家常便饭。他强调了从挫折中吸取教训、努力改进和关注长期目标的重要性。他指出，即使在长达 50 年的"冠军荒"中，他也是一步一个脚印，不断进步，最终取得了胜利。[9] 他信奉的核心理念是：失败不是绝对的，而是成长和最终成功的机会。

（4）**提供反馈**：教师要对学生的作业提供具体的反馈，突出他们的优势和需要改进的地方。教育者应鼓励学生利用这些反馈来设定目标并制订改进计划。

（5）**示范如何反思**：教师要分享自己的成功经历和失败经历，以及如何从中学习和成长，以此来示范如何反思。这可以帮助学生认识到反思的价值，并激励他们进行自我反思。

4. 通过反馈促进学生成长：教育者可以向学生提供反馈，强调他们的努力和进步，而不仅仅是他们的成绩或能力。通过肯定和表扬学生努力学习，教育者可以强化这样一种观念，即智力不是固定不变的，改进是可以做到的。其中一种反馈类型是成长型思维模式的信息传递，传递的是一种特定类型的信息或反馈，强调努力、坚持和从失败中学习对于取得成功的重要性。这些信息鼓励学生将智力视为可塑造之物，让他们认为自己可以通过努力和尽心尽力来提高能力，从而推广成长型思维模式。

下面是成长型思维模式的信息传递的一些例子：

（1）因努力而表扬，而不是就先天能力（例如，"你在那个项目上真的很努力"而不是"你真聪明"）进行表扬。

（2）强调学习过程，而不是只关注结果（例如，"你从错误中学到了什么"而不是"你得了个 A 吗"）。

（3）鼓励学生勇于接受挑战，将错误视为成长的机会（例如，"犯错误没关系，这是我们学习的必经之路"而不是"不要犯错，这是失败的标志"）。

通过使用成长型思维模式的信息传递，教育者可以创建一种支持学生成长型思维发展的课堂文化，从而提高学生的学习动机、学习成绩和成功率。

5. 营造利于成长型思维模式发展的环境：最后，教育者可以营造一个支持成长型思维发展的课堂环境。要做到这一点，教育者可以强调努力和进步比成绩更重要，也可以创造合作学习的机会，以及为学生提供冒险和从错误中学习的机会。

最后，要注意的是，仅仅依靠成长型思维模式是不够的。教师需要推出促进学生成长型思维的策略和实践。在课堂上创造有关成长型思维的文化还包括识别和处理抑制固定型思维模式发展的因素，比如不安全感、戒备心和学生竞争。培养小学生的成长型思维的过程具有挑战性，但也是值得的。教育者可以帮助学生认识到自己的成长潜力，如此可以增强他们的能力，让他们掌握学习的主动权，并取得更大的成功。

第十九章 自动性

在职业生涯的初期,贝多芬(Beethoven)像其他音乐家一样接受了严格的训练。他对技艺的执着和与生俱来的天赋使他迅速跻身古典乐坛的前沿。他的早期作品以创新和复杂为特点,为他赢得了赞誉和钦佩,巩固了他作为当时伟大作曲家的地位。

然而,在贝多芬事业巅峰之际,他却面临着一个毁灭性的挑战:他开始失去听力。对于音乐家来说,这可能是一个终结职业生涯的障碍。然而,随着听力的恶化,贝多芬对传统听觉音乐体验的依赖不得不发生变化。他开始更多地依赖自己对音乐理论的深刻理解、对声音的内部表征以及振动的触觉感受。[1]

贝多芬人生的这一阶段体现了掌握技能的自动性的力量。尽管失去了与音乐的主要感官联系,贝多芬仍继续创作出具有非凡深度和复杂性的作品。他后期的作品,包括著名的《第九交响曲》,反映了他不朽的音乐才华,以及内化和依靠根深蒂固的技能和程序进行音乐创作的能力。

贝多芬从依赖直接感官输入过渡到更加内化的概念化作曲方法,标志着他的创作过程发生了重大转变。一旦掌握了这种方法,一个人就能将技能嵌入自己的认知框架,即使外部环境发生巨大变化，也能将其付诸实践。

本章将从认知和神经科学的角度深入探讨这一现象，探讨贝多芬的音乐技艺等深度学习的技能如何变得近乎自动化。即使在环境发生巨大变化的情况下，自动性也能让人表现出卓越的水平，这揭示了人类大脑惊人的适应能力，以及自动性在技能掌握方面的力量。贝多芬展现出的韧性（即从依赖听觉输入到将音乐创作转化为内化的、概念化的方式）是理解认知功能和神经适应性更广泛原理的一个令人信服的切入点。

鉴于记忆形成和技能掌握的基本原则，我们有必要强调一下促进这些过程的神经生理学旅程。具体来说，我们的大脑高效地从前额叶皮层和海马体等区域的主动且有意识的记忆编码过渡到更流畅的、自动化的记忆检索和使用形式。这一过渡展示了大脑掌握新技能和信息的适应性和效率。正如第八章"排练"详细阐述的那样，我们研究了反复练习和接触的复杂过程，即记忆的重担逐渐从海马体转移到新皮层。这种转变不仅意味着信息的重新定位，还意味着我们的大脑获取和实施所学知识的方式发生了转变，即从刻意努力转变为无缝执行。

这种对记忆转换的理解为探索认知发展中的一个关键里程碑（自动性）奠定了基础。丁（Ding）等人的研究（2017）[2]证明，自动性可以释放工作记忆资源，使有意识的思维首先专注于其他事情，比如心算。更具体地说，研究者们进行了一项研究，以便了解通过大量练习而真正精通某件事会如何改变我们在思考时使用记忆的方式。研究人员与学生合作，根据学生的数学水平将他们分为不同的小组。有些人真的很擅长数学，而有些人则觉得数学很难。他们给这些学生布置了不同难度的数学题，看看他们能做得多好，并注意他们在多大程度上需要使用记忆来思考。他们发现，学生是否擅长数学并不重要；大量练习使每个人都能更快捷、更准确地完成这些任务。这表明，当你对某件事情进行了足够的练习，直到它成为一种自动行为时，这件事就不会在你的记忆中占据那么多的空间，这对每个人来说都是一个很大的帮助，无论我们的起点在哪里。这种水平的表现被称为"自动性"，而达到这种水平取决于心理学家所说的"过度学习"或"过度训练"。换句话说，自动性是一种优化学习的形式，代表了执行任务时的高熟练度和高效率。当一项技能或行为成为自动行为时，人们只需极少的有意识的努力，就能快速且准确地将其完成。这种自动性可使个人将认知资源集中用于其他任务或目标。

自动性可能不仅仅是指熟练地完成一项具体而孤立的任务。相反，自动性的概念与处理信息的灵活性和效率密切相关。换句话说，自动性可以用来描述人脑处理信息的速度。国际象棋大师乔希·维茨金（Josh Waitzkin）对人脑的自动性进行了很好的描述，他在16岁时就成为国际象棋大师，随后又掌握了太极拳这门武术，并成为首位赢得这项运动的世界冠军的美国人。维茨金解释说，掌握一项特定的任务可使其变得更加自动化，从而提高该任务的完成度，并改变执行任务者的感知，产生时间变慢的感觉。时间变慢仿佛给了技能高超者更多的资源来审时度势并选择最合适的行动。他对这种现象的解释是：

"通过练习,我正在构建网络化的知识块,铺设越来越多的神经通路,有效地将大量数据传输给了我的高速处理器——无意识思维。现在,我的有意识思维专注于更少的内容,似乎将快门速度从每秒4帧提高到了每秒300帧或400帧。关键是要明白,受过训练的头脑并不一定比没有受过训练的头脑工作得更快,前者只是工作得更有效,这意味着有意识的头脑需要处理的事情更少了。"[3]

通常,人们在执行一项训练有素的任务时,无须有意识地思考这一过程,比如开车、骑自行车或进行一些日常的数学运算。但是,人们如何才能达到自动状态呢?

实现自动性的关键之一就是重复和自律。反复学习和训练,循序渐进,就能达到自动状态。自动执行的关键在于在已知和已掌握的知识基础上做出微小的改进。请注意,自动性不仅仅适用于像驾驶、骑自行车等运动类任务。根据洛根(Logan)的研究(1988)[4],自动性可能会改变大脑在执行需要注意力控制和记忆力的认知操作时的功能。也就是说,自动性也可以在心理任务中实现。

更具体地说,洛根认为,每当一个人进行某种活动或面临高难度的认知任务时,他就会在记忆中建立一个存储该任务的实例。一旦存在足够的记忆痕迹,一个人就可以在不考虑解决方案的情况下执行任务。换句话说,如果记忆库中有更多的记忆痕迹,那么你就能更快且更高效地从中找到所需的记忆痕迹。

想象一下你需要计算 20×5 的情景。你可能会考虑的解题思路之一就是 20+20+20+20+20，尤其是如果你还在上小学，想不出其他办法的时候。然而，一旦学生积累了乘法运算的经验，他们就会立即知道答案而无须计算；他们会自动从记忆中提取答案。此外，该理论还具有"自终止"和"自平行"的特点。换句话说，人们认为大脑正在试图找到问题的解决方法，并从长期记忆中检索答案。当我们找到答案时（要么将20相加5次，要么从记忆中检索出答案），这一运算过程就结束了。随着特定任务的实例越来越多，这两种技能（多次相加得出答案和直接检索答案）都会在练习中变得越来越自动化。一旦有足够的记忆痕迹来完成任务，人类的大脑就会停止使用那些负责相关任务处理的区域（比如，计数），转而完全依赖从长期记忆中提取信息。

总之，自动性不仅仅是精通或熟练掌握一项特定的运动或脑力任务，它还意味着以不同的方式灵活地、创造性地解决任务。正如巴勃罗·毕加索（Pablo Picasso）所说："像专业人士一样学习规则，这样你才能像艺术家一样打破规则。"[5]培养自动性可以帮助我们从烦琐的任务中解脱出来，并将意识从高阶处理中解放出来（正如上文中乔希·维茨金描述的时间变慢一样）。

一步一个脚印，一步一个台阶

实现自动性的关键原则之一是逐步提高任务难度。在某种程度上，认知功能的自动性可以用举重训练来说明，运动员的成功与否取决于他们在每次训练中的举重次数和试图取得更好成绩的努力。一旦达到上限，你就得刻苦训练以保持自己的巅峰状态。

成功的自动化和出色完成特定任务的另一个关键的先决条件就是内在的积极态度，即喜欢学习和练习该任务。如果没有学习和获取新信息的正确动机和态度，你可能就不容易完成漫长而艰巨的自动化过程。换句话说，从陈述性记忆阶段（你可以从理论上理解和解释具体的程序）到联想阶段（你可以同时思考和执行技能），需要不同的、有效的先决条件。最后，如果能坚持不懈地完成前两个阶段，你就能达到自动性或自动阶段，在这一阶段，人们可以灵活地操纵自己所学的信息，并将其转化为自身的一部分。

关于动机对学习的影响，儿童学习阅读就是一个很好的例子。以我8岁的儿子为例，他的母语是俄语，最初在学校学习阅读德语时遇到了巨大的挑战。在他第一次体验到成功和进步之后，他早期的抵触和挣扎逐渐转变为更大的动力。当他意识到阅读技能可以让他读懂自己最喜欢的《蜘蛛侠》漫画，而不仅仅是看图片时，转折点就出现了。这种意识转变了他的观点：他现在阅读是出于个人兴趣，而不仅仅是义务。因此，在正确的动机和积极心态的推动下，他正逐步掌握阅读技巧并朝着自动阅读的方向前进。

总之，任何任务都需要先学习操作步骤的原理，而一个人的表现往往依赖于模仿已经熟练掌握这项任务的其他人。但是，随着时间的推移，当进入自动性阶段时，自动化就会解锁更广泛的行动范围，在这个层面上，执行功能变得更加重要。在这个阶段，你所做的一切都会成为你自身的自然延伸。

学习中的自动性

这本书要探讨的重要问题之一就是人们能否达到自动学习的境界。人们能否达到这样一种状态，即学习新信息是否变得既高效又自动化。在讨论课堂学习的自动性时，我们指的是基本技能的自动性，这些技能是构成更加错综复杂的过程的基础。例如，解码和识别单个字符和单词构成了流畅阅读技能的基础。基本计算以及对数字的识别和处理是学生数学成绩的基础。换句话说，要想流畅地完成一项复杂的活动（阅读、数学），就需要在这些基本技能上达到自动性，即流畅且高效地完成一项复杂的活动，并具有高水平的技能。

课堂自动性的概念与认知负荷密切相关。认知负荷是一个参数，用于衡量在执行特定任务时使用了多少记忆资源。考虑这些资源的数量非常重要，因为工作记忆负责任务执行过程中的短期信息处理。与电脑内存一样，我们大脑中的工作记忆资源也是有限的。这种限制性很容易就被观察到，因为我们的工作记忆每次只能容纳这么多信息，而且随着工作记忆中信息量的增加，执行额外任务的难度也会越来越大。例如，新手司机在思考"等等，我该怎么换挡"的时候，很难同时注意到自己身在何处。

因此，当一个人在执行任务（无论是基本任务还是复杂的任务）中达到自动状态时，这项任务就不再那么繁重了。它不应该占用太多的认知资源，包括工作记忆。轻松完成任务可以释放可用资源，用于完成更复杂、更具挑战性、更高阶的任务。我可以从我儿子小学阶段的识字发展过程中观察到这一点。在阅读探索的初期，我儿子用了大量的脑力去解码单个字符和构建较长的单词，几乎没有留下什么资源来理解单词的含义。这就导致了单词变得更复杂，也就是说，我儿子不得不在工作记忆中保留更多的字母，从而使任务更具挑战性，如此，他必须多次阅读和重读这些单词才能理解其含义。

尽管如此，随着时间的推移，我儿子对单个字符的解码以及整个单词的处理和识别越来越有效率，并接近自动化水平，他的阅读也变得流畅多了。他可以尽情地享受阅读故事的乐趣，而不是把精力放在单个字符的解码上。还要注意的是，虽然我们主要谈论的是阅读，但这同样适用于其他领域，包括数学、化学、物理等。

这一概念在实证研究中也得到了印证。例如，王（Wang）等人对 31 名工程专业学生进行的一项研究（2018）[6]就体现了这一原则。学生们完成的数学问题复杂程度各不相同：有些问题需要四步解决，因此对工作记忆的要求较低，而有些问题则需要五步计算，对工作记忆容量的要求高出 25%。此外，这些任务的自动程度也不尽相同：有些任务涉及学生习以为常的计算方法，而另一些则涉及不太熟悉的计算步骤。结果表明，学生的计算速度有明显的高低之分。对工作记忆要求较低、自动化程度较高的任务完成得最快，平均用时 7.89 分钟。其次是自动化程度较高、对工作记忆要求较高的任务，平均完成时间为 13.92 分钟。自动化程度较低、对工作记忆要求较低的问题所需的时间要长得多，平均为 33.42 分钟。

工作记忆需求和任务自动化水平对任务执行效率有着很大的影响。随着任务的自动化程度越来越高，它们所需的认知努力就会越来越少，从而使个人能够迅速而高效地完成更加复杂的任务。这一原理在阅读、数学、化学和物理中均可观察到，强调了自动性在学习和认知发展中的关键作用。对于教育者来说，这意味着什么呢？

1. **减轻心理负担**：当任务复杂时，尽量减少新信息或程序的数量。这可以让学生集中精力解决问题，而不至于不知所措。

2. **培养自动技能**：你越能帮助学生将特定的计算或程序变成惯性的技能，他们就越有更多的心理空间来解决复杂的问题。

3. **融入意向化练习**：定期而有针对性地练习基本技能，可以培养学生的自动性，使学生能够更轻松地过渡到更高级的话题，而不会承受过度的认知负担。

4. **使用真实世界的例子**：将学习材料与真实世界的情景联系起来，可以使抽象概念更加具体，更容易自动掌握。这种方法通过将它们与熟悉的经验联系起来，有助于自动技能的自然发展。

总之，自动性可以帮助学生克服个人工作记忆能力的局限性。

通往自动性之旅

学生如何才能掌握任何技能（无论它看起来有多难），并成为自己的自动技能？有许多策略可以帮助学生达到这种境界，包括细微差别和最新技巧，其中许多我们将在本书中讨论。然而，从问题的核心来看，这一切都可以归结为三个重要组成部分：练习，练习，再练习。学生在练习和运用任何想要掌握的技能时投入的时间越多，这种技能就会变得越自动化。因此，学生应通过有针对性的练习和多次重复来达到自动掌握的目的。

需要注意的是，有效的练习包含几个关键要素，即初始化、"意向化"和连贯性。初始化是指开启练习，对于一些学习者来说，这可能是一个心理障碍。为了克服这一障碍，你可以简单地"只管去做"，并承诺开启练习过程。以下几个实用的技巧可以帮助你开启练习过程：

1. **建立固定的练习时间**：在班级中安排持续的练习时间。将练习融入日常学习中，学生就更有可能定期参与练习，并将练习视为学习不可或缺的一部分。

2. **让学生结伴学习**：鼓励学生结对成为责任伙伴。这种同伴支持系统可以激励他们在练习过程中更积极地参与，既能相互鼓励，又能相互反馈。

3. **设定可实现的小目标**：为每次练习列出明确目标。这种方法将较大的任务分解成易于管理的小任务，使练习更有针对性，学生也更有收获。

4. **组织可供练习的资源**：确保练习课上所需的所有材料都组织好，便于学生取用。这可以包括安排课堂资源，比如书籍、乐器或其他教育工具，以便尽量减少停顿时间，最大限度地提高练习期间的参与度。

5. **在教室里指定一个练习区域**：如果可能，在教室里划出一个专门的练习区域。这个专用空间可以帮助学生在精神上进入专注模式，提高练习效果。

6. **鼓励进行简短的开启练习**：激励学生以几分钟的专注活动开始练习。这一策略有助于克服最初的抵触情绪，并能在开始练习后延长练习时间。

练习的下一个方面是"意向化"。这方面的工作包括使练习课程具有深思熟虑性、战略性，并专注于改进。"意向化"可以包括为练习课程设定明确目标，将技能分解成更小的组成部分，以及使用反馈和自我评估来跟踪进展。以下是一些帮助读者理解和实施意向化练习的补充见解：

1. **设定明确而具体的目标**：鼓励学生带着明确的目标进入每节练习课。引导他们明确自己的目标是掌握特定的概念、提高准确性，还是克服特定的挑战。这种专注的力量可以使他们的练习更有方向和意义。

2. **将技能分解为易于管理的部分**：复杂的技能会让学生不知所措。将较大的技能分解成较小的、更易于管理的部分，有助于课堂教学。一次注重一个方面，循序渐进，全面改进。

3. 培养一种反馈和自我评估的文化：告诉学生建设性反馈的价值，以及如何从他们的同龄人那里寻求反馈，或者通过记录自己的实践练习或坚持写进度日志等自我评估技巧来取得反馈。这种反思性的练习可以鼓励学生进行自我认识和接受有针对性的改进。

4. 引入各种练习技巧：为了保持练习的吸引力和感染力，向学生介绍各种技巧。这可能包括针对精确度的慢速练习、针对记忆的可视化练习或针对表演的心理排练。尝试不同的方法可以帮助学生找到最适合自己的方法，并保持练习课程的新鲜感。

5. 练习时提升专注度和存在感：鼓励学生尽量减少分心，全身心投入练习。教给他们用心练习的重要性，每个动作都要深思熟虑、全神贯注以最大限度地提高练习时间的效率。

6. 共同制订练习计划：与学生一起制订有条理的练习计划。这些计划应包括热身、集中学习新技能和在特定情境中应用这些技能的时间。一个结构严谨的计划可确保全面的技能发展，并帮助学生有效地管理练习时间。

7. 跟踪和庆祝学生的进步：定期与学生一起回顾他们的进步，强调他们的进步和需要进一步发展的地方。庆祝每一个小小的里程碑（阶段性成果），无论多么微小的成果都能提高学生的积极性，并强化持续的、有意识的练习的价值。

在教学中融入有意识的练习，可以大大改变学生的学习经历，使其从单纯的重复变成有目的的掌握过程。通过引导学生设定明确的目标、将复杂的技能分解成易于管理的小块、积极寻求和利用反馈以及在练习过程中保持专注，教师可以营造一种环境，让每一个练习时刻都变得有意义、有方向。

最后，连贯性是另一个关键因素，它可以巩固和保持练习中取得的成果，因为它可以巩固已经掌握的技能和知识。当练习持续而有规律时，所学的技能就会变得更加自动化和根深蒂固。这可以帮助学生更好地记住知识，并带来更长远的进步。反之，如果练习杂乱无章或没有规律，学习者要想保持所学技能和知识就会面临更大的挑战。如果两次练习之间的间歇时间较长，取得进步也会更具挑战性。在学习新技能或大幅提高现有技能时，保持连贯性至关重要。将练习变成有规律的、持续的常规日程，可以最大限度地提高学生的进步，还可以更有效地提高学生的技能。

总之，练习的三个方面（"初始化"、"意向化"和"连贯性"）对于实现最佳效果至关重要。注重练习的这三个方面对于年轻的学习者尤为重要，因为他们可能经验不足，需要教师的指导。通过帮助学生开始练习，使他们的练习有目的、有重点，并保持一贯的练习习惯，教师可以帮助学生充分发挥潜能，在技能方面取得进步。

加强学习过程的一个重要方面是对所学技能的实际应用。学生必须在实际环境中运用所学的知识和能力。例如，了解数学技能在学术环境之外的实际价值，可以大大提高学生对该学科的参与度和鉴赏力。这一原则同样适用于语法和其他语言技能的习得。

德·里德（De Ridder）等人对比利时安特卫普大学的68名中级西班牙语学习者进行了一项有代表性的研究（2007）[7]，探讨了这一概念。参与者被平均分为两组：实验组和对照组，两组在西班牙语熟练程度上开始时处于相似的水平。对照组参加了传统的西班牙语课程，强调传统的课堂教学。除了参加这些课程并完成相关的家庭作业，对照组还必须用西班牙语编写个人作品集。该作品集包括阅读专业商业出版物中的12篇有关西班牙企业的文章。

相反，实验组参加了一门包含任务型学习成分的课程，鼓励学生将课堂上学到的语法结构应用到实际生活场景中。这种方法与对照组的不同之处在于，组合作业被实际的交流任务所取代。后一种任务与正式的课程评估无关，旨在让学生在不直接评估这些活动的情况下运用所学的语言技能。

研究结果表明，实验组在语言技能自动化方面超过了对照组。这可以通过对学生的社会语言能力、词汇量和语法准确性等方面的评估来衡量。该研究得出的结论是，将实际生活应用与任务型学习相结合的方法比仅包含结构化成分的纯交际课程更有效地促进了语言技能的自动化。

一旦达到一定的期望水平，自动化过程可能会继续缓慢进行。在自动化过程中，即使学生已经能够充分展示对任务的掌握，也应该继续练习。例如，像格里戈里·佩雷尔曼[8]这样的专业数学家或像泰奥多尔·库伦茨（Teodor Currentzis）[9]这样的音乐家，一旦达到某个重要的里程碑（例如解决"庞加莱猜测"之后），就不会停止对每个任务和技能的积极训练。他们继续练习以确保自己的能力和技能保持流畅、顺畅和毫不费力。

请注意，现代技术的发展使基本任务的执行变得更加容易。例如，小学生可以使用计算器进行基本的数学运算。使用这些技术同样可以消除学生的认知和工作记忆负荷，并将可用资源留给高阶处理。然而，如果在这些基本功能方面缺乏自动性，就会导致在流式计算（即依赖于这些基本功能或在一个序列中包含多个运算的数学运算）中表现较差。

总之，完成任务的自动性可以帮助不同教育水平的学生在课堂上取得好成绩。以往的个人教养、教学以及文献中的经验证据表明，自动性可以通过连贯一致的训练计划来实现，从而产生可预测且可靠的结果，这些结果不会随着时间的推移而改变，因此可以实现自动性。当然，学习过程本身需要保持相对的灵活性和新颖性以避免产生厌烦情绪。实现新颖性的一种方法是让学生在不同的现实生活情境中应用所学技能，例如，在现实生活交流中练习语言技能，或者应用所学的数学运算来解决需要使用所学技能的各类问题。

第二十章　心流

"庞加莱猜测"是数学界一个困扰专家长达一个多世纪的难题。它是由亨利·庞加莱（Henri Poincaré）于 1904 年提出的一个关于三维空间形状的问题。在格里戈里·佩雷尔曼出现之前，尽管有许多尝试，但没有人能解决这个问题。后来，佩雷尔曼开始研究这个问题，并于 2002—2003 年发表了一系列论文，最终解决了该问题。他的工作之所以令人瞩目，不仅仅是因为他精湛的技巧和创新方法，还有他高度的专注力和强烈的动力。佩雷尔曼的动力来自于他的挑战天性和他对数学本身的热爱，而不是他的工作可能为他带来的名声或奖项。当佩雷尔曼解决了"庞加莱猜测"时，他被授予了数学界一些崇高的荣誉，包括著名的菲尔兹奖和千禧奖。[1]

菲尔兹奖是数学家所能获得的最高荣誉，常被誉为"数学界的诺贝尔奖"。该奖项每四年颁发一次，最多可授予四位 40 岁以下的数学家。菲尔兹奖的声望在于其对杰出数学成就的认可和对未来成就的期许。千禧奖则提供金钱奖励。该奖项由美国克雷数学研究所设立，解决七个千禧年数学难题中的任何一个即可获得 100 万美元的奖励，其中包括"庞加莱猜测"。格里戈里·佩雷尔曼因解决了"庞加莱猜测"而获得了千禧奖,这意味着他得到了100万美元的奖励。

因此,如果佩雷尔曼接受了千禧奖,他除了获得与菲尔兹奖相关的荣誉和认可外,还会额外获得100万美元的奖励。然而,他拒绝了这些奖项,表明他的满足感来自于工作本身而非外部奖励。佩雷尔曼更喜欢独自工作,远离学术界的喧嚣和压力。这使他能够全神贯注地投入工作,这种状态有助于他深入思考自己所面临的复杂问题,也是达到"心流"状态的必要条件。

佩雷尔曼的故事体现的这种深度专注、全身心投入和他对挑战的享受,是"心流"体验的核心要求和基础。"心流"体验是指某人完全沉浸在一项活动中,时间仿佛静止不动,工作的快乐让他干劲十足。"心流"概念是由米哈里·契克森米哈伊在20世纪90年代提出的[2],它概括了最佳投入状态下的巅峰体验。通过对不同职业人士的广泛访谈,契克森米哈伊确定了"心流"体验的特征,包括深度专注、行动与意识无缝融合、控制感、自我意识减弱以及对时间感知的扭曲。从事各种活动(从登山到科学研究)的人都会出现这种状态,即完全沉浸在活动中,痴迷到了忘我的境界。本章是全书的最后一章,其战略意义在于强调"心流"是一个顶峰概念,它串联起了我们所探索的各种理念和学习策略。通过理解"心流",读者可以更轻松地掌握每个之前讨论的要素如何共同创造出最有利于学习的环境。

当一个人的技能被充分利用来完成一项具有挑战性的任务时,心流状态就会出现,这种状态会让人感觉尽管付出了巨大的努力，但行动起来却毫不费力。这种平衡状态涉及增强心流体验的特定条件。明确的目标、即时的反馈以及参与由高度内在动机驱动的活动，都是提升体验至心流状态的关键因素。重要的是，这项活动应该提供与个人技能水平相匹配的挑战，既不过于简单而令人厌烦，也不过于困难而令人沮丧，而是恰到好处地激发参与者的兴趣。

契克森米哈伊的"心流"理论围绕四个象限（见图20-1）展开，每个象限都代表了挑战性和技能水平的独特组合以及由此产生的心理状态。这些象限包括：

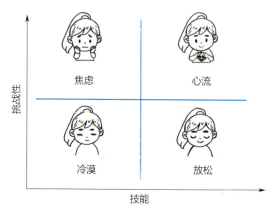

图20-1 米哈里·契克森米哈伊"心流"理论的四个象限

1. 冷漠象限：这一象限的特点是挑战性和技能都很低，这导致学生失去兴趣和动力。当要求学生完成的活动不需要太多技能或无任何实质性挑战时，这种情况就会出现。其结果是，学生可能会发现自己与学习环境脱节，因为手头的任务无法吸引他们的兴趣或鼓励他们发展自己的技能。例如，让学生反复解决他们早已掌握的基本数学问题。作业任务重复又简单，与学生不断增长的能力不匹配，从而导致学生缺乏积极性。他们机械地完成作业，既没有积极主动地运用解决问题的技能，也没有在完成作业时收获任何成就感。

再举个例子，在语言艺术课上，教师要求学生阅读一本明显低于他们阅读水平的书。虽然任务很容易完成，但却无法挑战学生的分析或批判性思维能力。学生可能会轻而易举地完成任务，却找不到与教材的任何联系，只好把这项活动看作是一个"复选框"，而不是一个成长或探索的机会。

2. **放松象限**：当高技能遇到低挑战性时就会出现这种情况。当一个人在某一特定领域具有很强的能力，但他的任务并没有拓展他的能力或无法提供实质性的挑战时，这种情况就会出现。虽然这会让人感到放松，但缺乏"心流"状态所特有的深度参与和成长机会。学生可能会因为自己对任务的熟练程度而在活动中感到轻松自如，却错过了从应对更艰巨的任务中获得成就感和成长的机会。

假设一个文学成绩优秀的学生被要求就一本他认为过于简单的小说撰写一份基本的读书报告。虽然他可以轻松地完成任务并乐在其中，但复杂性的缺失无法调动他更高层次的分析或解读能力。他只能停留在舒适区，没有动力去探索新的视角或进行深度理解。

3. **焦虑象限**：这一象限的特点是任务的挑战性大大超出了个人当前的技能水平。这种不平衡会导致压力感和焦虑感产生，因为学生认为手头的任务过于艰巨。面对这种差距，学生可能会担心自己是否有能力取得成功,恐惧失败的阴影笼罩着他们。这种状态有别于"心流"状态,因为高度焦虑阻碍了通常在适度挑战中才能体验到的深度沉浸和享受。

在课堂环境中,这种情况会以各种方式表现出来。例如,在数学学习上有困难的学生可能会遇到一些高难度的问题,这些问题需要的技能他们还没有掌握或完全理解。任务的复杂性加上他们缺乏准备,会让他们产生不知所措的感觉。学生可能会因为无法达到预期目标而感到焦虑,从而完全回避任务,而不是参与到问题的解决中,并在这一过程中吸取经验。

再举个例子,某个学生对在同学面前进行长篇演讲所需的公开演讲技能没有信心。公开演讲的高挑战性加上他在这方面的低技能水平,可能会引发严重的焦虑情绪。该学生会纠结于可能出现的尴尬或错误,从而抑制了自己有效准备的能力,并且无法享受学习的机会。

4. **心流象限**:它代表了一种理想状态,即高水平的挑战性与同样高水平的技能并存。这种平衡创造了一种独特的状态,让人深度沉浸在任务中。在"心流"状态中,人们会产生一种驾驭感和深深的愉悦感,这种状态让活动的参与度和成就感达到了顶峰。

在课堂上,当学生从事的任务既能拓展他们的能力,又在他们的技能范围之内时,他们便能进入"心流"状态。例如,一个精通创意写作的学生可能会被要求创作一个短篇小说,这需要复杂的人物塑造和情节编织。创作一个微妙故事的挑战与他的写作技巧相吻合,推动他进入一种心流状态。在写作过程中，他可能会忘记时间，全神贯注地构思故事情节，每个句子都能毫不费力地从他们的想象中"流淌"到稿纸上。

再举个"心流"的例子。在科学课上，在科学原理方面有扎实基础的学生在进行一项实验时，需要以创新的方式应用他们所学的知识。实时假设、测试和观察结果需要在技能和挑战性之间取得微妙的平衡。深入参与这种科学探究的学生可能会有一种完全沉浸在实验中的掌握感和享受感。他们面临的挑战是令人振奋的，而不是令人生畏的，这可以促使他们创造性地、有效地运用自己的技能。

通过这些象限，契克森米哈伊提供了一个参考框架，用于理解不同的体验如何导致不同的心理状态，从无聊、焦虑到梦寐以求的"心流"状态。无论是在滑雪等需要耗费体力的活动中，还是在阅读引人入胜的小说等需要耗费脑力的活动中，要达到"心流"的境界，就必须找到挑战性与技巧之间的最佳平衡点，在这个平衡点上，人们可以将自己的能力发挥到极限以追求一个具有挑战性的目标。这种微妙的平衡是释放"心流"的全部潜能的关键，也是提高绩效、满意度和整体生活质量的核心理念。

你可以考虑掌握一项新技能，比如，学习一项新的运动。在某些时刻，活动会与你的能力完美契合，创造出一种深度投入的状态，在这种状态下，无聊和压力都不复存在。当最初面对一项具有挑战性的活动时，困难似乎是不可逾越的。比如，一个人在几乎没有代数学习经验的情况下试图求解一个复杂的代数方程。这一挑战大大超出了此人当前的技能水平，从而导致他产生挫败感和放弃的欲望。

然而，坚持克服这种不适感并逐步提高自己，就能将这些挑战转化为可管理的任务。这种进展类似于解决日益复杂的数学问题，理解一个概念就为解决下一个更难的问题奠定了基础。这一概念借鉴了列夫·维果茨基提出的"最近发展区"教育理论，并在第十八章"成长型思维模式"中进行了讨论。该理论认为，当一个人的学习能力稍稍超出其舒适区，但又没有达到让其沮丧的地步时，他的学习能力就会达到最佳状态。

通过不断地面对挑战、应对挑战和遇到更复杂的新挑战的循环，个人可以从处理基本代数方程进步到熟练解决具有挑战性的微积分问题。这一学习途径旨在提高个人的数学能力，从而增强其学习动机、自我效能感和个人满意度。

实证研究支持这样一种观点，即在任务难度和技能水平之间取得平衡可以带来心流体验。方（Fong）及其同事（2015）[3]分析了28个研究项目的成果以确定影响心流状态的要素。他们发现，在这些提名的前兆因素中，挑战性和技能之间的平衡，以及清晰的目标和控制感，是促进心流的重要因素。这种平衡至关重要，因为它能激励个人不断进步，培养持续学习的愿望，并有助于对个人发展产生积极的看法。

此外，"心流"理论还为一个人一生中的兴趣、目标和才能的发展提供了启示。那些引发心流的活动往往会让人感到非常满足，从而吸引人们选择、重复参与并深度投入。这种心理选择机制对于发展特定的才能和兴趣至关重要。对天才少年的研究表明，那些发展了自己技能的青少年经常参与的活动不仅有意义、能提高技能,而且让他们非常愉快和获得回报(Csikszentmihalyi et al.,1997)。反复参与此类活动的倾向与高水平的心流体验的乐趣有关,强调了心流在刻意练习和人才培养中的作用。

从本质上讲,"心流"不仅是一种最佳体验状态,也是学习过程的基本组成部分。它能激发学习动机,提高学习效果,并在培养个人兴趣和才能方面发挥重要作用。在教育和个人发展环境中理解和应用心流原理,可以带来更有效的学习策略、更大的参与度,以及终身技能和激情的培养。香港教育大学的孔兆祥(Siu Cheung Kong)和王宜青(Yi-Qing Wang)[4]的研究探讨了学习中一个有趣的方面:父母的参与如何影响孩子的心流体验,尤其是在视觉编程方面?研究人员希望了解父母是否以及如何影响孩子深入参与和享受学习的能力,尤其是在编程学习方面。

为此,他们请1196名家长在为期两天的编程展上观察孩子的学习行为,并填写一份调查问卷。这些儿童的年龄在6~12岁。研究人员使用的主要分析工具是结构方程模型和中介分析,这有助于他们研究家长的想法和行为、孩子的学习动机以及孩子在编程活动中的心流体验之间的联系。

他们的发现颇具洞见。家长认为编程活动有多有用以及他们提供的支持都是提高孩子学习动机的关键。学习动机的提高有助于孩子们体验"心流"状态,这意味着他们会更投入工作、更享受编程任务。有趣的是,研究还发现,对于那些天生不具备创造力的孩子来说,家长相信编程的实用性对于激发他们的学习动机甚至比那些本身就很有创造力的孩子更加重要。

从这项研究中得到的启示是显而易见的。学校应鼓励家长更多地参与到孩子的学习过程中去。当家长理解孩子学习的价值并提供支持时，这会对孩子的动机和参与程度产生显著影响。这反过来又会使孩子更有可能体验到"心流"的感觉，即他们全神贯注地投入到正在做的事情中，因为他们太喜欢这项活动了，以至于忘记了时间。

在本章中，我们再次强调了进入"心流"状态的五个关键因素的重要性：挑战性与技能之间的匹配、明确的目标或目的、即时反馈、较高的内在动机和控制感。虽然我们知道不能强迫学生进入"心流"状态，但教师可以采取一些策略性的方法来营造更有可能出现这种状态的环境。以下是教师实施这些理念的实用技巧：

1. 挑战性与技能相匹配：为确保挑战性与技能之间的平衡，教师应致力于个性化学习体验。这可以通过差异化教学来实现，即根据课堂上学生的不同技能水平来量身定制任务。教师可以通过评估来衡量每个学生的技能水平，然后设计一些能够略微提升他们能力但不会让他们感到不堪重负的任务。这可能包括在某些活动中按技能水平对学生进行分组，提供不同难度的作业和任务，或者利用技术为每个学生量身定制学习路径。

2. 设定明确的目标或目的：明确的目标和目的有助于学生了解对他们的期望以及他们努力的方向。教师应在每节课或每个项目开始时，以直接且具体的方式阐明学习目标。采用图表或黑板等视觉辅助工具,可以使这些目标始终清晰可见,从而强化它们的重要性。此外,鼓励学生设定个人学习目标,可以加深他们与任务的联系,使活动更有意义。

3. 提供即时反馈:即时反馈对于保持学生的参与度和正确的学习方向至关重要。教师可利用各种反馈形式,包括口头表扬、建设性批评或可实时回复学生留言的数字工具。关键是要确保反馈是具体的、可操作的,并注重过程而不仅仅是结果。这有助于学生了解自己做得好的地方和需要改进的地方,使他们能够及时调整自己的努力方向与强度。

4. 培养具有较高内在动机的活动:教师应将学习经验与学生的兴趣和激情结合起来,以便确保活动具有内在的回报和较高的内在动机。当学生认识到他们工作的个人价值和乐趣时,他们的内部动力就会飙升。要做到这一点,教师可以布置基于选择的作业,让学生选择与自己的兴趣产生共鸣的项目,或者将基于游戏的学习和创造性地解决问题的任务结合起来。这些策略会自然而然地将学生吸引到深入的、沉浸式的学习体验中,使学习变得愉快,并获得内在回报。教师可以通过关注学生真正好奇或热衷的事物,创造一种自然而然地促进和参与"心流"状态的学习环境。

5. 增强控制感:增强控制感包括让学生对自己的学习过程拥有自主权。这可以通过允许他们在不同的任务选项中进行选择、设定自己的学习进度,甚至参与制定课堂规则和决策来实现。通过赋予学生在教育过程中的发言权,教师可以营造一个让学生感受到个性化和可控的学习环境。

通过将这些策略融入课堂实践，教师可以提高学生体验"心流"的可能性，并从整体上营造更有吸引力、更有效率和更加愉悦的学习环境。

在我们结束对"心流"的探索时，我们得出了一个明显的结论，即"心流"对教育的影响是巨大的。心流将挑战转化为有意义的参与机会，丰富了学习体验。本章提供了营造有利于"心流"的环境的策略，强调了将挑战与个人技能相匹配以实现更深入参与的重要性。格里戈里·佩雷尔曼的研究虽然不属于传统课堂，却体现了"心流"的力量。他的成就是一个很好的例子，说明了在内在激情和奉献精神的激励下，人们可以取得非凡的成果。这个例子展示了"心流"在促进教育历程和推动个人和职业成就方面的重大作用。

附录　参考文献

免责声明：下面列出的清单包含了资料来源和参考文献的外部链接。这些链接未经出版商激活，因此我们无法保证其在出版日期之后的准确性、相关性、及时性或完整性。这些网站上的内容可能会随着时间的推移而发生变化。虽然我们提供这些外部链接的目的是为了提供更多的参考和潜在的信息来源，但我们强烈建议读者在访问这些链接时慎重考虑和独立判断，因为网站的性质和内容可能会随着时间的推移而改变。对于因使用或依赖这些外部网站上的信息而造成的任何错误、遗漏或损害，我们概不负责。访问这些链接即表示您承认并接受所有相关风险。

引　言

1. Schofer, E., & Meyer, J.W. (2005). The worldwide expansion of higher education in the twentieth century. *American Sociological Review*, 70(6), 898-920. 该研究强调了20世纪高等教育的大规模拓展，特别是在国家控制较少、中等教育水平较高的经济发达国家，这标志着将教育视为关键人力资本的全球转变，并导致入学率超过过去的欧洲国家。

2. Hanushek, E.A., & Woessmann, L. (2020). The economic impacts of learning losses. *www.oecd-Ilibrary.org*. https://doi.org/10.1787/21908d74-en. 2020年的全球停课导致了重大而持久的教育损失和经济挫折，尤其对弱势学生的影响更为严重，因此需要改进教学方法并关注物流和经济方面的挑战，从而减轻这种影响。

3. Brain, Rondinelli. "Now there's a Davos of education and a $1 million

'Nobel Prize' for teachers". *Forbes*. 22 March 2014. 在迪拜举行的"全球教育与技能论坛"汇聚了世界各国的领导者和创新者,重点讨论了教育危机的创造性解决方案以及技术在学习中的变革性作用,100万美元的教学奖金成为该论坛的亮点。

4. Orange, M. A. (n. d.). *A brief biography of Thomas Edison—Thomas Edison National Historical Park* (U. S. National Park Service). www. nps. gov. https://www. nps. gov/edis/learn/kidsyouth/a-brief-biography-of-thomas-edison. htm#: ~: text = People%20often%20say%20Edison%20was%20a%20genius.%20He.

序 言

1. Rousseau, J. -J. (1892). Rousseau's Émile: Or, Treatise on Education. *In Google Books*. D. Appleton. https://www. google. com. ph/books/edition/Rousseau_s_%C3%89mile/qCsWAAAAIAAJ?hl = en&gbpv = 1. 卢梭的《爱弥儿》中提出了一段从婴儿期到成年期注重自然成长和体验式学习的教育旅程,同时为爱弥儿的未来妻子索菲规划了一条平行之路,让她根据性别扮演相应的角色和接受实用技能的教育。

第一部分

1. Oxford Essential Quotations. (2016). In S. Ratcliffe (Ed.), *Oxford Reference*. Oxford University Press. https://doi. org/10. 1093/acref/9780191826719. 001. 0001.

第一章

1. Behrens, Roy R., "Bauhaus, Gestalt Theory, and problem-solving: Thinking outside the box" (2022). Behrens Video Archive. 3. https://scholarworks. uni. edu/behrens_videos/3. 本话题以卡尔·邓克尔的视角探讨了创造性的问题解决方法。邓克尔是一位颇具争议的心理学家,他的理论对教育、建筑以及我们对"功能固着"心理的理解产生了深远影响。

2. Steinmayr, R., & Spinath, B. (2007). The importance of motivation as a

predictor of school achievement. *Learning and Individual Differences*, 19(1), 80-90. https://doi.org/10.1016/j.lindif.2008.05.004. 这项研究探讨了动机因素对342名高中生学业成功的影响。结果显示，除了智力，对能力和价值观的信念也能显著预测成绩。这些研究结果强调了学习动机在教育成就中的关键作用，并阐明了学习动机的重要性超越了先前的成绩。

3. Hariri, H., Karwan, D. H., Haenilah, E. Y., Rini, R., & Suparman, U. (2021). Motivation and learning strategies: Student motivation affects student learning strategies. *European Journal of Educational Research*, 10(1), 39-49. https://eric.ed.gov/?id=EJ1284371. 在一项针对印度尼西亚高中学生的研究中，研究人员通过对来自印楠榜省的408名学生进行学习动机策略问卷调查，发现学生的学习动机与学习策略之间存在显著的正相关关系。这项研究强调了学习动机的价值要素在预测有效学习策略中的关键作用，强调了将学习动机融入课堂策略以促进自我调节和学业成功的必要性。

4. Zaccone, M. C., & Pedrini, M. (2019). The effects of intrinsic and extrinsic motivation on students learning effectiveness. Exploring the moderating role of gender. *International Journal of Educational Management*, ahead-of-print (ahead-of-print). https://doi.org/10.1108/ijem-03-2019-0099. 本研究调查了布隆迪、摩洛哥和印度的1491名学生在数字素养课程方面的内在动机和外在激励对学习效果的影响。研究人员发现内在动机提高了学习效率，而外在动机则降低了学习效率。此外，性别也对这种关系起到了调节作用。该研究首次在大量数据的支持下考察了性别对学习动机和学习效果的调节作用，为教育研究做出了重大贡献。

5. Deci, E. L., & Ryan, R. M. (1985). *Intrinsic motivation and self-determination in human behavior.* Springer Science & Business Media. 本书提出了一套全面的人类动机理论，该理论从20世纪初关注生理需求发展到20世纪50年代将心理需求纳入其中，强调自我决定、能力和人际关系的重要性，并以微理论和研究范式为基础，旨在鼓励进一步的深入研究。

6. Lepper, M. R., Greene, D., & Nisbett, R. E. (1973). Undermining children's intrinsic interest with extrinsic reward: A test of the "overjustification" hypothesis. *Journal of Personality and Social Psychology*, 28(1), 129-137.

https://doi.org/10.1037/h0035519. 一项针对幼儿园儿童的实地实验,通过比较预期奖励、意外奖励和无奖励对儿童随后参与活动的影响,提示了"过度理由效应"。该效应认为,外部奖励会降低儿童对活动的内在兴趣。该研究结果表明,事先得知有奖励的儿童随后表现出的内在兴趣会降低,从而支持了这一假设,并强调了外部奖励对动机的影响。

7. Taylor, G., Jungert, T., Mageau, G. A., Schattke, K., Dedic, H., Rosenfield, S., & Koestner, R. (2014). A self-determination theory approach to predicting school achievement over time: The unique role of intrinsic motivation. *Contemporary Educational Psychology*, 39, 342-358. https://doi:10.1016/j.cedpsych.2014.08.002. 本研究综合了荟萃分析法和纵向分析法,根据自我决定理论,批判性地评估了学习动机类型与学业成绩之间的关系,揭示了内在动机对加拿大和瑞典学生学业成功的显著而持续的积极影响。研究强调了内在动机在提高学习成绩和减少非内在动机方面的作用,强调了内在动机对学生学业成绩的重要性,挑战了之前不确定的研究结果。

8. Howard, J. L., Bureau, J., Guay, F., Chong, J. X. Y., & Ryan, R. M. (2021). Student motivation and associated outcomes: A meta-analysis from self-determination theory. *Perspectives on Psychological Science*, 16(6), 174569162096678. https://doi.org/10.1177/1745691620966789. 在一项涉及223209名参与者的荟萃分析中,研究人员探讨了外部激励、自我参与、个人价值和内在兴趣等不同动机是如何影响学生的成绩、幸福感和毅力的。研究强调,内在动机和个人价值对成功和幸福至关重要,而自我参与和外部奖励则分别呈现出复杂的相关性和负相关关系,这一切都凸显了动机类型对教育成果的细微影响。

第二章

1. Wigfield, A., & Eccles, J. S. (1992). The development of achievement task values: A theoretical analysis. *Developmental Review*, 12(3), 265-310. https://doi.org/10.1016/0273-2297(92)90011-P. 本文深入探讨了孩子的任务价值观的演变过程,将期望—价值理论与埃克尔斯(Eccles)的成就选择模型相结合,探讨了孩子的任务价值观的理论构成及其实

证支持，同时还研究了这些价值观在学龄期间的变化情况及其与成就目标的关系，为完善期望－价值模型提供了启示。

2. Eccles, J. S., & Wigfield, A. (2020). From expectancy-value theory to situated expectancy-value theory: A developmental, social cognitive, and sociocultural perspective on motivation. *Contemporary Educational Psychology*, 61, Article 101859. https://doi.org/10.1016/j.cedpsych.2020.101859. 埃克尔斯及其同事完善了他们的"成就选择期望－价值理论"（现称为"情境期望－价值理论"，简称 SEVT），解决了该模型被认为是静态和线性的误解，重新定义了任务价值等心理概念，并强调了该理论的动态性和文化敏感性。他们强调了个人对成绩的解释、社会影响的作用以及期望值和价值观的发展的重要性，主张更深入地了解这些因素是如何相互作用以影响成就、选择和参与度的。

3. Schunk, D. H., Meece, J. L., & Pintrich, P. R. (2014). *Motivation in education: Theory, research, and applications*. Pearson Education Ltd. 第三版《教育动机》（*Motivation in Education*）整合了关键的动机理论、研究成果及其在教育环境中的实际应用，强调了个人信仰、课堂动态和情境的影响，为全面理解学习动机提供了视角。

4. Flake, J. K., Barron, K. E., Hulleman, C., McCoach, B. D., & Welsh, M. E. (2015). Measuring cost: The forgotten component of expectancy-value theory. *Contemporary Educational Psychology*, 41, 232-244. https://doi.org/10.1016/j.cedpsych.2018.05.001. 原稿的图 6 中有一处错误，已在勘误表中更正，指出了不准确的地方，并加入了脚注；同时，该研究根据"期望－价值理论"提出了一个新的"19 项成本量表"，强调了成本的重要性、多维性及其对学生成绩的影响，并对其应用和未来的动机研究提出了建议。

5. Al-Harthy, I. S., Was, C. A., & Isaacson, R. M. (2010). Goals, efficacy and metacognitive self-regulation a path analysis. *International Journal of Education*, 2(1), 1. https://doi.org/10.5296/ije.v2i1.357. 本研究探讨了自我效能感、任务价值以及各种自我调节和学习策略对学生学业成绩的影响，发现这些要素与整体考试成绩之间存在显著的正相关，其中自我效能感是最强的预测因子。路径分析凸显了这些因素之间复杂的相互作用，特别是精熟型目标对元认知自我调节的积极影响及其随后对学习策略的影响,尽管一些目标(如成绩趋向型目标)的预期影响并不显著。

6. Liem, A. D., Lau, S., & Nie, Y. (2008). The role of self-efficacy, task value, and achievement goals in predicting learning strategies, task disengagement, peer relationship, and achievement outcome. *Contemporary Educational Psychology*, 33(4), 486-512. https://doi.org/10.1016/j.cedpsych.2007.08.001. 在一项针对1475名九年级学生的研究中,将期望—价值理论和成就目标理论相结合,发现自我效能感和任务价值对学习策略、参与度和同伴关系有着显著的影响,精熟型目标和成绩趋向型目标会促进积极的学业成果,而成绩回避型目标则会导致较差的学业成果。

7. Metallidou, P., & Vlachou, A. (2010). Children's self-regulated learning profile in language and mathematics: The role of task value beliefs. *Psychology in the Schools*, 47(8), 776-788. https://doi.org/10.1002/pits.20503. 本研究深入探讨了小学高年级学生在语文和数学方面的"自我调节学习"(SRL)模式,根据他们的任务价值信念对他们进行了区分,并通过教师评估和"学习动机策略问卷"(MSLQ)对这些模式进行了评估。研究结果表明,任务价值信念低的学生和任务价值信念高的学生在学习成绩和自我调节学习行为方面存在明显差异,尤其是在数学方面,这表明在那些被认为具有挑战性的学科中,提高任务价值信念的干预措施起着至关重要的作用。

8. Al-Harthy, I. S., & Aldhafri, S. S. (2014). The relationship among task-value, self-efficacy and academic achievement in Omani students at Sultan Qaboos University. *International Review of Social Sciences and Humanities*, 7(2), 15-22. 苏丹卡布斯大学对284名学生进行的研究显示,任务价值与自我效能感之间存在显著的正相关关系,两者都对以GPA衡量的学业成绩产生积极影响,而任务价值还能预测自我效能感,这凸显了教育工作者提高学生对课程价值认识的必要性。

9. Li, X., Huebner, E., & Tian, L. (2021). Relations between achievement task values and academic achievement and depressive symptoms in Chinese elementary school students: Variable-centered and person-centered perspectives. *School Psychology*, 36(3), 167-180. https://doi.org/10.1037/spq0000384. 这项针对897名中国四年级学生的研究,以及对另外821名学生的交叉

验证,揭示了成就价值和实用价值之间的相互联系,以及它们对学业成功和抑郁症状的影响,提倡采取干预措施,促进这两种任务价值以提高学生的幸福感和学业成绩。

10. Carnegie Corporation of New York. (n. d.). *Andrew Carnegie's Story.* Carnegie. org;Carnegie Corporation of New York. https://www.carnegie.org/interactives/foundersstory/#. 这个互动平台记录了安德鲁·卡内基从一个苏格兰移民到一个领先的实业家和慈善家的崛起历程,强调了他通过纽约卡内基公司为社会做出的重大贡献,并强调了决心和慈善事业在社会蜕变中的作用。

11. Neuville, S., Frenay, M., Schmitz, J., Boudrenghien, G., Noël, B., & Wertz, V. (2007). Tinto's theoretical perspective and expectancy-value paradigm: A confrontation to explain freshmen's academic achievement. *Psychologica Belgica*, 47(1-2), 31-50. https://doi.org/10.5334/pb-47-1-31. 本研究以2637名大学一年级学生为研究对象,针对自我效能感和任务价值等激励因素对廷托(Tinto)的整合模型进行了评估,使用结构方程模型来确定它们对学业成绩的相对影响,突出了该模型对关键激励因素的潜在监督。

12. Lee, D., Watson, S., & Watson, W. (2020). The relationships between self-efficacy, task value, and self-regulated learning strategies in Massive Open Online Courses. *The International Review of Research in Open and Distributed Learning*, 21, 23-39. https://doi.org/10.19173/irrodl.v20i5.4389. 这项研究对两门 MOOC 的 184 名参与者进行了调查,发现自我效能感和任务价值能显著预测自我调节学习策略的使用率,不同的自我效能感和任务价值的学习者在策略使用上存在明显差异,这对提高在线学习的参与度具有重要意义。

13. Dietrich, J., Moeller, J., Guo, J., Viljaranta, J., & Kracke, B. (2019). In-the-moment profiles of expectancies, task values, and costs. *Frontiers In Psychology*, 10. https://doi.org/10.3389/fpsyg.2019.01662. 该研究强调了20世纪高等教育的大规模拓展,特别是在国家控制较少、中等教育水平较高的经济发达国家,这标志着将教育视为关键人力资本的全球转变,并导致入学率超过过去的欧洲国家。

14. Eccles, J., & Midgley, C. (1989). Stage/Environment fit: Developmentally appropriate classrooms for young adolescents. In R. E. Ames, & C. Ames (Eds.), *Research on motivation and education: Goals and cognitions* (Vol. 3, pp. 139-186). Academic Press. 在斯里兰卡进行的一项关于初中生的研究表明，由于课堂关系不佳和资源不足等因素，初中生的参与率很低，这突出表明学校有必要进行改进以提高学生的积极性和参与度。

第三章

1. Schunk, D. H., & Zimmerman, B. J. (2006). Competence and control beliefs: Distinguishing the means and ends. In P. A. Alexander & P. H. Winne (Eds.), *Handbook of Educational Psychology* (pp. 349-367). Lawrence Erlbaum Associates Publishers. 本章考察了能力信念和控制信念在教育动机和学业成就中的作用，讨论了五个关键理论，并提出了未来研究和应用的领域。

2. Ajzen, I. (2002). Perceived behavioral control, self-efficacy, locus of control, and the theory of planned behavior. *Journal of Applied Social Psychology*, 32(4), 665-683. https://doi.org/10.1111/j.1559-1816.2002.tb00236.x. 本文将感知行为控制描述为自我效能感和可控性的结合体，揭开了感知行为控制的神秘面纱，并强调了在测量中为了准确性而仔细选择项目的必要性。

3. Muwonge C. M, Schiefele U., Ssenyonga J., & Kibedi H. (2019). Modeling the relationship between motivational beliefs, cognitive learning strategies, and academic performance of teacher education students. *South African Journal of Psychology*, 49(1), 122-135. https://doi.org/10.1177/0081246318775547. 在乌干达进行的一项研究表明，在师范生中，认知学习策略在动机信念对学业成绩的影响中起着调节作用，这表明干预措施应同时关注动机和认知策略。

4. Perry, R. P., Hladkyj, S., Pekrun, R. H., & Pelletier, S. T. (2001). Academic control and action control in the achievement of college students: A longitudinal field study. *Journal of Educational Psychology*, 93(4), 776-789. https://doi.org/10.1037/0022-0663.93.4.776. 学业控制力强、担心失败

的大学生不仅成绩更好、焦虑更少,而且成绩也比同龄人高出 1~2个学分。

5. Rotter, J. B. (1966). Generalized expectancies for internal versus external control of reinforcement. *Psychological Monographs: General and Applied*, 80(1), 1-28. https://doi.org/10.1037/h0092976. 奖励对行为的影响取决于个人对奖励与自己行为之间联系的感知,而实验和测试则探索了技能与机会、内部控制信念与外部控制信念等不同条件下的行为差异。

6. Organisation for Economic Cooperation and Development. (2022). Education at a glance 2022: OECD indicators. https://www.oecd-ilibrary.org/sites/3197152b-en/index.html?itemId=/content/publication/3197152b-en. 《教育概览》为经合组织(OECD)及其伙伴国的教育体系提供了一套全面的标准化指标。2022 年版侧重于高等教育。本执行摘要提供了《教育概览 2022》的主要见解,而另一份单独的报告《高等教育聚焦》(OECD,2022 年)则对高等教育的调查结果进行了更详细的概述。

7. Heublein, U. (2014). Student drop-out from German higher education Institutions. *European Journal of Education*, 49(4), 497-513. https://doi.org/10.1111/ejed.12097. 在德国,由于学术挑战和经济困难等因素,约有 28% 的大学生没有获得学位就离开学校了,这促使人们采取提高课程灵活性和改善支持服务等措施来解决这一问题。

8. Mabel, Z., & Britton, T. A. (2018). Leaving late: Understanding the extent and predictors of college late departure. *Social Science Research*, 69, 34-51. https://doi.org/10.1016/j.ssresearch.2017.10.001. 这项研究表明,许多大学生,尤其是两年制和开放式四年制大学的学生,在修完大部分学分后就离开学校了,这表明教育者需要制定一些策略来帮助他们完成学业。

9. Heublein, U., Ebert, J., Hutzsch, C., Isleib, S., König, R., Richter, J., & Woisch, A. (2017). Zwischen Studienerwartungen und Studienwirklichkeit. *Forum Hochschule*, 2017(1), 1-318. 在德国联邦教育与研究部的资助下,德国高等教育研究与科学研究中心在全国范围内开展了一项研究,对德国大学的辍学率进行了分析,探讨了辍学的动机、原因和随后的职业道路,并对 2006—2014 年的情况进行了比较。

10. Respondek, L., Seufert, T., Hamm, J. M., & Nett, U. E. (2020). Linking

changes in perceived academic control to university dropout and university grades: A longitudinal approach. *Journal of Educational Psychology*, 112 (5), 987-1002. https://doi.org/10.1037/edu0000388. 一项对1007名参与者进行的为期三年的研究发现,随着时间的推移,学业控制感的增强与大学辍学率的降低和成绩的提高有关,这凸显了学业控制感对学业成功的重要性。

11. Respondek, L., Seufert, T., Stupnisky, R., & Nett, U. E. (2017). Perceived academic control and academic emotions predict undergraduate university student success: Examining effects on dropout intention and achievement. *Frontiers in Psychology*, 8, Article 243. https://doi.org/10.3389/fpsyg.2017.00243. 一项针对德国一所STEM大学的883名学生进行的调查发现,学业控制感能提高学习乐趣和成就感,同时通过缓解焦虑来减少学生的辍学念头,强调需要针对学生的具体情况提供支持。

12. Nunn, G. D., Montgomery, J. D., & Nunn, S. J. (1986). Criterion-related validity of the Nowicki-Strickland locus of control scale with academic achievement. *Psychology: A Journal of Human Behavior*, 23(4), 9-11. 这项研究表明,通过诺维奇-斯特里克兰控制点量表(Nowicki-Strickland Locus of Control Scale)和艾奥瓦基本技能测试(Iowa Tests of Basic Skills)的评估,那些认为自己对学习结果控制力较弱的学生往往学习成绩较差。

13. Shepherd, S., Fitch, T. J., Owen, D., & Marshall, J. L. (2006). Locus of control and academic achievement in high school students. *Psychological Reports*, 98(2), 318-322. 这项研究调查了187名8年级至12年级学生的内在控制点与学业成绩之间的关系。本研究采用诺维奇-斯特里克兰儿童控制点量表。分析结果显示,GPA较高的学生往往在内在控制点方面得分较高。

14. Hall, C. W., Smith, K. A., & Chia, R. C. (2008). Cognitive and personality factors in relation to timely completion of a college degree. *College Student Journal*. https://doi.org/10.1037/e536642007-001. 一项针对158名大一新生进行的为期6年的研究表明,内在控制点和元认知因素对大学生按时完成学业和大学GPA有显著影响,这凸显了元认知和高中GPA对克服学业挑战的重要性。

15. Gifford, D. D., Briceno-Perriott, J., & Mianzo, F.（2006）. Locus of control: Academic achievement and retention in a sample of university first-year students. *Journal of College Admission*, 191, 18-25. 一项针对 3000 多名一年级学生的研究发现，ACT 分数和学生的控制点都是学习成绩的有效预测指标，（内在）控制点较低和 ACT 分数较高的学生在一年级的 GPA 都较高。
16. Janssen, T., & Carton, J. S.（1999）. The effects of locus of control and task difficulty on procrastination. *The Journal of Genetic Psychology*, 160(4), 436-442. https://doi.org/10.1080/00221329909595557. 该研究发现，在 42 名大学生中，具有内在控制点的人往往比具有外在控制点的人更早写作业和完成作业，这突出表明了控制任务难度的信念与拖延症之间的重要关系。
17. Stipek, D. J.（1980）. A causal analysis of the relationship between locus of control and academic achievement in first grade. *Contemporary Educational Psychology*, 5(1), 90-99. https://doi.org/10.1016/0361-476X(80)90029-6. 这项对来自不同社会经济背景的 89 名一年级学生进行的研究表明，虽然中等社会经济地位家庭的儿童最初的学习成绩优于较低社会经济地位家庭的儿童，而且他们的内在控制点更强，但随着时间的推移，较低社会经济地位家庭的儿童的内在控制点出现了显著的转变，这将内在控制点与学习成绩联系了起来。
18. Golding, J., Gregory, S., Ellis, G. L., Iles-Caven, Y., & Nowicki, S.（2017）. Prenatal internal locus of control is positively associated with offspring IQ, mediated through parenting behavior, prenatal lifestyle and social circumstances. *Frontiers in Psychology*, 8, 1429. https://doi.org/10.3389/fpsyg.2017.01429. 一项针对 6800 多名儿童的研究发现，那些在怀孕期间相信自己能够影响事件进程的母亲，她们的孩子在 8 岁时的智商测试中平均得分高出普通孩子 7 分左右，这表明母亲对控制能力的信念与儿童的认知能力之间存在联系。
19. Xue, S., Kidd, M. P., Le, A. T., Kirk, K., & Martin, N. G.（2020）. The role of locus of control in adulthood outcomes: Evidence from Australian twins. *Journal of Economic Behavior & Organization*, 179, 566-588. 利用同卵双胞胎和异卵双胞胎的数据来研究控制点的经济研究表明，之

前的估算严重夸大了控制点对社会经济行为的影响,这强调了在分析中考虑遗传影响和共同的家庭背景的必要性。

20. Hoy, A. W., & Spero, R. B. (2005). Changes in teacher efficacy during the early years of teaching: A comparison of four measures. *Teaching and Teacher Education*, 21 (4), 343-356. https://doi.org/10.1016/j.tate.2005.01.007. 这项研究表明,教师的效能感在实习教学期间显著提高,但在任教的第一年却有所下降,这突出说明了在早期教学经验中提供支持对长期效能感的影响至关重要。

21. You, S., Hong, S., & Ho, H. Z. (2011). Longitudinal effects of perceived control on academic achievement. *The Journal of Educational Research*, 104(4), 253-266. 本研究表明,不同种族的学生在青少年时期对自身控制能力的信念保持稳定,这种信念通过参与度直接或间接地影响他们的学业成绩,而教师和家长的支持则会增强这种信念,促进学业成功。

22. Keller, H. (1954). *The story of my life*. Doubleday. 这本鼓舞人心的自传讲述了海伦·凯勒应对失聪和失明的挑战,取得了巨大成功的历程。书中讲述了她早年的挣扎、与安妮·莎莉文老师的突破,以及她在教育和社会活动方面取得的成就。在莎莉文的帮助下,凯勒学会了手语和盲文,从大学毕业,并成为一名作家和讲师。这本自传突出了凯勒的决心和韧性,展示了她战胜逆境的过程。

第四章

1. Shetterly, M. (2016, November 22). *Katherine Johnson Biography—NASA*. NASA. https://www.nasa.gov/centers-and-facilities/langley/katherine-johnson-biography/.

2. Maddux, J. E., & Gosselin, J. T. (2003). Self-efficacy. In M. R. Leary & J. P. Tangney (Eds.), *Handbook of self and identity* (pp. 218-238). The Guilford Press. 本章先讨论了自我效能感的定义和测量方法。然后讨论了自我效能感信念是如何形成的。最后讨论了自我效能感的重要性,以及自我效能感理论在人类适应和人为调节的众多领域中的应用。

3. Bandura, A. (1997). *Self-efficacy: The exercise of control*. W H Freeman/Times Books/Henry Holt & Co. "自我效能感"探讨了阿尔伯特·班

杜拉（Albert Bandura）关于自我效能感信念影响的研究，揭示了对自己的能力充满信心的人往往比那些对自己的能力心存疑虑的人更健康、更成功。
4. Steinmayr, R., Heyder, A., Naumburg, C., Michels, J., & Wirthwein, L. (2018). School-related and individual predictors of subjective well-being and academic achievement. *Frontiers in Psychology*, 9, 2631. 这项针对767名八年级和九年级学生的研究表明，积极的学校环境与自信心和考试焦虑一样，都能显著预测学生的主观幸福感和学业成绩，从而强调了学校氛围对学生幸福和成功的关键作用。
5. Hayat, A. A., Shateri, K., Amini, M., & Shokrpour, N. (2020). Relationships between academic self-efficacy, learning-related emotions, and metacognitive learning strategies with academic performance in medical students: a structural equation model. *BMC Medical Education*, 20 (1), 1-11. 这项针对设拉子医科大学279名医学生的研究表明，学生的自信心会影响他们的学习情绪和元认知策略的使用，从而对他们的学业成绩产生重大影响，并凸显了元认知策略和情绪对学业成功的重要性。
6. Høigaard, R., Kovac, V., Øverby, N., & Haugen, T. (2015). Academic self-efficacy mediates the effects of school psychological climate on academic achievement. *School Psychology Quarterly*, 30, 64-74. https://doi.org/10.1037/spq0000056. 这项针对482名挪威九年级和十年级学生的研究发现，学校目标和行为可以预测自信心，而自信心与这些因素一起，可以解释学业成绩46%的差异，这凸显了自信心在学业成功中的调节作用。
7. Tomás, J. M., Gutiérrez, M., Georgieva, S., & Hernández, M. (2019). The effects of self-efficacy, hope, and engagement on the academic achievement of secondary education in the Dominican Republic. *Psychology in the Schools*, 57(2), 191-203. https://doi.org/10.1002/pits.22321. 这项针对614名多米尼加中学生的研究发现，期待感和自我效能感对参与度有显著影响，而参与度又是学业成功的最强预测因素，这表明干预措施应侧重于增强期待感和参与度以提高学业成绩。

8. Fredricks, J. A., Blumenfeld, P. C., & Paris, A. H.（2004）. School engagement: Potential of the concept, state of the evidence. *Review of Educational Research*, 74（1）, 59-109. https://doi.org/10.3102/00346543074001059. 本文讨论了学校参与的多面性，通过强调对学生的行为、情感和思想进行全面研究以制定有效干预措施的必要性，突出了学校参与在解决学习动机下降问题方面的潜力。

9. Eccles, J. S., & Wang, M. -T.（2012）. Adolescent behavioral, emotional, and cognitive engagement trajectories in school and their differential relations to educational success. *Journal of Research on Adolescence*, 22（1）, 31-39. https://doi.org/10.1111/j.1532-7795.2011.00753.x. 这项针对1148名青少年的研究发现，从七年级到十一年级，学校参与度、归属感和自我调节学习能力都有所下降，其中归属感下降幅度最大，但对GPA的影响最小。

10. Olivier, E., Morin, A. J. S., Langlois, J., Tardif-Grenier, K., & Archambault, I.（2020）. Internalizing and externalizing behavior problems and student engagement in elementary and secondary school students. *Journal of Youth and Adolescence*, 49（11）, 2327-2346. https://doi.org/10.1007/s10964-020-01295-x. 这些针对中小学生的研究发现，外化行为问题始终会导致学生的参与度降低，而焦虑和抑郁症状等内化问题则会随着学生年龄的增长而影响其认知和情感参与度。

11. Schunk, D. H.（1983）. Progress self-monitoring: Effects on children's self-efficacy and achievement. *Journal of Experimental Education*, 51（2）, 89-93. https://doi.org/10.1080/00220973.1982.11011845. 研究表明，针对减法运算技能发展的自我监控方法和外部监控方法都能增强儿童对自我效能感、技能和坚毅力的感知，两种方法之间没有显著差异，强调了监控在教育环境中的价值。

12. Pulford, B. D., Woodward, B., & Taylor, E.（2018）. Do social comparisons in academic settings relate to gender and academic self-confidence?. *Social Psychology of Education*, 21, 677-690. 学术社会比较量表（ASCS）的创建表明，进行向上学术比较的大学生在计算、口语和信息技术技能方面信心不足，而较少进行比较的大学生在阅读、写作和时间管理方面信心较强，这凸显了向上比较对自信心的负面影响。

13. Gartzia, L., Morgenroth, T., Ryan, M. K., & Peters, K. (2021). Testing the motivational effects of attainable role models: Field and experimental evidence. *Journal of Theoretical Social* Psychology, 5(4), 591-602. 这四项研究共涉及 2165 名参与者。研究结果表明, 可能实现的榜样可以大大增强那些有志成为榜样者的参与者的动力, 还能帮他们设定目标, 因为这样能让他们觉得成功的可能性更大, 这也突出了容易接触到的榜样在鼓励人们相信个人成就方面的重要性。

14. Sabarwal, S., & Abu-Jawdeh, M. (2018). What teachers believe: Mental models about accountability, absenteeism, and student learning. *World Bank Policy Research Working Paper*, (8454). 本研究分析了来自 8 个发展中国家的 16000 名教师的数据。研究结果表明, 虽然教师承认他们对学生的学习负有责任, 并支持使用测试来衡量教学效果, 但普遍存在的缺勤和偏袒成绩优秀学生的规范表明, 要改变教师的行为, 可能首先需要解决他们对职业责任和问责制的潜在信念。

15. Jussim, L., & Harber, K. D. (2005). Teacher expectations and self-fulfilling prophecies: Knowns and unknowns, resolved and unresolved controversies. *Personality and Social Psychology Review*, 9(2), 131-155. https://doi.org/10.1207/s15327957pspr0902_3. 本文总结了30多年来的研究, 得出的结论是, 虽然教育中的自我实现预言确实存在, 但其影响通常较小且短暂, 可能对边缘化群体的影响更大, 对智力的总体影响以及弊与利的关系仍不明确, 这表明教师的期望往往能准确预测学生的成绩, 而不是一语成谶的预言。

16. Doménech-Betoret, F., Abellán-Roselló, L., & Gómez-Artiga, A. (2017). Self-efficacy, satisfaction, and academic achievement: The mediator role of students' expectancy-value beliefs. *Frontiers in Psychology*, 8 (1193). https://doi.org/10.3389/fpsyg.2017.01193. 这项针对 797 名西班牙中学生的研究探讨了自我效能感影响学业成就和满意度的激励机制, 揭示了"期望-价值信念"在这种关系中的调节作用, 并强调了自我效能感对提高教育质量的意义。

17. Usher, E. L., & Pajares, F. (2008). Sources of self-efficacy in school: Critical review of the literature and future directions. *Review of Educational Research*, 78(4), 751-796. https://doi.org/10.3102/0034654308321456.

这篇综述文章探讨了班杜拉的自我效能感信念的来源，对其在学术研究中的评价进行了批判，并为研究这些信念的发展提出了建议，还指出"精熟经验"受到了性别和种族等因素的不同影响。

18. Zajacova, A., Lynch, S. M., & Espenshade, T. J. (2005). Self-efficacy, stress, and academic success in college. *Research in Higher Education*, 46 (6), 677-706. https://doi.org/10.1007/s11162-004-4139-z. 这项针对107名非传统大一新生的研究表明，与压力相比，自我效能感对学业成绩（包括GPA、学分积累和留级率）的预测作用更强、更稳定，这凸显了自我效能感在支持移民和少数族裔学生取得成功方面的重要性。

19. Galyon, C. E., Blondin, C. A., Yaw, J. S., Nalls, M. L., & Williams, R. L. (2012). The relationship of academic self-efficacy to class participation and exam performance. *Social Psychology of Education: An International Journal*, 15 (2), 233-249. https://doi.org/10.1007/s11218-011-9175-x. 这项针对165名选修人类发展课程的本科生的研究发现，自我效能感对课堂参与度和考试成绩有着显著的影响，高、中、低自我效能感水平的学生表现出不同的模式，而GPA最高的学生的自我效能感与学业成绩的关系最为密切。

20. Feldman, D. B., & Kubota, M. (2015). Hope, self-efficacy, optimism, and academic achievement: Distinguishing constructs and levels of specificity in predicting college grade-point average. *Learning and Individual Differences*, 37, 210-216. https://doi.org/10.1016/j.lindif.2014.11.022. 在一项针对89名大学生的研究中，研究人员发现，虽然一般的期待感可以预测特定学业的期待感和自我效能感，进而影响GPA，但乐观情绪和一般的自我效能感对学业成绩的预测并不显著，这凸显了关注特定学业的期待感对预测学业成功的重要性。

21. Honicke, T., & Broadbent, J. (2016). The influence of academic self-efficacy on academic performance: A systematic review. *Educational Research Review*, 17 (17), 63-84. https://doi.org/10.1016/j.edurev.2015.11.002. 本研究综述了2003—2015年有关大学生的研究，发现学业自信心与学习成绩之间存在适度关系，并受到了努力调节、学习策略和目标的影响，这凸显了开展长期研究以进一步了解这些动态变化的必要性。

第五章

1. Mayse, Zachary W., "Effects of goal settings on student achievement" (2016). *Morehead State Theses and Dissertations*. 18. https://scholarworks.moreheadstate.edu/msu_theses_dissertations/18. 本研究探讨了目标设定这一低成本策略如何通过教师培训和相互承诺来提高学生的成绩并传授重要技能。

2. Lee, S. (2010). *The effects of goal setting on struggling readers' reading achievement* [Dissertation *The effects of goal setting on struggling readers' reading achievement*]. https://www.proquest.com/openview/3448c3bf70e0a43d2362275667b3cf67/1?pq-origsite=gscholar&cbl=18750. 这项针对13名三年级和四年级学生的行动研究表明，学生设定目标能提高阅读成绩，并对他们对阅读技能的看法产生积极影响，从而为教育工作者提供了宝贵的启示。

3. Morisano, D., Hirsh, J. B., Peterson, J. B., Pihl, R. O., & Shore, B. M. (2010). Setting, elaborating, and reflecting on personal goals improves academic performance. *Journal of Applied Psychology*, 95(2), 255-264. https://doi.org/10.1037/a0018478. 这项涉及85名在学业上挣扎的大学生的研究发现，参加在线目标设定计划的学生在学业成绩上明显优于同龄人，这凸显了该计划作为一种快速且经济有效的干预措施的作用。

4. Rowe, D. A., Mazzotti, V. L., Ingram, A., & Lee, S. (2017). Effects of goal-setting instruction on academic engagement for students at risk. *Career Development and Transition for Exceptional Individuals*, 40(1), 25-35. https://doi.org/10.1177/2165143416678175. 目标设定教学对学业有问题的初中生的积极参与产生了积极影响，这就强调了制定策略来帮助教师将目标设定融入课程的必要性。

5. Schippers, M. C., Morisano, D., Locke, E. A., Scheepers, A. W. A., Latham, G. P., & de Jong, E. M. (2020). Writing about personal goals and plans regardless of goal type boosts academic performance. *Contemporary Educational Psychology*, 60, Article 101823. https://doi.org/10.1016/j.cedpsych.2019.101823. 这项针对2928名大学生的研究发现，一个简短的目标设定计划就能显著提高22%的成绩，无论是学业目标还是个

人目标。这就凸显了该计划在学生积极参与、计划明确的情况下的有效性。

6. Locke, E. A., & Latham, G. P. (2006). New directions in goal-setting theory. *Current Directions in Psychological Science*, 15(5), 265-268. https://doi.org/10.1111/j.1467-8721.2006.00449.x. 目标设定理论涵盖了目标设定的有效性、情感联系、影响因素及其广泛的适用性,以及关于目标选择、呈现方式、群体动力学、个人特征及目标的意识与潜意识性质的最新研究,并对未来的探索提出了建议。

7. Locke, E. A., & Latham, G. P. (1990). *A theory of goal setting & task performance*. Prentice-Hall, Inc. 洛克和莱瑟姆的书详细介绍了具体且具有挑战性的目标如何提高绩效,并提供了 SMART 目标设定建议,以及在个人和组织层面培养目标导向型文化的策略。

8. Locke, E. A., & Latham, G. P. (2002). Building a practically useful theory of goal setting and task motivation: A 35-year odyssey. *American Psychologist*, 57(9), 705-717. https://doi.org/10.1037/0003-066X.57.9.705. 两位作者浓缩了 25 年来对目标设定理论的实证研究。他们概述了主要发现、目标如何发挥作用、影响目标效果的因素、目标与满意度之间的联系以及目标在激励机制中的调节作用。他们还探讨了该理论在现实世界中的相关性,讨论了未来的研究方向、该理论与其他理论的联系以及其局限性。

9. Sides, J. D., & Cuevas, J. A. (2020). Effect of goal setting for motivation, self-efficacy, and performance in elementary mathematics. *International Journal of Instruction*, 13(4), 1-16. https://doi.org/10.29333/iji.2020.1341a. 在一项研究中,设定目标提高了小学生的数学成绩,但其对学生的学习动机和信心的影响还需要进一步探索。

10. Zimmerman, B. J. (1989). A social cognitive view of self-regulated academic learning. *Journal of Educational Psychology*, 81(3), 329-339. https://doi.org/10.1037/0022-0663.81.3.329. 在考察学生自主学习的时候,研究人员从社会认知的视角探讨了三个关键过程:自我观察、评价和反应,强调个人、行为和环境因素对学业成功的影响。

11. Zimmerman, B. J., & Schunk, D. H. (Eds.). (1989). *Self-regulated*

learning and academic achievement: Theory, research, and practice. Springer-Verlag Publishing. https://doi.org/10.1007/978-1-4612-3618-4. 本书将重点从"为何"转向"如何"让学生取得成绩,审视了自我调节学习的不同视角,探讨了自我调节对学习动机、成绩和教学策略的影响。

12. Dotson, R. (2016). Goal setting to increase student academic performance. *Journal of School Administration Research and Development*, 1, 45-46. https://doi.org/10.32674/jsard.v1i1.1908. 面对学业压力和学生的冷漠,肯塔基州的一个农村学区利用目标设定来培养学生分担领导责任的能力,并提高学生的成绩。

13. Snyder, A. T. (2016). *Effects of graphing, goal setting, and conferencing on reading and math achievement.* [Dissertation *Effects of Graphing, Goal Setting, and Conferencing on Reading and Math Achievement.*]. https://www.proquest.com/docview/1766498645?sourcetype=Dissertations%20&%20Theses. 一项研究引入了每周一次的进度监测和目标设定,发现四年级学生的阅读流畅性和数学技能有了大幅度的提高,学生的动力也有所增强。

14. Kleinert, W. L., Silva, M. R., Codding, R. S., Feinberg, A. B., & St. James, P. S. (2017). Enhancing classroom management using the classroom check-up consultation model with in-vivo coaching and goal setting components. *School Psychology Forum: Research in Practice*, 11(1), 5-19. 一项研究证实了课堂考核方法在改善教师与学生互动及学生参与方面的有效性,表明了它在支持教师创造有效学习环境方面的价值。

第二部分

1. Anand, Y. P. (2019). *Mahatma Gandhi's leadership—Moral and spiritual foundations | Articles: On and By Gandhi.* Mkgandhi.org. https://www.mkgandhi.org/articles/sept081.htm. 甘地的领导力植根于真理、非暴力和精神信仰,强调道德行为和非暴力解决冲突的方法,旨在团结人民群众,推动持久的变革。

第六章

1. Strauss, V.（2020, June 21）. Analysis｜It looks like the beginning of the end of America's obsession with student standardized tests. *Washington Post*. https://www. washingtonpost. com/education/2020/06/21/it-looks-like-beginning-end-americas-obsession-with-student-standardized-tests/. 瓦莱丽·施特劳斯（Valerie Strauss）在《华盛顿邮报》的文章中指出，疫情和免试入学可能预示着美国教育将从标准化考试转向对批判性思维和创造力进行更全面的评估。

2. Spielberger, C. D., & Vagg, P. R.（1995）. Test anxiety: A transactional process model. In C. D. Spielberger & P. R. Vagg（Eds.）, *Test anxiety: Theory, assessment, and treatment*（pp. 3-14）. Taylor & Francis. 该研究探讨了考试压力和考试焦虑，强调"担心"和"情绪化"是其关键因素。该研究还创建了一个模型，帮助大家理解这些因素对学习成绩的影响。

3. Spielberger, C. D., Gonzalez, H. P., Taylor, C. J., Algaze, B., & Anton, W. D.（1978）. Examination stress and test anxiety. In C. D. Spielberger & I. G. Sarason（Eds.）. *Stress and Anxiety*（Vol. 5）. Hemisphere/Wiley. 本研究考察了考试焦虑对学生的心理影响，探讨了考试焦虑的原因、症状和应对策略，以便改善教育体验，提高教育成功率。

4. Plante, I., Lecours, V., Lapointe, R., Chaffee, K. E., & Fréchette-Simard, C.（2022）. Relations between prior school performance and later test anxiety during the transition to secondary school. *British Journal of Educational Psychology*. https://doi. org/10. 1111/bjep. 12488. 法裔加拿大学生在中学开始和结束时的考试焦虑与他们之前的数学和语言艺术成绩有关，这表明有针对性的支持可能是有益的。

5. Bischofsberger, L., Burger, P. H. M., Hammer, A., Paulsen, F., Scholz, M., & Hammer, C. M.（2021）. Prevalence and characteristics of test anxiety in first year anatomy students. *Annals of Anatomy – Anatomischer Anzeiger*, 236, 151719. https://doi. org/10. 1016/j. aanat. 2021. 151719. 一半的医学专业一年级学生经历过严重的考试焦虑，尤其是与担心和缺乏自信有关的焦虑，这突出了在这些领域进一步为学生提供支持的必要性。

6. Putwain, D. W., & Pescod, M. (2018). Is reducing uncertain control the key to successful test anxiety intervention for secondary school students? Findings from a randomized control trial. *School Psychology Quarterly*, 33(2), 283-292. https://doi.org/10.1037/spq0000228. 该研究表明，一项针对青少年的计划通过解决他们不确定的控制感来减少考试焦虑，这表明管理不确定性对帮助学生至关重要。
7. Whitaker Sena, J. D., Lowe, P. A., & Lee, S. W. (2007). Significant predictors of test anxiety among students with and without learning disabilities. *Journal of Learning Disabilities*, 40(4), 360-376. https://doi.org/10.1177/00222194070400040601. 该研究发现，有学习障碍（LD）的学生因考试焦虑而产生更多的"担心"和"分心"问题，这突出了为他们提供量身定制的策略的必要性，正如"儿童和青少年考试焦虑调查表"（TAICA）显示的那样。
8. Weems, C. F., Scott, B. G., Graham, R. A., Banks, D. M., Russell, J. D., Taylor, L. K., Cannon, M. F., Varela, R. E., Scheeringa, M. A., Perry, A. M., & Marino, R. C. (2015). Fitting anxious emotion-focused intervention into the ecology of schools: Results from a test anxiety program evaluation. *Prevention Science*, 16(2), 200-210. 本研究验证了一个以学校为基础的项目的有效性，该项目旨在减少问题少年的考试焦虑和相关的情绪症状，强调了它的实用性和对情绪发展和心理健康的积极的长期影响。
9. Yeo, L. S., Goh, V. G. & Liem, G. A. D. (2016). School-Based Intervention for Test Anxiety. *Child Youth Care Forum*, 45, 1-17. https://doi.org/10.1007/s10566-015-9314-1. 新加坡的一项研究表明，一个针对四年级学生的实用项目显著降低了他们的考试焦虑，这表明早期的、基于技能的干预措施可以有效地帮助孩子们控制他们的焦虑。
10. Chapell, M. S., Blanding, Z. B., Silverstein, M. E., Takahashi, M., Newman, B., Gubi, A., & McCann, N. (2005). Test anxiety and academic performance in undergraduate and graduate students. *Journal of Educational Psychology*, 97(2), 268-274. https://doi.org/10.1037/0022-0663.97.2.268. 该研究发现，在本科生和研究生中，考试焦虑与GPA之间存在轻微的负相关，女性的焦虑程度更高，但她们的GPA却高于男性，这凸显了焦虑与学业成绩之间的复杂关系。

11. von der Embse, N., Jester, D., Roy, D., & Post, J. (2018). Test anxiety effects, predictors, and correlates: A 30-year meta-analytic review. *Journal of Affective Disorders*, 227, 483-493. https://doi.org/10.1016/j.jad.2017.11.048. 一项针对1988年以来的研究进行的荟萃分析显示，考试焦虑对教育成果有轻微至中度的负面影响，而自尊是一个重要的预测因素，这突出表明有必要采取循证干预措施来减轻考试焦虑的影响。

12. Owens, M., Stevenson, J., Hadwin, J. A., & Norgate, R. (2014). When does anxiety help or hinder cognitive test performance? The role of working memory capacity. *British Journal of Psychology*, 105(1), 92-101. https://doi.org/10.1111/bjop.12009. 该研究证实，如果青少年处于高度焦虑状态，加上他们的工作记忆容量小，那就会严重影响他们的认知测试成绩，该结论突出了焦虑情绪和记忆容量对认知表现的复杂作用。

13. Cizek, G. J., & Burg, S. S. (2006). *Addressing test anxiety in a high-stakes environment*. Thousand Oaks, CA: Corwin. 这本书为解决考试焦虑提供了简明的解释和实用的技巧，涵盖了考试焦虑的定义、相关术语、研究成果、流行程度、与其他因素的联系、潜在的好处和缓解策略。

14. Kavakci, O., Semiz, M., Kartal, A., Dikici, A., & Kugu, N. (2014). Test anxiety prevalance and related variables in the students who are going to take the university entrance examination. *Dusunen Adam: The Journal of Psychiatry and Neurological Sciences*, 301-307. https://doi.org/10.5350/dajpn2014270403. 这项针对436名学生的研究表明，解决多动症、抑郁症和社交焦虑对于减少那些准备大学入学考试的学生的考试焦虑至关重要，这与性别和互联网使用情况有着显著的联系。

15. Aydin, U. (2019). Test anxiety: Gender differences in elementary school students. *European Journal of Educational Research*, 8(1). https://doi.org/10.12973/eu-jer.8.1.21. 这项使用"儿童考试焦虑量表"对414名四年级学生进行的研究揭示了考试焦虑影响中存在性别差异，女孩比男孩更容易产生焦虑的想法和身体反应，这表明在小学教育中需要采取针对性别敏感的策略。

16. Wren, D. G., & Benson, J. (2004). Measuring test anxiety in children: Scale development and internal construct validation. *Anxiety, Stress & Coping: An International Journal*, 17(3), 227-240. https://doi.org/10.1080/10615800412331292606. "儿童考试焦虑量表"的开发和验证满足了当代学龄儿童对考试焦虑测量方法的需求，通过广泛的测试证实了该量表在思想、身体反应和非任务行为方面的结构。

17. Sarason, S. B., Davidson, K., Lighthall, F., & Waite, R. (1958). *Test Anxiety Scale for Children (TASC)* [Database record]. APA PsycTests. https://doi.org/10.1037/t08002-000. 1958年开发的针对儿童的考试焦虑量表包含43个问题，事实证明该量表是可靠的，并且与学生的成绩、智商分数和教师对焦虑的观察结果相关，因此可以用来测量二年级至五年级儿童的考试焦虑。

18. Silverman W. K., Kurtines W. M., Ginsburg G. S., Weems C. F., Lumpkin P. W., Carmichael D. H. (1999). Treating anxiety disorders in children with group cognitive-behavioral therapy: A randomized clinical trial. *Journal of Consulting and Clinical Psychology*, 67, 995-1003. 临床试验表明，团体认知行为疗法（GCBT）组在改善儿童焦虑障碍方面显著优于对照组（候补名单），GCBT的疗效可持续12个月，这强调了进一步开发儿童焦虑症治疗措施的必要性。

19. Huntley, C., Young, B., Temple, J., Longworth, M., Smith, C., Jha, V., & Fisher, P. (2019). The efficacy of interventions for test-anxious university students: A meta-analysis of randomized controlled trials. *Journal of Anxiety Disorders*, 63, 36-50. https://doi.org/10.1016/j.janxdis.2019.01.007. 对涉及2209名大学生的44项研究进行的荟萃分析发现，干预措施（特别是行为疗法）有效地减少了考试焦虑，提高了学习成绩，不过，未来的研究应该设法解决这些方法和措施的长期有效性和报告质量问题。

第七章

1. Moeller, J., Brackett, M. A., Ivcevic, Z., & White, A. E. (2020). High school students' feelings: Discoveries from a large national survey and an experience sampling study. *Learning and Instruction*, 66, 101301. https://

doi. org/10. 31219/osf. io/f3k87. 一项涉及美国全国范围调查和经验抽样方法的研究显示，尽管高中生偶尔也会有积极的情绪，但他们主要还是体验到诸如疲惫、压力和无聊等负面情绪，这一发现对"睡眠剥夺流行病"和学校参与度研究具有重要影响。

2. Karabenick, S. A., & Berger, J. -L. (2013). Help seeking as a self-regulated learning strategy. In H. Bembenutty, T. J. Cleary, & A. Kitsantas (Eds.), *Applications of self-regulated learning across diverse disciplines: A tribute to Barry J. Zimmerman* (pp. 237-261). IAP Information Age Publishing. 齐默曼的研究强调，自我调节学习（SRL）不仅涉及个人努力，还涉及向他人寻求帮助，并提出了鼓励有效求助的策略，这是管理个人学习过程的重要组成部分。

3. Karabenick, S. A., & Dembo, M. H. (2011). Understanding and facilitating self-regulated help seeking. *New Directions for Teaching and Learning*, 2011(126), 33-43. https://doi. org/10. 1002/tl. 442. 许多学生在寻求必要的帮助时犹豫不决。在本章中，研究人员探讨了将寻求帮助作为独立学习策略的研究，并讨论了旨在鼓励学生有效使用求助策略的各种干预措施。

4. Fong, C. J., Gonzales, C., Hill-Troglin Cox, C., & Shinn, H. B. (2021). Academic help-seeking and achievement of postsecondary students: A meta-analytic investigation. *Journal of Educational Psychology*. 115 (1), 1-21. https://doi. org/10. 1037/edu0000725. 一项对涉及 37941 名大学生的 108 项研究进行的分析显示，主动求助与学业成功之间存在轻微但有意义的正相关关系，这凸显了求助的方式和类型对提高学习成绩和考试分数的重要性。

5. Roll, I., Aleven, V., McLaren, B. M., & Koedinger, K. R. (2011). Improving students' help-seeking skills using metacognitive feedback in an intelligent tutoring system. *Learning and Instruction*, 21 (2), 267-280. https://doi. org/10. 1016/j. learninstruc. 2010. 07. 004. 一项将一种名为"Help Tutor"的智能辅导工具引入几何辅导系统的研究发现，对学生在求助时犯的错误提供即时反馈可以改善学生的求助行为以及他们将这些技能应用于新科目的能力，这表明元认知辅导的有效性。

6. Hubbard, K., Reohr, P., Tolcher, L., & Downs, A. (2018). Stress, mental health symptoms, and help-seeking in college students. *Psi Chi Journal of Psychological Research*, 23(4), 293-305. https://doi.org/10.24839/2325-7342.JN23.4.293. 一项针对564名大学生的调查发现，来自个人、社会、学业和经济方面的压力对男性和女性的心理健康产生了不同的影响，尽管总体咨询率较低，但女性更有可能寻求心理健康支持，这凸显了高校更好地支持学生求助的必要性。
7. Algharaibeh, S. A. S. (2020). Should I ask for help? The role of motivation and help-seeking in students' academic achievement: A path analysis model. *Cypriot Journal of Educational Sciences*, 15(5), 1128-1145. https://doi.org/10.18844/cjes.v15i5.5193. 一项对来自约旦、沙特阿拉伯、阿联酋和叙利亚的437名大学生进行的调查发现，那些对学业真正感兴趣的学生更有可能寻求有效的帮助并取得更高的分数，这凸显了学习动机和适当求助对学业成功的重要性。
8. Mojaverian, T., Hashimoto, T., & Kim, H. S. (2013). Cultural differences in professional help seeking: A comparison of Japan and the US. *Frontiers in Psychology*, 3, 615. 最近的研究表明，文化规范影响着寻求支持的行为，与欧洲裔美国人相比，亚洲人和亚裔美国人较少倾向于寻求专业的心理帮助，这一趋势与文化烙印和人际关系模式有关。
9. Geis-Thöne, W. (2022). Kinder mit nicht deutschsprechenden eltern: Eine analyse auf basis des sozio-oekonomischen panels (SOEP). *IW-Trends-Vierteljahresschrift zur empirischen Wirtschaftsforschung*, 49(1), 111-132. 有数据显示，来自非德语家庭的父母的德语水平并不一定与其子女的学业成绩成正比，这表明了在融合政策中针对早期语言发展以解决教育差距问题的重要性。
10. Federal Interagency Forum on Child and Family Statistics (2019). America's children: Key national indicators of well-being, 2019. *U.S. Government Printing Office*. https://www.childstats.gov/pdf/ac2019/ac_19.pdf. 该报告对美国儿童和家庭的福祉进行了全面分析，显示了美国在医疗保健和教育方面取得的进步，同时也强调了贫困和安全等挑战，指出了制定以数据为依据的政策以改善儿童生活的必要性。

11. Silver, I. M., & Shaw, A. (2018). Pint-sized public relations: The development of reputation management. *Trends in Cognitive Sciences*, 22, 277-279. https://doi.org/10.1016/j.tics.2018.01.006. 直到最近,许多心理学家还认为年幼的孩子不会担心自己的名声。但现在的研究表明,儿童在 5 岁时就开始懂得名誉的重要性,并开始以复杂的方式影响他人对自己的看法。这一新信息引发了一些关于儿童如何发展这一重要的社交技能的有趣问题。

12. Zhao, L., Heyman, G. D., Chen, L., & Lee, K. (2017). Praising young children for being smart promotes cheating. *Psychological Science*, 28(12), 1868-1870. https://doi.org/10.1177/0956797617721529. 这项研究调查了表扬孩子聪明的潜在负面影响,比如动机降低和作弊的可能性增加,并与表扬努力的积极结果进行对比,以便了解不同类型的表扬如何影响学龄前儿童的道德决定。

13. Good, K., & Shaw, A. (2022). Being versus appearing smart: Children's developing intuitions about how reputational motives guide behavior. *Child Development*. https://doi.org/10.1111/cdev.13711. 一项针对 576 名 4~9 岁儿童的研究表明,随着儿童年龄的增长,他们越来越多地认为,那些注重表现自己有技能的同龄人很可能在失败时撒谎,而不愿意寻求他人的帮助或谦虚汇报自己的成绩,这样会影响他们的声誉管理和成就动机。

第三部分

1. The Editors of Encyclopedia Britannica. (2018). Marie Curie | Biography & Facts. In *Encyclopedia Britannica*. https://www.britannica.com/biography/Marie-Curie.

第八章

1. Ebbinghaus, H. (1885): Über das Gedächtnis. (n.d.). *Psychologie. lw. uni-Leipzig. de*. https://psychologie.lw.uni-leipzig.de/wundt/opera/ebbing/memory/GdaechtI.htm. 艾宾浩斯在《论记忆》(*On Memory*)一书中开创了实验记忆研究的先河,揭示了遗忘曲线、间隔效应和主动努力在学习和记忆中的重要性。

2. Osarumwense, J., & Omorogiuwa, K. (n. d.). (2020). *Contribution of cognitive learning strategy components to students' academic achievement in mathematics.* https://www. ijmsi. org/Papers/Volume. 8. Issue. 7/G08075158. pdf. 一项针对尼日利亚贝宁城 140 名中学生的研究发现，各种学习策略，尤其是练习，能显著提高数学成绩，因此研究人员建议加强练习以提高技能和减少焦虑。

3. Valle-Tourangeau, F., Sirota, M., & Villejoubert, G. (2013). Reducing the impact of math anxiety on mental arithmetic: The importance of distributed cognition. In *Proceedings of the Annual Meeting of the Cognitive Science Society* (Vol. 35, No. 35). 研究发现，交互性（比如在算术任务中使用可移动的代币）可以通过改变工作记忆的作用来减轻数学焦虑对学习成绩的负面影响，这表明外部辅助工具可以抵消焦虑的影响。

4. Ashcraft, M. H., & Krause, J. A. (2007). Working memory, math performance, and math anxiety. *Psychonomic Bulletin & Review*, 14, 243-248. https://doi. org/10. 3758/BF03194059. 本研究考察了高度数学焦虑对标准化考试成绩和工作记忆的不利影响，将其比作多任务处理的认知干扰，同时也考虑了发育因素和教育因素在数学焦虑形成中的作用。

5. Schmeck, R. R., & Ribich, F. D. (1978). Construct validation of the inventory of learning processes. *Applied Psychological Measurement*, 2(4), 551-562. https://doi. org/10. 1177/014662167800200410. 两项关于学习过程清单的研究表明，深度学习习惯与批判性思维及好奇心相关，而传统学习方法可能会阻碍批判性思维，这表明在批判性思维方面有困难的学生采用的是重复学习而不是深度学习。

6. Bird, C. M., Keidel, J. L., Ing, L. P., Horner, A. J., & Burgess, N. (2015). Consolidation of complex events via reinstatement in posterior cingulate cortex. *Journal of Neuroscience*, 35(43), 14426-14434. https://doi. org/10. 1523/jneurosci. 1774-15. 2015. 一项针对健康成年人进行的研究表明，通过口头或在核磁共振成像扫描过程中积极回忆事件，能显著提高记忆保持率。此外，大脑活动模式表明，这种积极的参与将新的经验与广泛的常识融合在一起，从而产生有意义但泛化的记忆。

7. Aggleton, J. P., & Brown, M. W. (1999). Episodic memory, amnesia, and the hippocampal-anterior thalamic axis. *Behavioral and Brain Sciences*, 22

(3),425-489. https://doi.org/10.1017/S0140525X99002034. 最近的一项研究通过关注"扩展海马系统"的损害，修正了对顺行性健忘症的理解，强调了海马通路和反馈机制在情节记忆的形成和回忆中的重要性，还指出了大多数健忘症病例都涉及海马和丘脑内侧-丘脑背侧系统的损伤，从而影响记忆的形成和识别。

8. Eichenbaum,H.(2001).The hippocampus and declarative memory: Cognitive mechanisms and neural codes. *Behavioural Brain Research*,127(1-2),199-207. https://doi.org/10.1016/s0166-4328(01)00365-5. 这一提议认为，海马是编码和组织个人经历以支持人类陈述性记忆的关键，其神经活动暗示了一个"记忆空间"，这是将情节记忆联系起来并灵活回忆的地方，突出了海马体在推理性的记忆回忆和跨情节的共同要素表征中的作用。

9. Luo,L.,Kiewra,K.A.,& Samuelson,L.(2016).Revising lecture notes: How revision, pauses, and partners affect note taking and achievement. *Instructional Science*,44(1),45-67. https://doi.org/10.1007/s11251-016-9370-4. 这项研究强调了修订笔记作为做笔记的关键步骤的重要性。研究发现，修订笔记的学生能增加更多的信息，在考试中得分更高，从而提高了学习效率，尤其是在休息时间与小伙伴一起修订笔记。

10. Bachhcl,R.,& Thaman,R.G.(2014).Effective use of pause procedure to enhance student engagement and learning. *Journal of Clinical and Diagnostic Research*,8(8). https://doi.org/10.7860/jcdr/2014/8260.4691. 在神经肌肉生理学讲座中加入短暂的休息时间进行讨论和笔记完善，即"暂停程序"，可显著提高医科一年级学生的长期记忆能力，83.6%的学生表示对讲座内容的记忆有所增强。

11. Kesici,Ş.,Erdoğan,A.,& Ahmet Kelesoglu Education Faculty,Selçuk University Meram.(2009).Predicting college students' mathematics anxiety by motivational beliefs and self-regulated learning strategies. *College Student Journal*,43(2),631-642. 该研究发现，大学生的考试焦虑和对自己学习和成绩的信心，以及他们对排练和阐释策略的使用，都能显著预测他们的数学焦虑水平，这凸显了动机信念和自我调节学习策略对数学焦虑的影响。

12. Pintrich, P. R. (2004). A conceptual framework for assessing motivation and self-regulated learning in college students. *Educational Psychology Review*, 16(4), 385-407. https://doi.org/10.1007/s10648-004-0006-x. 本文提出了一个基于自我调节学习观点的概念框架，用于评估大学生的学习动机和学习情况，提供了与学生学习方法（SAL）不同的视角，并建议将其用于开发测量工具和指导未来研究。

13. Brabeck, M., Jeffrey, J., & Fry, S. (2015). *Practice for knowledge acquisition (Not drill and kill)*. Apa.org. https://www.apa.org/education-career/k12/practice-acquisition. 本文强调了刻意练习（即有重点、有意识地重复学习新技能）对于培养各学科的专业知识至关重要，并将其与死记硬背的重复练习区分开来，同时指出了智力和动机在取得专业成就中的作用。

第九章

1. *Women in technology: Hedy Lamarr, the mother of Wi-Fi*. (2022, March 7). Thales Group. https://www.thalesgroup.com/en/worldwide/digital-identity-and-security/magazine/women-technology-hedy-lamarr-mother-wi-fi.

2. Anderson, J. R. (1983). A spreading activation theory of memory. *Journal of Verbal Learning & Verbal Behavior*, 22(3), 261-295. https://doi.org/10.1016/S0022-5371(83)90201-3. 记忆激活理论（ACT）认为，信息存储在认知单元中，随着练习的增多而加强，随着时间的推移而减弱，而记忆检索是通过网络内的激活扩散来实现的，这就解释了遗忘、练习的好处和记忆重建等现象。

3. Postman, L. (1976). Methodology of human learning. In W. K. Estes (Ed.), *Handbook of learning and cognitive processes* (Vol.3). Hillsdale: Erlbaum. 心理学研究将学习和记忆视为不同但相互关联的领域，尽管学习和记忆的性质和研究方法日益交织在一起，但两者的术语依然区分使用，这反映了在理论上将学习过程与记忆状态区分开来的必要性。

4. Hirshman, E. (2001). Elaboration in memory. *Elsevier EBooks*, 4369-4374. https://doi.org/10.1016/b0-08-043076-7/01498-4. 本文通过将新信息与现有知识联系起来，考察了阐释策略在增强记忆中的作用，讨论了它从基本的注意力模型到复杂理论的演变过程，以及它通过各种方法和实际应用对记忆保持的积极影响。

5. Hamilton, R. (2012). Elaboration effects on learning. *Encyclopedia of the Sciences of Learning*, 1103-1105. https://doi.org/10.1007/978-1-4419-1428-6_170. 本文强调"阐释"是一种认知策略,通过推理、类比或意象等方法将新信息与先验知识联系起来,从而提高学习效果,并强调学习者自行阐释以加深理解的重要性。

6. Pressley, M., McDaniel, M. A., Turnure, J. E., Wood, E., & Ahmad, M. (1987). Generation and precision of elaboration: Effects on intentional and incidental learning. *Journal of Experimental Psychology: Learning, Memory, and Cognition*, 13(2), 291-300. https://doi.org/10.1037/0278-7393.13.2.291. 该研究发现,在回答有关句子的问题时,成人有意无意地自己生成解释,与别人提供解释时相比,学习效率更高,尤其是通过自我生成的洞察力来提高学习效率的时候。

7. Slamecka, N. J., & Fevreiski, J. (1983). The generation effect when generation fails. *Journal of Verbal Learning & Verbal Behavior*, 22(2), 153-163. https://doi.org/10.1016/S0022-5371(83)90112-3. 该研究显示,生成"反义词组",无论生成成功与否,都能增强记忆,只是如果生成失败,识别率就会降低,这表明"未完成的生成"归咎于语义识别而不是表面特征,而识别测试更擅长检测这些未生成的元素。

8. Bartsch, L. M., Singmann, H., & Oberauer, K. (2018). The effects of refreshing and elaboration on working memory performance, and their contributions to long-term memory formation. *Memory & Cognition*, 46(5), 796-808. https://doi.org/10.3758/s13421-018-0805-9. 该研究区分了刷新和阐释对记忆的影响,发现刷新有助于即时记忆的保持,但不会增强记忆力,而阐释则有利于长期记忆,但不利于工作记忆,这对阐释在即时记忆保持中的优势作用提出了挑战。

9. Rohwer, W. D., Jr. (1973). Elaboration and learning in childhood and adolescence. In H. W. Reese (Ed.), *Advances in child development and behavior*. New York: Academic. 本章评估了学习和记忆中的阐释假说,通过线索的明确性对这些研究进行了整理,并指出了线索在不同发展阶段的有效性变化,建议开展进一步研究,以分离出激活特定认知过程的外部条件。

10. Levin, J. R. (1988). Elaboration-based learning strategies: Powerful theory = powerful application. *Contemporary Educational Psychology*, 13(3), 191-205. 本文概述了阐述法是一种通过添加有意义的元素来增强记忆的方法，经过 25 年的发展，阐述法已经成为一种有效的教育策略和培训计划，能够提高学生在不同学科和任务中的表现，并重点介绍了阐述法的理论发展和实际应用。

11. Rawson, K. A., & Van Overschelde, J. P. (2008). How does knowledge promote memory? The distinctiveness theory of skilled memory. *Journal of Memory and Language*, 58(3), 646-668. https://doi.org/10.1016/j.jml.2007.08.004. 本研究介绍了熟练记忆的独特性理论，提出知识不仅能改善组织处理，还能帮助区分组织环境中的项目，从而增强记忆。例如，对 NFL 了解程度高的人比对 NFL 了解程度低的人有更强的记忆能力，而这一现象在烹饪等对照领域中并没有观察到。

12. Bellezza, F. S., Richards, D. L., & Geiselman, R. E. (1976). Semantic processing and organization in free recall. *Memory and Cognition*, 4, 415-421. 针对 112 名大学生进行的一些实验表明，与单纯标记的单词相比，融入故事中的单词的记忆效果更好，尽管两者的组织层次相似。这表明有效的记忆不仅需要理解词义，还需要有意义的组织编排。

13. Mandler, G. (1979). Organization and repetition: organizational principles with special reference to rote learning. In L. G. Nilsson (Ed.), *Perspectives on Memory Research* (pp. 293-327). New York: Academic Press. 现代认知心理学强调组织是记忆的一个基本方面，它借鉴了格式塔理论，认为记忆的有效性是由信息的结构决定的，整体大于各部分的总和。这个概念尽管缺乏精确的假设，但却极大地影响了我们对记忆和认知的理解。

14. Kahl, B., & Woloshyn, V. E. (1994). Using elaborative interrogation to facilitate acquisition of factual information in cooperative learning settings: One good strategy deserves another. *Applied Cognitive Psychology*, 8(5), 465-478. https://doi.org/10.1002/acp.2350080505. 该研究发现，与独自阅读相比，六年级学生通过合作阐释式提问和单独阐释式提问学习动物知识的效果更好。此外，当学生根据已有知识使用科学正确的解释时，他们的长时记忆会得到增强，这突出说明了将新信息与已有知识整合起来学习的有效性。

15. Woloshyn, V. E., & Stockley, D. B. (1995). Helping students acquire belief-inconsistent and belief-consistent science facts: Comparisons between individual and dyad study using elaborative interrogation, self-selected study and repetitious-reading. *Applied Cognitive Psychology*, 9(1), 75-89. https://doi.org/10.1002/acp.2350090106. 研究表明,六年级和七年级的学生使用阐释式提问(EI),无论是单独还是与同伴一起,与使用其他学习方法的学生相比,他们在即刻到60天的时间间隔内,对与其信念一致和不一致的信息的学习效果都会更好,这突出表明了阐释式提问在增强记忆保持方面的有效性。

16. Greene, C., Symons, S., & Richards, C. (1996). Elaborative interrogation effects for children with learning disabilities: Isolated facts versus connected prose. *Contemporary Educational Psychology*, 21(1), 19-42. https://doi.org/10.1006/ceps.1996.0003. 一些针对有学习障碍的青少年的研究发现,阐释式提问能显著提高青少年对简单事实和缺乏详细解释的段落材料的回忆能力,但并不能提高他们对有详细阐述的段落的识别或理解能力,这凸显了该技巧因内容复杂程度而产生的不同功效。

17. Scruggs, T. E., Mastropieri, M. A., & Sullivan, G. S. (1994). Promoting relational thinking: Elaborative interrogation for students with mild disabilities. *Exceptional Children*, 60(5), 450-457. https://doi.org/10.1177/001440299406000507. 该研究表明,使用阐释式提问进行关联性思考的轻度残疾小学生在即时和延迟回忆方面的表现都优于对照组学生,尤其是那些能自己做出解释的学生,这突出表明了阐释式提问法在增强记忆方面的有效性。

18. Scruggs, T. E., Mastropieri, M. A., Sullivan, G. S., & Hesser, L. S. (1993). Improving reasoning and recall: The differential effects of elaborative interrogation and mnemonic elaboration. *Learning Disability Quarterly*, 16(3), 233. https://doi.org/10.2307/1511329. 该研究发现,有学习障碍或轻度智力迟钝的青少年在使用记忆辅助工具和阐释式提问时,对恐龙灭绝原因的记忆效果最好,优于直接教学和单独的阐释式提问法,这凸显了记忆辅助工具在针对有认知障碍的学生的教学中的潜力。

19. Kalyuga, S.（2009）. Knowledge elaboration: A cognitive load perspective. *Learning and Instruction*, 19, 402-410. 本文讨论了如何通过外部教学支持来增强认知负荷理论中用于管理复杂学习的长期记忆结构，并提出了针对个人学习者记忆结构量身定制的适应性学习环境，以便优化知识的阐释。

20. Wood, E., & Hewitt, K. L.（1993）. Assessing the impact of elaborative strategy instruction relative to spontaneous strategy use in high achievers. *Exceptionality*, 4（2）, 65-79. https://doi.org/10.1207/s15327035ex0402_1. 研究发现，成绩优秀的五年级、六年级学生在学习动物知识时，使用阐释式提问策略和自发策略的成绩相当，超过了使用重复策略的学生，这表明阐释式提问策略对于那些可能不会自然使用这种策略的学生来说是一种有价值的学习策略。

21. Wood, E., Willoughby, T., Bolger, A., Younger, J., & Kaspar, V.（1993）. Effectiveness of elaboration strategies for grade school children as a function of academic achievement. *Journal of Experimental Child Psychology*, 56（2）, 240-253. https://doi.org/10.1006/jecp.1993.1033. 研究发现，学习成绩中上等的五年级学生在学习动物知识时，使用阐释式提问法比使用重复法表现更好，而学习成绩较差的学生在各种策略上没有明显差异，这可能是由于缺乏相关知识来支持阐释式提问法的使用。

第十章

1. Mostafa El-Abbadi.（2019）. Library of Alexandria | Description, facts, & destruction. In *Encyclopædia Britannica*. https://www.britannica.com/topic/Library-of-Alexandria.

2. Kiewra, K. A.（2002）. How classroom teachers can help students learn and teach them how to learn. *Theory into Practice*, 41（2）, 71-80. https://doi.org/10.1207/s15430421tip4102_3. 研究人员发现，从书面文件中学习的学生表现得和传统面授班的学生一样好，两者都优于观看视频讲座的学生，而学生的参与程度和笔记质量被认为是造成考试分数差异的关键因素。

3. Chang, W. -C., & Ku, Y. -M. (2014). The effects of note-taking skills instruction on elementary students' reading. *The Journal of Educational Research*, 108(4), 278-291. https://doi.org/10.1080/00220671.2014.886175. 研究表明，为期五周的笔记教学计划显著提高了四年级学生记笔记的技能和阅读理解能力，尤其是对那些最初在阅读方面有困难的学生。

4. Wong, S. S. H., & Lim, S. W. H. (2021). Take notes, not photos: Mind-wandering mediates the impact of note-taking strategies on video-recorded lecture learning performance. *Journal of Experimental Psychology: Applied*, 29(1), 124-135. https://doi.org/10.1037/xap0000375. 一项涉及200名参与者的研究发现，在视频讲座中，与拍摄幻灯片或不做笔记相比，手写笔记能更好地保持记忆，减少走神，尽管参与者低估了手写笔记的效率，但这凸显了参与材料学习的重要性。

5. Beers, K. (2003). *When kids can't read: What teachers can do.* Bt Bound. 这本书强调了阅读对个人成长和社会贡献至关重要，探讨了阅读对认知和同理心的影响，并为提高儿童在理解、拼读和参与度方面的阅读技能提供了指导，旨在预防文盲、丰富生活，而不仅仅局限于考试成绩。

6. Mayer, R. E. (2021). Evidence-based principles for how to design effective instructional videos. *Journal of Applied Research in Memory and Cognition.* https://doi.org/10.1016/J.JARMAC.2021.03.007. 本文总结了梅耶（Mayer）在2020年关于有效教育视频制作的研究，强调了多媒体整合、连贯性、信号传递、空间和时间连续性、分段、预训练、模态偏好、个性化、语音、具身化和交互式提示符等策略，旨在通过迎合认知处理和记忆机制来优化学习。

7. Miyatsu, T., Gouravajhala, R., Nosofsky, R. M., & McDaniel, M. A. (2019). Feature highlighting enhances learning of a complex natural-science category. *Journal of Experimental Psychology: Learning, Memory, and Cognition*, 45(1), 1-16. https://doi.org/10.1037/xlm0000538. 关于岩石类别学习的研究表明，仅仅在照片下添加描述并不能增强学习效果；然而，直接将描述与特定的照片特征联系起来，显著提高了学生识别新岩石的能力（无论是立即识别还是两天后识别），这凸显了一种教授复杂类别知识的有效方法。

8. Fiorella, L., & Mayer, R. E. (2015). *Learning as a generative activity: Eight learning strategies that promote understanding.* Cambridge University Press. https://doi.org/10.1017/CBO9781107707085. 本书概述了八种有效的学习策略，即总结、映射、绘图、想象、自我测试、自我解释、教学与实施，并探讨了这些策略的认知基础、有效性、局限性和实际应用，强调学习者和教育者在新情境中应积极处理和应用信息。
9. Dunlosky, J., Rawson, K. A., Marsh, E. J., Nathan, M. J., & Willingham, D. T. (2013). Improving students' learning with effective learning techniques: Promising directions from cognitive and educational psychology. *Psychological Science in the Public Interest*, 14(1), 4-58. https://doi.org/10.1177/1529100612453266. 这本专著评估了10种学习技巧，强调了模拟考试和分段练习在各种情境下都非常有效，而像高亮显示和重读这样的技巧则被认为效果不佳。本专著旨在为学生和教育工作者提供最优的学习方法指导，并鼓励进一步的研究。
10. Fiorella, L., & Mayer, R. E. (2016). Eight ways to promote generative learning. *Educational Psychology Review*, 28(4), 717-741. https://doi.org/10.1007/s10648-015-9348-9. 文章讨论了生成式学习，介绍了基于维特罗克和梅耶的生成式学习模型的8种策略，即总结、映射、绘图、想象、自我测试、自我解释、教学与实施，以便帮助学习者利用现有知识吸收新信息并将其应用于新的场景，包括概述、研究审查、局限性、使用技巧和未来的研究方向。
11. Van Cog, T. (2022). The signaling (or cueing) principle in multimedia learning. In R. E. Mayer & L. Fiorella (Eds.), *The Cambridge handbook of multimedia learning* (3rd ed., pp. 221-230). Cambridge University Press. 本章综述了多媒体学习中的信号原则，表明了突出关键内容或其结构的线索，包括根据成绩优异者眼球运动而设计的提示，通过集中注意力和澄清信息组织方式来增强学习效果。
12. Ponce, H. R., Mayer, R. E., & Méndez, E. E. (2022). Effects of learner-generated highlighting and instructor-provided highlighting on learning from text: A meta-analysis. *Educational Psychology Review*, 34(2), 989-1024. https://doi.org/10.1007/s10648-021-09654-1. 一项对36项研究进行的荟萃分析发现，学生生成的重点标注可提高记忆力，但不能

提高理解力，而教师提供的重点标注则可提高记忆力和理解力，后一种方法对 K-12 学生和大学生的好处不同，这表明量身定制的重点标注策略可以优化学习效果。

13. Wissman K., Rawson L., & Pyc M. (2012). How and when do students use flashcards? *Memory*, 20(6), 568-579. 一项对 374 名大学生进行的调查着重探讨了自我测试实践的具体情况，结果显示，尽管学生重视练习以达到精通知识的目的，但他们往往忽视或误解间隔学习的好处，这为开发更有效的学习策略提供了启示。

14. Hartwig, M. K., & Dunlosky, J. (2012). Study strategies of college students: Are self-testing and scheduling related to achievement? *Psychonomic Bulletin & Review*, 19(1), 126-134. https://doi.org/10.3758/s13423-011-0181-y. 一项对 324 名本科生进行的调查将自我测试和重读与较高的 GPA 联系在一起，发现有效的学习规划以及避免夜间和限期学习习惯对学业成功至关重要。

15. Karpicke, J. D., Butler, A. C., & Roediger, H. L. III. (2009). Metacognitive strategies in student learning: Do students practise retrieval when they study on their own? *Memory*, 17(4), 471-479. https://doi.org/10.1080/09658210802647009. 研究表明，测试比重读更能促进学习。然而一项对 177 名大学生的调查发现，大多数人更喜欢重读而不是自我测试，这表明他们对有效学习策略存在误解，并可能高估了对教材的精熟程度。

16. Brown, P. C. (2014). *Make it stick*. https://doi.org/10.4159/9780674419377. 《认知天性：让学习轻而易举的心理学规律》(*Make It Stick*) 整合了认知心理学和不同学科的见解，提出了提高学习效率的策略。书中对那些实际上无效的常用学习习惯和练习方法提出了警告。这本书面向广泛的读者，包括学生、教育工作者、培训师、运动员，以及任何致力于持续学习和个人成长的人。

17. Entwistle, N. (2017). *Teaching for understanding at university*. Bloomsbury Publishing. 这本书考察了大学环境下学生学习的研究以及教学方法对学习质量的影响，然后讨论了这些研究结果对教学实践的意义。

18. Anderson, L. W., & Krathwohl, D. R. (2001). *A taxonomy for learning, teaching, and assessing*: *A revision of Bloom's taxonomy of educational*

objectives. Pearson. 更新后的布卢姆教育目标分类学提供了一个知识类型和认知过程的双焦点框架,由各个领域的专家设计,以便指导教育工作者应用基于标准的课程,整合学习,并评估 K-12 教育的教育成果。

19. Biggs,J. (n. d.). (2003). *Aligning teaching for constructing learning*. https://www. cardiff. ac. uk/__data/assets/pdf_file/0020/584030/Aligning-teaching-for-constructing-learning-John-Biggs-HEA. pdf. "建设性的契合"倡导一种教育方法,即协调课程目标、教学策略和评估方法,以确保学生通过与预期成果相契合的学习活动来积极主动地加深理解,从而使学生在不实现这些目标的情况下很难完成课程。

20. Tagg,J. (2003). *The learning paradigm college*. Bolton,MA: Anker Publishing. 作者建议,高等教育应该从以教学为中心的传统模式过渡到强调深刻理解和持续学习社区的学习范式,通过关注学生的长期成果来解决可扩展性问题。

21. Senzaki,S.,Hackathorn,J.,Appleby,D. C.,& Gurung,R. A. R. (2017). Reinventing flashcards to increase student learning. *Psychology Learning & Teaching*,16(3),353-368. https://doi. org/10. 1177/1475725717719771. 多项针对 500 多个参与者展开的、涵盖心理学入门课程的研究显示,强调记忆、理解和应用教科书信息的升级卡学习方法显著提高了考试成绩,这表明该方法有助于提高学生的学习成绩。

22. Craik,F. I. M. (2002). Levels of processing: Past,present … and future?*Memory*,10(5-6),305-318. https://doi. org/10. 1080/09658210244000135. 本文重新审视了克拉克和洛克哈特(Lockhart)于 1972 年提出的加工层次(LOP)理论的影响,回应了批评意见,并探讨了记忆的本质、短时记忆的作用、加工深度的测量以及编码-检索动态等话题,最后提出了包括表征层次在内的未来研究方向。

23. Karpicke,J. D.,& Blunt,J. R. (2011). Retrieval practice produces more learning than elaborate studying with concept mapping. *Science*,331(6018),772-775. https://doi. org/10. 1126/science. 1199327. 研究表明,与概念图等详细的学习技巧相比,检索练习(即回忆信息的行为)能更有效地促进有意义的学习和对科学概念的理解,突出了其对深度学习的有效性。

24. Karpicke, J. D., & Roediger, H. L. III. (2010). Is expanding retrieval a superior method for learning text materials? *Memory & Cognition*, 38(1), 116-124. https://doi.org/10.3758/MC.38.1.116. 关于扩展检索练习的研究发现，扩展和等间隔检索计划在长期记忆保持方面没有显著差异，尽管重复测试（特别是在有反馈的情况下）比单次测试更能增强记忆，这表明检索尝试的时机没有以前认为的那么重要。

25. Appleby, D. C. (2013). A flashcard strategy to help students prepare for three types of multiple-choice questions commonly found on introductory psychology tests. *Society for the Teaching of Psychology's Office of Teaching Resources*. http://www.teachpsych.org/Resources/Documents/otrp/resources/appleby13flashcard.pdf. 学生可以通过各类抽认卡来促进模拟考试、分段复习和理解，因此，升级版抽认卡可以帮助学生为心理学多选题考试做准备。

26. Vygotsky, L. S. (1978). Mind in society. *Mind in society: Development of higher psychological processes*, 1(1). https://doi.org/10.2307/j.ctvjf9vz4. 维果茨基的《社会中的心智》（*Mind in Society*）强调了"最近发展区"，即社会互动有助于学习者弥合靠自己努力取得的成就和靠别人指导取得的成就之间的差距，这也凸显了社会环境在认知发展中的关键作用。

27. Gronlund, N. E. (1998). *Assessment of Student Achievement*. Needham Heights, MA: Allyn & Bacon Publishing. 这本评估指南的第六版超越了课堂测试，提供了一种全面的方法来评估学生的学习成果，并通过综合评估来促进学生学习进步。

28. Banta, T. W., & Palomba, C. A. (1999). Assessment essentials planning, implementing, and improving assessment in higher education. San Francisco, California Jossey-Bass & Pfeiffer Imprints. https://www.wiley.com/en-us/Assessment+Essentials%3A+Planning%2C+Implementing%2C+and+Improving+Assessment+in+Higher+Education%2C+2nd+Edition-p-9781118903322. 班塔（Banta）和帕隆巴（Palomba）的最新版《评估要点》（*Assessment Essentials*）为高等教育评估提供了全面的资源，纳入了以问责制为重点的新内容和实践，以电子档案袋、评分标准和以学生为中心的评估为特色。

29. Shabiralyani, G., Hasan, K., Hamad, N., & Iqbal, N.（2015）. Impact of visual aids in enhancing the learning process case research: District Dera Ghazi Khan. *Journal of Education and Practice*, 6, 226-233. 巴基斯坦的一项研究发现，教师认为视频和图片等视觉辅助工具可以提高学生的注意力和阅读文学作品的积极性。

30. Sein, N. A.（2022）. Enhancing the educational environment: Improving student outcome using visual supports. *PANDION: The Osprey Journal of Research and Ideas*, 3(1), 7. 众所周知，学术支持有利于学习，但威洛格罗夫小学（Willow Grove Elementary）的一项研究表明，视觉支持在改善学术语言和成绩方面可能比影响学生行为更有效。

第十一章

1. Oliver, H., & Utermohlen, R.（1995）. An innovative teaching strategy: Using critical thinking to give students a guide to the future. 拉斯特学院（Rust College）的大学生在六周时间内利用批判性思维制订了个人战略计划，展示了结构化方法带来的进步。

2. Scalf, L.（n. d.）. Do students rely too much on technology? *Gfalls. Wednet. Edu.* https://www.gfalls.wednet.edu/site/default.aspx?FlexDataID = 2756&ModuleInstanceID = 2629&PageID = 1891&PageType = 3&RenderLoc = 0&ViewID = 7b97f7ed-8e5e-4120-848f-a8b4987d588f. 这篇社论以依赖网络资源、批判性思维减少和社交技能下降为由，反对在学校使用技术。

3. Scriven, M., & Paul, R.（1987）. Defining critical thinking. 8th *Annual International Conference on Critical Thinking and Education Reform.* http://www.criticalthinking.org/pages/defining-critical-thinking/766. 美国国家批判性思维卓越委员会（The National Council for Excellence in Critical Thinking）将"批判性思维"定义为：分析和评估信息以指导信仰和行动的规范过程，强调了知识价值观，并审视了思维结构。

4. Glaser, E. M.（n. d.）. Defining critical thinking. *The International Center for the Assessment of Higher Order Thinking*（ICAT, US）/*Critical Thinking Community.* Retrieved 22 March 2017. 爱德华·格拉泽（Edward Glaser）将"批判性思维"定义为一种深思熟虑的方法，包括逻辑推理的知

识，以及运用这些技能来评估证据、信念和论点的过程。

5. Clarke, J. (2019). *Critical dialogues: Thinking together in turbulent times*. Policy Press. 约翰·克拉克（John Clarke）通过与12位学者的对话，探索社会科学中的批判性思维，强调协作和对话思维胜过个人主义方法。

6. Stewart, W. (2014). *School leavers lack the critical thinking skills needed for university, exam board warns | Tes Magazine*. www.tes.com. https://www.tes.com/magazine/archive/school-leavers-lack-critical-thinking-skills-needed-university-exam-board-warns. 一项全球调查发现，绝大多数教师担心学生在进入大学时缺乏批判性思维能力。

7. Rios, J. A., Ling, G., Pugh, R., Becker, D., & Bacall, A. (2020). Identifying Critical 21st-Century Skills for Workplace Success: A Content Analysis of Job Advertisements. *Educational Researcher*, 49(2), 80-89. 这种对招聘广告的分析表明，沟通、协作和解决问题的技能需求很高，同时也凸显了广告需求与现有文献中强调的技能之间的差异。

8. Burrus, J., Mattern, K., Naemi, B. D., & Roberts, R. D. (2017). Building better students. In *Oxford Scholarship Online*. Oxford University Press. https://doi.org/10.1093/acprof:oso/9780199373222.001.0001. 这本书探讨了自动化时代的21世纪劳动力需求，强调了非认知技能和协作，帮助学生为未来工作做好准备。

9. Garvin, D. A., Alison Berkley Wagonfeld, & Kind, L. (2013). *Google's Project Oxygen: Do managers matter?* Hbs.edu. https://www.hbs.edu/faculty/Pages/item.aspx?num=44657. 谷歌的"氧气计划"始于一个关于管理者影响力的问题，并由此产生了一个提高管理技能的项目，现在正在寻求更广泛的应用。

10. Hatherley-Greene, P. (2018). Google finds STEM skills aren't the most important skills. *LinkedIn*. https://www.linkedin.com/pulse/google-finds-stem-skills-arent-most-important-hatherley-greene-phd/. 谷歌的"氧气计划"发现，预测成功的关键因素是软技能，而非STEM专业技能。

11. Forawi, S. A. (2016). Standard-based science education and critical thinking. *Thinking Skills and Creativity*, 20, 52-62. https://doi.org/10.1016/

j. tsc. 2016. 02. 005. 一项研究考察了实习教师对科学教育标准中批判性思维的看法，发现以过程为导向的标准比以内容为导向的标准需要更多的批判性思维。

12. Kay, K., & Greenhill, V. (2011). Twenty-first century students need 21st century skills. *Bringing Schools into the 21st Century*, 41-65. https://doi.org/10.1007/978-94-007-0268-4_3. 这一章探讨了如何让所有儿童掌握 21 世纪技能以适应全球经济的问题，介绍了"21 世纪技能伙伴关系"框架，并概述了其组成部分。本章还讨论了自我评估、专业发展和社区合作等实施策略。

13. Liu, O. L., Frankel, L., & Roohr, K. C. (2014). Assessing critical thinking in higher education: Current state and directions for next-generation assessment. *ETS Research Report Series*, 2014(1), 1-23. https://doi.org/10.1002/ets2.12009. 批判性思维对大学毕业生在全球劳动力市场的成功至关重要。

14. McPeck, J. E. (2016). *Critical thinking and education*. Routledge. https://doi.org/10.4324/9781315463698. 这本书分析了教育中的"批判性思维"，主张对其进行明确的定义，以便发挥其在应对课程挑战中的作用。

15. Halpern, D. F. (2003). *Thought & knowledge: An introduction to critical thinking* (4th ed.). Lawrence Erlbaum Associates Publishers. 这本最新版的书结合了学习策略、真实案例和学术研究，为学生提供了适应当代社会的批判性思维技能。

16. Stupnisky, R. H., Renaud, R. D., Daniels, L. M., Haynes, T. L., & Perry, R. P. (2008). The interrelation of first-year college students' critical thinking disposition, perceived academic control, and academic achievement. *Research in Higher Education*, 49(6), 513-530. https://doi.org/10.1007/s11162-008-9093-8. 本研究探讨了批判性思维倾向与学业控制感知之间的相互关系，以及它们各自对大学生学业成绩的影响。

17. Facione, P. A. (2000). The disposition toward critical thinking: Its character, measurement, and relationship to critical thinking skill. *Informal Logic*, 20(1). 虽然有研究表明，批判性思维能力和动机倾向之间存在联系，但预期的相关性并不明显，这也表明学生在培养认知技能的

同时还需要培养智力。

18. Biggs, J. (1988). The role of metacognition in enhancing learning. *Australian Journal of Education*, 32(2), 127-138. https://doi.org/10.1177/000494418803200201. 元认知模型强调学生对学习动机、任务和能力的意识，可以促进深度学习，将各种学习方法付诸实践，并在干预研究中提高学习成绩。

19. Ren, X., Tong, Y., Peng, P., & Wang, T. (2020). Critical thinking predicts academic performance beyond general cognitive ability: Evidence from adults and children. *Intelligence*, 82, 101487. https://doi.org/10.1016/j.intell.2020.101487. 本研究探讨批判性思维是否比普通认知能力更能预测学生的学业成绩。

20. Kennedy, M., Fisher, M. B., & Ennis, R. H. (1991). Critical thinking: Literature review and needed research. In L. Idol, & B. Fly Jones (Eds.), *Educational values and cognitive instruction: Implications for reform* (pp. 11-40). Hillsdale, NJ: Lawrence Erlbaum. 尽管最近开展了大量研究，但要对批判性思维在教育中的多面性进行综合评述，还是有难度的，因为该主题与各个学科都相关联。而这篇综述文章探讨了教育中批判性思维的重要方面和争议。

21. Maričić, S., & Špijunović, K. (2015). Developing critical thinking in elementary mathematics education through a suitable selection of content and overall student performance. *Procedia—Social and Behavioral Sciences*, 180, 653-659. https://doi.org/10.1016/j.sbspro.2015.02.174. 一项研究探讨了仔细选择教育内容是否能提高所有三年级学生的批判性思维能力，而不管他们的整体学习成绩如何。

22. Fong, C. J., Kim, Y. C., Davis, C. W., Hoang, T. V., & Kim, Y. W. (2017). A meta-analysis on critical thinking and community college student achievement. *Thinking Skills and Creativity*, 26, 71-83. 这项荟萃分析发现，批判性思维与社区学院学生的成功之间存在适度的正相关关系，但对男性和少数族裔学生的影响可能较弱。

23. Orhan, A. (2022). Critical thinking dispositions as a predictor for high school students' environmental attitudes. *Journal of Education in Science, Environment and Health*. https://doi.org/10.21891/jeseh.1056832. 这

项定量研究旨在探讨性别和父母教育背景对高中生批判性思维倾向和环境态度的潜在影响。研究发现，学生的批判性思维倾向在性别和父母教育背景方面没有显著差异，但女性的环境态度更为积极。参与度、成熟度和创新性是环境态度的重要预测因子。

24. Ghasemi, A., & Dowlatabadi, H.（2018）. Investigating the role of task value, surface/deep learning strategies, and higher order thinking in predicting self-regulation and language achievement. *The Journal of AsiaTEFL*, 15（3）, 664-681. https://doi.org/10.18823/asiatefl.2018.15.3.7.664. 本研究探讨了任务价值、学习策略、批判性思维和自我调节如何影响语言学习者的成绩。

25. León, J., Núñez, J. L., & Liew, J.（2015）. Self-determination and STEM education: Effects of autonomy, motivation, and self-regulated learning on high school math achievement. *Learning and Individual Differences*, 43, 156-163. https://doi.org/10.1016/j.lindif.2015.08.017. 本研究评估了自主性和自我调节学习如何促进高中生的数学成绩。

26. Villavicencio, F. T.（2011）. Critical thinking, negative academic emotions, and achievement: A mediational analysis. *The Asia-Pacific Education Researcher*, 20（1）, 1-1. https://ejournals.ph/article.php?id=4082. 该研究检验了控制–价值理论关于情绪对学业成绩在认知和动机方面影响的断言。

27. Ali, G., & Awan, R.-N.（2021）. Thinking based instructional practices and academic achievement of undergraduate science students: Exploring the role of critical thinking skills and dispositions. *Journal of Innovative Sciences*, 7（1）. https://doi.org/10.17582/journal.jis/2021/7.1.56.70. 本研究考察了理科生的批判性思维与学业成绩之间的关系。

第十二章

1. Flavell, J. H.（1979）. Metacognition and cognitive monitoring: A new area of cognitive-developmental inquiry. *American psychologist*, 34（10）, 906. 这项研究探讨了幼儿元认知能力（对自己思维的理解和监控）的有限性，以及进一步研究支持幼儿在这一领域发展的必要性。

2. Pintrich, P. R. (2002). The role of metacognitive knowledge in learning, teaching, and assessing. *Theory into practice*, 41(4), 219-225. 本文介绍了元认知知识的概念，强调了元认知在学习、教学和评估中的重要性。
3. Ohtani, K., & Hisasaka, T. (2018). Beyond intelligence: A meta-analytic review of the relationship among metacognition, intelligence, and academic performance. *Metacognition and Learning*, 13(2), 179-212. 这项利用荟萃分析进行的研究发现，即使在控制了智力因素之后，元认知仍然是学习成绩的一个微弱但重要的预测因子。
4. Conway, A. R., Cowan, N., Bunting, M. F., Therriault, D. J., & Minkoff, S. R. (2002). A latent variable analysis of working memory capacity, short-term memory capacity, processing speed, and general fluid intelligence. *Intelligence*, 30(2), 163-183. 本研究调查了一般流体智力与个人要素（如短期记忆容量、工作记忆容量和加工处理速度）之间的关系。工作记忆容量已成为预测青壮年一般流体智力的有力指标。
5. Neisser, U., Boodoo, G., Bouchard Jr, T. J., Boykin, A. W., Brody, N., Ceci, S. J., ...& Urbina, S. (1996). Intelligence: knowns and unknowns. *American psychologist*, 51(2), 77. 美国心理学协会的一个特别工作组审查了当前对智力的理解和知识差距，研究了智力的概念、测试分数、遗传和环境影响，并提出了未来的研究方向。
6. Sternberg, R. J. (Ed.). (2000). *Handbook of intelligence*. Cambridge University Press. 这本手册对"智力"进行了深入探讨，涵盖了智力的定义、评估方法、发展过程和社会影响。
7. Schraw, G., & Dennison, R. S. (1994). Assessing metacognitive awareness. *Contemporary Educational Psychology*, 19(4), 460-475. https://doi.org/10.1006/ceps.1994.1033. 研究人员开发了一个包含 52 个项目的评估工具，用于衡量成年人的元认知意识。
8. Dignath, C., & Büttner, G. (2008). Components of fostering self-regulated learning among students. A meta-analysis on intervention studies at primary and secondary school level. *Metacognition and learning*, 3(3), 231-264. 一项对 84 项研究的荟萃分析表明，自我调节学习干预措施是有效的，研究人员主导的计划和以数学为重点的方法收益更大。

9. Dignath, C., Buettner, G., & Langfeldt, H. P.（2008）. How can primary school students learn self-regulated learning strategies most effectively?: A meta-analysis on self-regulation training programmes. *Educational Research Review*, 3(2), 101-129. 一项荟萃分析证实，即使考虑到各种计划的特点和背景因素，在小学进行自我调节学习培训也是有效的。

10. Donker, A. S., De Boer, H., Kostons, D., Van Ewijk, C. D., & van der Werf, M. P.（2013）. Effectiveness of learning strategy instruction on academic performance: A meta-analysis. *Educational Research Review*, 11, 1-26. 一项荟萃分析发现，学习策略教学（尤其是元认知策略）可以提高学习成绩，其有效性在不同学科领域有所不同，使用自主开发的评估进行干预的效果更好。

11. de Boer, H., Donker, A. S., Kostons, D. D., & van der Werf, G. P.（2018）. Long-term effects of metacognitive strategy instruction on student academic performance: A meta-analysis. *Educational Research Review*, 24, 98-115. 相关的荟萃分析证实了元认知策略对学生成绩的积极影响，其持久效果有利于社会经济背景较差的学生，但干预措施不包括排练策略。

第四部分

1. *Jefferson's Masterpiece*.（2015, October 12）. The University of Virginia. https://www.virginia.edu/visit/grounds. 杰斐逊在弗吉尼亚大学建立了一个革命性的"学术村"，旨在促进学者们的知识交流和自我管理，推动知识发展，突破认知边界，为全人类谋福祉。

2. Lemack, C.（2018, August 30）. *Space and the "Breath of Art": How Out-of-This-World STEM Education Is Transforming Schools*. Space.com. https://www.space.com/41666-space-based-learning-transforms-education-industry.html. 这篇文章引用了弗兰克·劳埃德·赖特的《艺术的呼吸》（*Breath of Art*）一文中的名言。

3. Aurelius, M., & Spenser, A.（1968）. *The meditations of the Emperor Marcus Aurelius*. Oxford, Clarendon Press. 马可·奥勒留（Marcus Aurelius）的《沉思录》（*Meditations*）强调了控制自身判断的心灵力

量,从而引领人们收获内心的平静并过上有德行的生活。

4. Roque, Md. E. (n. d.) *Tell me and I forget*; *Teach me and I remember*; *Involve me and I learn : Navigation the way of teaching*. ResearchGate. https://www.researchgate.net/publication/352814977_Tell_me_and_I_forget_Teach_Me_and_I_Remember_Involve_Me_and_I_learn_Navigation_the_Way_of_Teaching. 这篇文章认为,"告诉我,我会忘记;教给我,我可能会记住;让我参与,我才能学会"出自本杰明·富兰克林之口。

第十三章

1. Corno, L. (2000). Looking at homework differently. *The Elementary School Journal*, 100(5), 529-548. 这篇文章认为,家庭作业超越了学术任务的范畴,影响着社会、文化和教育的方方面面,还能培养自我调节等基本技能。

2. Xu, J. (2008). Validation of scores on the homework management scale for middle school students. *The Elementary School Journal*, 109(1), 82-95. 一项研究证实了"作业管理量表"(HMS)在测量五种相互关联的学生自我调节技能(环境组织、时间管理、分心处理、动机监控和情绪调节)方面的有效性。

3. Xu, J. (2005). Purposes for doing homework reported by middle and high school students. *The Journal of Educational Research*, 99(1), 46-55. 与那些出于获得好成绩或避免惩罚等外在原因做作业的学生相比,出于内在原因做作业的学生(如想学习或进步)更有可能使用作业管理策略、积极完成家庭作业并取得更优异的成绩。

4. Xu, J., & Wu, H. (2013). Self-regulation of homework behavior: Homework management at the secondary school level. *The Journal of Educational Research*, 106(1), 1-13. 研究人员调查了影响中学生家庭作业管理的因素,发现学生的情感态度和作业兴趣是重要的预测因素。

5. Claessens, B. J. C., van Eerde, W., Rutte, C. G., & Roe, R. A. (2007). A review of the time management literature. *Personnel Review*, 36(2), 255-276. https://doi.org/10.1108/00483480710726136. 一篇针对32项时间管理研究的综述强调了时间管理与幸福感之间的联系,但对时间管理对绩效的影响提出了质疑,这表明需要进一步研究和更好的衡量方法。

6. Eilam, B. (2001). Primary strategies for promoting homework performance. *American Educational Research Journal*, 38(3), 691-725. 一项旨在提高有学习困难的七年级学生家庭作业成绩的研究发现，在向他们传授技术程序和基本认知技能之后，他们的家庭作业成绩有了显著而持续的提高。
7. Núñez, J. C., Suárez, N., Rosário, P., Vallejo, G., Valle, A., & Epstein, J. L. (2015b). Relationships between perceived parental involvement in homework, student homework behaviors, and academic achievement: Differences among elementary, junior high, and high school students. *Metacognition and Learning*, 10(3), 375-406. 一项研究发现，家长的家庭作业参与感、学生的家庭作业行为和学业成绩之间存在联系，年级越高关系越密切，这表明家庭作业行为在青少年时期起到了调节作用。
8. Núñez, J. C., Suárez, N., Rosário, P., Vallejo, G., Cerezo, R., & Valle, A. (2015a). Teachers' feedback on homework, homework-related behaviors, and academic achievement. *The Journal of Educational Research*, 108(3), 204-216. 本研究考察了教师的家庭作业反馈如何影响学生的家庭作业行为和学业成绩，发现那些感知到更多反馈的学生完成了更多的家庭作业，更好地管理了时间，最终取得了更高的成绩。
9. Britton, B. K., & Tesser, A. (1991). Effects of time-management practices on college grades. *Journal of educational psychology*, 83(3), 405. 这项研究发现，大学生的时间管理技能比SAT成绩更能预测他们的GPA，这表明时间管理技能对学业成绩的潜在影响。
10. Eslit, E. R. (2023). Thriving beyond the crisis: Teachers' reflections on literature and language education in the era of artificial ntelligence (AI) and globalization. *International Journal of Education and Teaching*, 3(1), 46-57. https://doi.org/10.51483/ijedt.3.1.2023.46-57. 尽管面临种种挑战，但教育工作者强调了通过文学和语言教育培养批判性思维、同理心和多语言能力的关键作用，为下一代迎接全球化、人工智能驱动的世界做好准备。
11. Xiong, L., Huang, X., Li, J., Mao, P., Wang, X., Wang, R., & Tang, M. (2018). Impact of indoor physical environment on learning efficiency in different types of tasks: A 3 × 4 × 3 full factorial design analysis. *International Journal of Environmental Research and Public Health*, 15(6), 1256.

一项研究探索了温度、噪声和照明对各种学习任务（感知、记忆等）的影响，发现这些因素对学习效率有明显影响（但不能解决问题），这表明最佳环境条件因任务类型而异。

12. Oksa, N. (2022). Reducing noise in classrooms supports learning. *Adapteo*. https://adapteo.com/insights/reducing-noise-in-classrooms-supports-learning/. 学校的噪声水平往往超过了噪声的建议值，因而对儿童的学习和身心健康产生了负面影响，这就凸显了采取隔音和小班授课等降噪策略的必要性。

13. Klatte, M., Bergström, K., & Lachmann, T. (2013). Does noise affect learning? A short review on noise effects on cognitive performance in children. *Frontiers in Psychology*, 578. 研究表明，接触噪声会阻碍儿童的学习和发展，影响他们的语言理解等短期任务，并可能影响他们的长期阅读成绩。

第十四章

1. Credé, M., & Phillips, L. A. (2011). A meta-analytic review of the motivated strategies for learning questionnaire. *Learning and Individual Differences*, 21(4), 337-346. 一项荟萃分析发现，学习动机策略问卷（MSLQ）通常可以预测大学成绩，但各个子量表的有效性不同，这表明可能有需要改进的地方。

2. Richardson, M., Abraham, C., & Bond, R. (2012). Psychological correlates of university students' academic performance: A systematic review and meta-analysis. *Psychological Bulletin*, 138(2), 353-387. https://doi.org/10.1037/a0026838. 一项为期13年的研究对7167篇文章进行了综述，确定了50个影响大学生GPA的因素，其中高中GPA、标准化考试和自我效能感等非智力因素表现出最强的关联。

3. Christopher, M. E., Miyake, A., Keenan, J. M., Pennington, B., DeFries, J. C., Wadsworth, S. J., Willcutt, E., & Olson, R. K. (2012). Predicting word reading and comprehension with executive function and speed measures across development: A latent variable analysis. *Journal of Experimental Psychology: General*, 141(3), 470-488. https://doi.org/10.1037/a0027375. 一项研究探索了儿童的不同认知技能和阅读能力之间的关系，发现工

作记忆和加工处理速度对单词阅读和理解都有独特的预测作用。

4. de Jong, P. F., Bitter, D. J. L., van Setten, M., & Marinus, E. (2009). Does phonological recoding occur during silent reading, and is it necessary for orthographic learning? *Journal of Experimental Child Psychology*, 104(3), 267-282. https://doi.org/10.1016/j.jecp.2009.06.002. 支持自主学习的相关研究案例,表明了默读过程中的语音转录对学习拼写至关重要。

5. Andersson, U. (2008). Mathematical competencies in children with different types of learning difficulties. *Journal of Educational Psychology*, 100(1), 48-66. https://doi.org/10.1037/0022-0663.100.1.48. 一项研究发现,数学学习困难的孩子在大多数数学领域(位值原理除外)表现不佳,这凸显了他们在回忆事实和解决文字问题方面的挑战。

6. Bull, R., & Scerif, G. (2001). Executive functioning as a predictor of children's mathematics ability: Inhibition, switching, and working memory. *Developmental Neuropsychology*, 19(3), 273-293. https://doi.org/10.1207/S15326942DN1903_3. 这项研究发现,执行功能较强的儿童,尤其是与抑制能力和工作记忆有关的执行功能较强的儿童,数学成绩较好,这表明这些技能对数学能力起着关键作用。

7. Lonigan, C. J., Lerner, M. D., Goodrich, J. M., Farrington, A. L., & Allan, D. M. (2016). Executive function of Spanish-speaking language-minority preschoolers: Structure and relations with early literacy skills and behavioral outcomes. *Journal of Experimental Child Psychology*, 144, 46-65. https://doi.org/10.1016/j.jecp.2015.11.003. 本研究探讨了西班牙语幼儿的执行功能,发现其执行功能结构与单语同龄人的结构相似,并且与他们在主导语言中的语言技能、识字能力和自我调节能力呈正相关。

8. McClelland, M. M., Cameron, C. E., Connor, C. M., Farris, C. L., Jewkes, A. M., & Morrison, F. J. (2007). Links between behavioral regulation and preschoolers' literacy, vocabulary, and math skills. *Developmental Psychology*, 43(4), 947-959. https://doi.org/10.1037/0012-1649.43.4.947. 这项研究发现,学龄前儿童较好的行为调节能力(包括抑制控制能力、注意力和工作记忆能力)预示着较强的识字、词汇和数学能力,这也表明了行为调节能力对早期学业成就的重要性。

9. Duncan, G. J., Dowsett, C. J., Claessens, A., Magnuson, K., Huston, A. C., Klebanov, P., ... & Japel, C. (2007). School readiness and later achievement. *Developmental Psychology*, 43(6), 1428. 该研究发现，早期学习技能，尤其是数学能力，其次是阅读能力和注意力，是日后阅读和数学成绩的最强预测因素，而社会情感因素的影响微乎其微。

10. Vitaro, F., Brendgen, M., Larose, S., & Trembaly, R. E. (2005). Kindergarten disruptive behaviors, protective factors, and educational achievement by early adulthood. *Journal of Educational Psychology*, 97(4), 617-629. https://doi.org/10.1037/0022-0663.97.4.617. 一项研究发现，幼儿园时期的多动症和注意力不集中是比攻击性行为和反抗行为更强的预测因素，会导致学生无法完成高中学业。然而，亲社会行为和积极的亲子教育可以减轻这些风险。

11. Spiegel, J. A., Goodrich, J. M., Morris, B. M., Osborne, C. M., & Lonigan, C. J. (2021). Relations between executive functions and academic outcomes in elementary school children: A meta-analysis. *Psychological Bulletin*, 147(4), 329-351. https://doi.org/10.1037/bul0000322. 一项大型荟萃分析发现，工作记忆始终能预测小学生的学习技能，而其他执行功能与学习成绩之间的联系则因技能和年龄而异。

12. Baumeister, R. F., Bratslavsky, E., Muraven, M., & Tice, D. M. (1998). Ego depletion: Is the active self a limited resource? *Journal of Personality and Social Psychology*, 74(5), 1252-1265. https://doi.org/10.1037/0022-3514.74.5.1252. 本研究通过探讨各种形式的自我调节如何消耗有限的"自控力储备"这一资源，进而导致后续任务表现下降，以此来探讨"自控力是有限资源"这一概念。

13. Job, V., Dweck, C. S., & Walton, G. M. (2010). Ego Depletion—Is It All in Your Head? *Psychological Science*, 21(11), 1686-1693. https://doi.org/10.1177/0956797610384745. 一系列研究发现，相信意志力是有限的（自我损耗），会导致自控力下降，而相信意志力是无限的则会防止自我损耗，这表明自控力可能受到信念而非有限资源的影响。

14. Kaushal, N., Bérubé, B., Hagger, M. S., & Bherer, L. (2021). Investigating the role of self-control beliefs in predicting exercise behaviour: A longitudinal study. *British Journal of Health Psychology*, 26(4), 1155-1175. 一

项研究发现，预测自主动机、习惯养成和运动意向的自我控制信念是有助于促进定期锻炼的干预措施，这表明增强自我控制信念作为一种可再生资源的潜力。

15. Francis, Z., Mata, J., Flückiger, L., & Job, V.（2021）. Morning resolutions, evening disillusions: Theories of willpower affect how health behaviours change across the day. *European Journal of Personality*, 089-020702096230. https://doi.org/10.1177/0890207020962304. 一项研究发现，相信意志力有限的人更有可能做出不健康的行为，比如吃零食、减少体育活动。这表明他们的信念影响了他们全天保持自我控制的能力。

第十五章

1. *Average hours per day parents spent caring for and helping household children as their main activity.*（2018）. Bls.gov. https://www.bls.gov/charts/american-time-use/activity-by-parent.htm. 美国统计局的统计数据显示了父母每天花在重点照顾和帮助孩子方面的平均时间。

2. Dotti Sani, G. M., & Treas, J.（2016）. Educational gradients in parents' child-care time across countries, 1965-2012. *Journal of Marriage and Family*, 78（4）, 1083-1096. 虽然父母陪伴对孩子的发展有积极影响，但研究表明，与受教育程度较低的父母相比，受教育程度越高的父母投入的时间越多，"教育差距"就越大，这引发了人们对不同社会阶层抚养孩子的公平性的担忧。

3. Leung, K. C.（2018）. An updated meta-analysis on the effect of peer tutoring on tutors' achievement. *School Psychology International*, 40（2）, 200-214. https://doi.org/10.1177/0143034318808832. 这项全面的荟萃分析发现，同伴辅导显著提高了辅导者的学业成绩（效应值为0.43），并确定了提高其有效性的具体因素，如科目、频率、持续时间和双人组合，从而弥补了现有研究的空白。

4. Uzezi, J. G., & Deya, G. D.（2017）. Relationship between peer group influence and students' academic achievement in Chemistry at secondary school level. *American Journal of Educational Research*, 5（4）, 350-356. 这项在尼

日利亚进行的研究发现，同龄人群体的影响与中学化学学生的学业成绩呈正相关，这表明在控制性别偏见的情况下，鼓励同龄人群体活动可能会带来益处。

5. Bankole, E. T., & Ogunsakin, F. C. (2015). Influence of peer group on academic performance of secondary school students in Ekiti State. *International Journal of Innovative Research and Development*, 4(1), 324-331. 这项在尼日利亚进行的研究没有发现同伴年龄、宗教信仰或人口统计学方面的重大影响，但强调了同伴关系、动机与中学学业成绩之间的潜在联系，表明有必要对父母参与等其他因素进行进一步研究。

6. Cauley, K. M., & McMillan, J. H. (2010). Formative assessment techniques to support student motivation and achievement. *The Clearing House: A Journal of Educational Strategies, Issues and Ideas* 83(1), 1-6. https://doi.org/10.1080/00098650903267784. 形成性评估策略赋予教育工作者收集信息、提供反馈和激励学生追求学习目标的能力，最终促进学业成就和参与度的提升。

7. Nicol, D. J., & Macfarlane-Dick, D. (2006). Formative assessment and self-regulated learning: A model and seven principles of good feedback practice. *Studies in Higher Education*, 31(2), 199-218. https://doi.org/10.1080/03075070600572090. 本研究在对现有研究进行重新诠释的基础上，提出了高等教育中有效反馈的七项原则，强调了通过培养学生自我评估和利用反馈的内在能力，将学生转变为自我调节的学习者。

8. Vygotsky, L. S. (1978). Mind in society. *Mind in society: Development of higher psychological processes*, 1(1). https://doi.org/10.2307/j.ctvjf9vz4. 维果茨基的《社会中的心智》强调了"最近发展区"，即社会互动有助于学习者弥合靠自己努力取得的成就和靠别人指导取得的成就之间的差距，这也凸显了社会环境在认知发展中的关键作用。

9. Bandura, A. (1977). Self-efficacy: Toward a unifying theory of behavioral change. *Psychological Review*, 84(2), 191-215. https://doi.org/10.1037/0033-295X.84.2.191. 该理论将干预措施与提高自我效能感和增强应对能力联系起来，从而解释和预测心理变化。它还强调效能感在驱动行为方面的关键作用，并建议采用各种疗法通过不同的机制提高自我效能感，从而达到积极的效果。

10. Walker, R. (2011). Sociocultural issues in motivation. In S. Jarvela (Ed.), *Social and Emotional Aspects of Learning*. Elsevier. 本文从个人主义的观点出发，探讨了动机的社会建构，强调了社会互动如何塑造目标、价值观并产生利益，从而影响协作行为和个人行为。

11. Xu, M., Morimoto, S., Hoshino, E., Suzuki, K., & Yasuyo Minagawa. (2023). Two-in-one system and behavior-specific brain synchrony during goal-free cooperative creation: An analytical approach combining automated behavioral classification and the event-related generalized linear model. *Neurophotonics*, 10(01). https://doi.org/10.1117/1.nph.10.1.013511. 这是一种结合计算机视觉和机器学习的新颖研究方法，简化了对社会互动过程中大脑活动的分析，揭示了合作游戏所特有的大脑同步化现象。

12. Sakaiya, S., Shiraito, Y., Kato, J., Ide, H., Okada, K., Takano, K., & Kansaku, K. (2013). Neural correlate of human reciprocity in social interactions. *Frontiers in Neuroscience*, 7. https://doi.org/10.3389/fnins.2013.00239. 这项研究调查了社会互动中互惠行为背后的大脑机制，揭示了与懂得回报的人互动会激活奖励和情感中心，而理解他们的互惠行为则涉及与心智化相关的大脑区域。

13. Schilbach, L., Timmermans, B., Reddy, V., Costall, A., Bente, G., Schlicht, T., & Vogeley, K. (2013). Toward a second-person neuroscience. *Behavioral and Brain Sciences*, 36(04), 393-414. https://doi.org/10.1017/s0140525x12000660. 社会神经科学领域提出了一种新的"第二人称"方法，强调有必要研究实时的社会互动，以便更好地理解这些情况下的大脑运作过程，从而可能为理解社会认知和精神疾病提供洞见。

14. Babiloni, F., Cincotti, F., Mattia, D., Mattiocco, M., Fabrizio, Tocci, A., Bianchi, L., Maria Grazia Marciani, & Astolfi, L. (2006). Hypermethods for EEG hyperscanning. *PubMed*. https://doi.org/10.1109/iembs.2006.260754. 脑电超扫描技术可以同时捕捉多人的大脑活动，揭示了合作游戏过程中每个人的前额叶区域之间的因果联系，为利用高分辨率脑电图技术研究社会互动提供了新的视角。

15. Guionnet, S., Nadel, J., Bertasi, E., Sperduti, M., Delaveau, P., & Fossati, P. (2012). Reciprocal imitation: Toward a neural basis of social interac-

tion. *Cerebral Cortex*, 22(4), 971-978. https://doi.org/10.1093/cercor/bhr177. 这项研究采用了"互动模仿"的方法，在社交互动过程中扫描参与者的大脑，结果显示，在模仿过程中，与预期和社交参与相关的区域活动增强。

16. Schilbach, L., Wohlschlaeger, A. M., Kraemer, N. C., Newen, A., Shah, N. J., Fink, G. R., & Vogeley, K. (2006). Being with virtual others: Neural correlates of social interaction. *Neuropsychologia*, 44(5), 718-730. https://doi.org/10.1016/j.neuropsychologia.2005.07.017. 这项fMRI研究使用虚拟角色来探索社交互动和观察过程中的大脑活动，揭示了与个人参与、观察和处理面部表情等社交线索相关的大脑中的独特区域。

17. Wood, D., Bruner, J. S., & Ross, G. (1976). The role of tutoring in problem solving. *Child Psychology & Psychiatry & Allied Disciplines*, 17(2), 89-100. https://doi.org/10.1111/j.1469-7610.1976.tb00381.x. 一项针对3~5岁儿童的辅导活动研究发现，辅导者有效地使用了简化任务、指导孩子解决问题、控制挫折感等互动策略来帮助孩子发展技能和解决问题。

18. Ryan, R. M., & Deci, E. L. (2000b). Self-determination theory and the facilitation of intrinsic motivation, social development, and well-being. *American Psychologist*, 55(1), 68-78. https://doi.org/10.1037/0003-066X.55.1.68. 本研究以自我决定理论为基础，考察了社会环境如何影响个人的动机和幸福感，强调了满足能力、自主性和亲情需求对促进自我激励和心理健康的重要性。

19. Fogarty, J. L., & Wang, M. C. (1982). An investigation of the cross-age peer tutoring process: Some implications for instructional design and motivation. *The Elementary School Journal*, 82(5), 451-469. https://doi.org/10.1086/461281. 从历史性辅助到现代教学活动，跨龄同伴辅导不断发展；从支持社会融合转变为促进主动学习，充分发挥学生的能力来提高辅导者的教学效果和被辅导者的积极性。

20. Harris, V. W., & Sherman, J. A. (1973). Effects of peer tutoring and consequences on the math performance of elementary classroom students.

Journal of Applied Behavior Analysis, 6(4), 587-597. https://doi.org/10.1901/jaba.1973.6-587. 本研究发现，无论学生是否接受过相同或相关问题的辅导，数学同伴辅导都能提高四年级和五年级学生的数学运算的准确度和数学成绩，对更广泛的问题解决技能也有潜在的益处。

21. Alegre, F., Moliner, L., Maroto, A., & Lorenzo-Valentin, G. (2019c). Peer tutoring in algebra: A study in Middle school. *The Journal of Educational Research*, 112(6), 693-699. https://doi.org/10.1080/00220671.2019.1693947. 这项研究表明，初中生在参加为期10周的同龄同伴辅导课程后，代数学习成绩大幅提高，而且超过87%的学生成绩得到了提升。

22. Gamlem, S. M. (2019). Mapping teaching through interactions and pupils' learning in mathematics. *SAGE Open*, 9(3), 215824401986148. https://doi.org/10.1177/2158244019861485. 这项研究发现，积极的课堂气氛、学生的参与度和更高质量的教学互动（尤其是在行为管理和促进讨论方面的互动）对九年级学生的数学成绩产生了积极的影响。

23. Britz, M. W. (1989). The effects of peer tutoring on mathematics performance: A recent review. *BC Journal of Special Education*, 13(1), 17-33. 该分析涵盖了从1980年到现在发表的关于同伴辅导对数学成绩影响的研究。结果表明，同伴辅导对辅导者和被辅导者都是有益的，尤其有利于成绩不佳、轻度残疾或社会弱势学生，可以显著提高他们的认知能力。

24. Morano, S., & Riccomini, P. J. (2017). Reexamining the literature: The impact of peer tutoring on higher order learning. *Preventing School Failure: Alternative Education for Children and Youth*, 61(2), 104-115. https://doi.org/10.1080/1045988x.2016.1204593. 这篇对残疾学生的同伴辅导的综述文章显示，在提高高阶思维技能方面，结果好坏参半。这里的效果可能取决于评估方法和比较条件，辅导者复杂的纠错行为可能会阻碍被辅导者的学习进程。

25. Robinson, D. R., Schofield, J. W., & Steers-Wentzell, K. L. (2005). Peer and cross-age tutoring in math: Outcomes and their design implications. *Educational Psychology Review*, 17(4), 327-362. https://doi.org/10.1007/s10648-005-8137-2. 这篇对以数学为重点的同伴辅导课程的综述

文章强调了各种族学生在学业和情感方面的积极成果，同时探索了课程特色和学生特征的影响力，并运用角色理论来解释一些惊人的发现。

26. Rohrbeck, C. A., Ginsburg-Block, M. D., Fantuzzo, J. W., & Miller, T. R. (2003). Peer-assisted learning interventions with elementary school students: A meta-analytic review. *Journal of Educational Psychology*, 95(2), 240-257. https://doi.org/10.1037/0022-0663.95.2.240. 这项荟萃分析发现，同伴辅助学习（PAL）能有效提高小学生的学业成绩，对低年级学生、城市学生、低收入家庭的学生和少数民族学生的益处更大。该分析还确定了互助奖励和学生自主学习等提高效率的措施的具体特征，并建议改变未来研究的重点。

27. Leung, K. C. (2015). Preliminary empirical model of crucial determinants of best practice for peer tutoring on academic achievement. *Journal of Educational Psychology*, 107(2), 558-579. https://doi.org/10.1037/a0037698. 一项新的荟萃分析纠正了以往研究的方法问题，证实同伴辅导能显著提高学习成绩，并确定了影响其有效性的因素（如辅导类型和参与者的水平），提出了最佳实践模型。

28. Moeyaert, M., Klingbeil, D. A., Rodabaugh, E., & Turan, M. (2019). Three-level meta-analysis of single-case data regarding the effects of peer tutoring on academic and social-behavioral outcomes for at-risk students and students with disabilities. *Remedial and Special Education*, 074193251985507. https://doi.org/10.1177/0741932519855079. 这项对单个案例研究进行的荟萃分析表明，同伴辅导可以改善需要额外支持的学生的学习成绩和社会行为结果，最初对学习成绩的影响较大，随着时间的推移，效果可能会越来越好。

29. Zeneli, M., Thurston, A., & Roseth, C. (2016). The influence of experimental design on the magnitude of the effect size-peer tutoring for elementary, middle and high school settings: A meta-analysis. *International Journal of Educational Research*, 76, 211-223. https://doi.org/10.1016/j.ijer.2015.11.010. 这项荟萃分析发现，同伴辅导对低年级学生特别有益，尤其是那些来自社会经济地位较低和少数民族背景的学生，其有效性受到研究设计和参与者特征等因素的影响。

30. Alegre, F., Moliner, L., Maroto, A., & Lorenzo-Valentin, G. (2020). Academic achievement and peer tutoring in mathematics: A comparison between primary and secondary education. *SAGE Open*, 10(2), 215824402092929. https://doi.org/10.1177/2158244020929295. 这项研究挑战了最近的其他研究结果。该研究发现，数学同伴辅导为小学生和中学生提供了类似的学习福利，尽管还需要进一步的研究来确认数学同伴辅导对低年级学生的潜在益处。
31. Topping K. J. (2009). Peer assessment. *Theory into Practice*, 48, 20-27. 同伴评价是一种"形成性评价"，可以让学生通过评价同伴的作业来相互学习，以便促进自我完善和发展基本技能，同时提供与教师反馈相似的益处，尽管学生的专业知识不如教师。
32. Yang, E. F. Y., Chang, B., Cheng, H. N. H., & Chan, T. -W. (2016). Improving pupils' mathematical communication abilities through computer-supported reciprocal peer tutoring. *Journal of Educational Technology & Society*, 19(3), 157-169. 与传统的学习方法相比，使用平板电脑进行互惠式数学同伴辅导提高了二年级学生的沟通技巧，并提高了他们数学创意成果的清晰度和准确性。
33. Ryan J. B., Reid R., Epstein M. H. (2004). Peer-mediated intervention studies on academic achievement for students with EBD: A review. *Remedial and Special Education*, 25(6), 330-341. 这篇综述文章考察了来自14项研究的证据，发现同伴介入型干预措施提高了EBD学生在各学科和各年级的学习成绩，尽管样本人口统计数据有限，而且针对此类人群的干预研究也有所减少。
34. Flores, M., & Duran, D. (2013). Effects of peer tutoring on reading self-concept. *International Journal of Educational Psychology*, 2(3), 297-324. https://doi.org/10.4471/ijep.2013.29. 这项研究揭示，在同伴辅导式阅读计划中担任辅导者的学生，在"阅读自我概念"方面有了显著提高，这得益于增强自我意识和提升潜力的阅读活动。
35. Stenhoff, D. M., & Lignugaris/Kraft, B. (2007). A review of the effects of peer tutoring on students with mild disabilities in secondary settings. *Exceptional Children*, 74(1), 8-30. https://doi.org/10.1177/001440290707400101. 研究人员发现，中学教育中的同伴辅导可以提高学生的学业成绩，尤其是轻度残疾学生的成绩，其辅导效果受到辅导者接受培训情况

的显著影响,但还需要进一步研究辅导者水平对普通班级和不同文化背景的学生的影响。

36. Cheng, Y. -C., & Ku, H. -Y. (2009). An investigation of the effects of reciprocal peer tutoring. *Computers in Human Behavior*, 25(1), 40-49. https://doi.org/10.1016/j.chb.2008.06.001. 这项研究发现,教育技术课程中的互惠式同伴辅导(RPT)对学生的成绩和学习动机并无显著影响,尽管它因促进合作和知识共享而受到赞赏,但却因过度的工作量和有限的互动而受到批评。

37. Moliner, L., & Alegre, F. (2020). Effects of peer tutoring on middle school students' mathematics self-concepts. *PLoS ONE*, 15(4), Article e0231410. https://doi.org/10.1371/journal.pone.0231410. 该研究发现,同伴辅导能显著提高中学生的"数学自我概念",平均提高13.4%,建议采用同龄人辅导、互惠式辅导,并缩短辅导时间,降低辅导频率。

38. Sutherland, K. S., & Snyder, A. (2007). Effects of reciprocal peer tutoring and self-graphing on reading fluency and classroom behavior of middle school students with emotional or behavioral disorders. *Journal of Emotional and Behavioral Disorders*, 15(2), 103-118. https://doi.org/10.1177/10634266070150020101. 该研究发现,将互惠式同伴辅导与阅读数据自我记录相结合,可以减少有情绪或行为障碍的初中生的捣乱行为,提高其积极参与程度,并改善其阅读流畅性,从而实现常规的阅读增长目标。

39. Leung, K. C. (2019). An updated meta-analysis on the effect of peer tutoring on tutors' achievement. *School Psychology International*, 40(2), 200-214. https://doi.org/10.1177/0143034318808832. 该研究主张来一场最新的荟萃分析。研究主题是同伴辅导活动对辅导者的学业进步的影响。结果显示效应量为 0.43,非常可观。该研究还确定了辅导者选拔、培训频率、学科重点和结构化方法等提高辅导效果的因素。

40. Ramani, G. B., Zippert, E., & Daubert, E. (2016). The influence of same- and cross-age peers on children's literacy and mathematical development. In *Handbook of social influences in school contexts: Social-emotional, motivation, and cognitive outcomes* (K. R. Wentzel & G. B. Ramani, Eds.). Routledge. 《学校情境中的社会影响手册》全面概述了社会关

系和环境如何影响儿童的学业和社会发展,并将理论框架与当前的研究成果结合起来,为教育心理学研究者和学生提供实践见解。

41. Alegre-Ansuategui,F. J.,Moliner,L.,Lorenzo,G.,& Maroto,A.(2017). Peer tutoring and academic achievement in mathematics: A meta-analysis. *Eurasia Journal of Mathematics, Science and Technology Education.* https://doi.org/10.12973/ejmste/79805. 一项对50个数学同伴辅导项目研究的荟萃分析显示,88%的数学同伴辅导项目提高了学习成绩,教育阶段、研究设计、项目持续时间、辅导者的专业知识、时间安排和样本量是影响效果的显著因素。

第五部分

1. Hall, S. (2017, March 16). *Kites rise on the wind: The origin of kites | Folklife Today.* Blogs.loc.gov. https://blogs.loc.gov/folklife/2017/03/kites-rise-on-the-wind/. 这篇博客文章为"风筝迎风而上,而不是顺风而上"这句引文提供了相关信息。

2. Potts, N. (n.d.). *"Discipline is chooing between what you want now and what you want most." Abraham Lincoln.* www.linkedin.com. https://www.linkedin.com/pulse/discipline-choosing-between-what-you-want-now-most-abraham-potts. 这篇文章强调通过使用艾森豪威尔矩阵和帕累托法则(即二八法则)来确定任务的优先次序,从而进行有效的时间管理,提倡集中精力开展影响力大的行动,排除干扰因素,重新掌控时间。

3. *Edison Quotes.* (n.d.). Thomas Edison. https://www.thomasedison.org/edison-quotes.

第十六章

1. Britannica, T. Editors of Encyclopaedia (2024, February 15). *J. K. Rowling. Encyclopedia Britannica.* https://www.britannica.com/biography/J-K-Rowling.

2. Duckworth, A. L., Peterson, C., Matthews, M. D., & Kelly, D. R. (2007). Grit: Perseverance and passion for long-term goals. *Journal of Personality and Social Psychology*, 92(6), 1087-1101. https://doi.org/10.1037/0022-3514.92.6.1087. 该研究表明,在不同领域的成功衡量标准中,坚毅力

（对长期目标的坚持和热情）可以解释约 4% 的差异。这表明，要实现具有挑战性的目标，除了天赋，还需要坚持不懈的努力。

3. Rimfeld, K., Kovas, Y., Dale, P. S., & Plomin, R.（2016）. True grit and genetics: Predicting academic achievement from personality. *Journal of Personality and Social Psychology*, 111（5）, 780-789. https://doi.org/10.1037/pspp0000089. 一项针对英国 4642 名 16 岁青少年的研究发现，虽然坚毅力（尤其是毅力方面）和自觉性具有遗传性，并对学业成绩产生影响。但坚毅力对 GCSE 考试成绩的预测价值远远低于其他人格特质。

4. Tang, X., Wang, M.-T., Guo, J., & Salmela-Aro, K.（2019）. Building Grit: The longitudinal pathways between mindset, commitment, grit, and academic outcomes. *Journal of Youth and Adolescence*, 48（5）, 850-863. https://doi.org/10.1007/s10964-019-00998-0. 一项针对 2018 名芬兰学生的研究显示，毅力作为坚毅力的一个组成部分，可以通过目标承诺而非成长型思维模式对学习成绩和学习参与度产生积极影响，这表明专注于增强目标承诺可能会更好地提高学习成绩。

5. Santos, I., Petroska-Beska, V., Carneiro, P. M., Eskreis-Winkler, L., Boudet, A. M., Berniell, M. I., Krekel, C., Arias, O., & Duckworth, A.（2022）. Can grit be taught? Lessons from a nationwide field experiment with middle-school students. *SSRN Electronic Journal*. https://doi.org/10.2139/ssrn.4233803. 在北马其顿开展的一项旨在提高六年级和七年级学生坚毅力和自我调节能力的大规模计划，结果喜忧参半；该计划提高了学生的自我调节能力和学习成绩（尤其是对弱势学生而言），但却降低了维持长期兴趣的能力（也就是坚毅力）。

第十七章

1. Eliot, C.（2019）. *The autobiography of Benjamin Franklin*. BoD—Books on Demand.

2. Blair, C., & Razza, R. P.（2007）. Relating effortful control, executive function, and false belief understanding to emerging math and literacy ability in kindergarten. *Child Development*, 78（2）, 647-663. https://doi.org/10.1111/j.1467-8624.2007.01019.x. 一项针对 141 名来自低收入家庭的学龄前儿童的研究发现，自我调节成分，尤其是抑制控制能

力，对幼儿园的数学和读写能力有着独立的促进作用，这表明教育计划应侧重于增强自我调节以支持学生的学业成功。
3. McClelland, M. M., Morrison, F. J., & Holmes, D. L. (2000). Children at risk for early academic problems: The role of learning-related social skills. *Early Childhood Research Quarterly*, 15(3), 307-329. https://doi.org/10.1016/S0885-2006(00)00069-7. 一项针对540名儿童的研究发现，学习相关的社交技能，特别是与工作相关的技能，对从幼儿园到二年级的学生的学习成绩有着显著的影响。工作相关的技能低与智商低、行为有问题和学习成绩较差有关，这强调了早期与工作相关的技能对学业成功的重要性。
4. Price, G. R., Mazzocco, M. M. M., & Ansari, D. (2013). Why mental arithmetic counts: Brain activation during single digit arithmetic predicts high school math scores. *Journal of Neuroscience*, 33(1), 156-163. https://doi.org/10.1523/jneurosci.2936-12.2013. 一项研究利用核磁共振成像技术，将高中阶段较高的数学能力与大脑中与算术事实检索相关区域的活动增加联系起来，这表明依赖记忆型算术策略比程序型算术策略更能提高数学能力。
5. Landry, S. H., Smith, K. E., & Swank, P. R. (2006). Responsive parenting: Establishing early foundations for social, communication, and independent problem-solving skills. *Developmental Psychology*, 42(4), 627. https://doi.org/10.1037/0012-1649.42.4.627. 一项提高产妇（尤其是出生时体重极轻婴儿的母亲）响应能力的干预措施显示，该措施对婴儿的社交、情感、沟通和认知能力发展有显著的益处，突出了响应式照料的重要作用。
6. Hillman, C. H., Erickson, K. I., & Kramer, A. F. (2008). Be smart, exercise your heart: Exercise effects on brain and cognition. *Nature Reviews Neuroscience*, 9(1), 58-65. https://doi.org/10.1038/nrn2298. 一项跨学科研究表明，有氧运动会对大脑功能和认知能力产生积极影响，这表明它是一生中促进身心健康的关键生活方式因素。
7. Gestsdottir, S., von Suchodoletz, A., Wanless, S. B., Hubert, B., Guimard, P., Birgisdottir, F., ... & McClelland, M. (2014). Early behavioral self-regulation, academic achievement, and gender: Longitudinal findings from

France, Germany, and Iceland. *Applied Developmental Science*, 18（2），90-109. 一项横跨法国、德国和冰岛的研究发现，儿童的自我调节能力得分越高，预示着他们的学习能力越强，但不同文化的儿童在自我调节能力方面存在差异，性别差异也很明显，这既表明了教育的普遍性，也表明了特定文化对教育的影响。

8. Koh, J., Farruggia, S. P., Back, L. T., & Han, C.-w.（2022）. Self-efficacy and academic success among diverse first-generation college students: The mediating role of self-regulation. *Social Psychology of Education: An International Journal*. Advance online publication. https://doi.org/10.1007/s11218-022-09713-7. 这项针对3316名多元化的大一新生的研究显示，自我效能感通过自我调节对学业成功的影响，在不同的代际地位和种族之间存在差异，这凸显了针对性干预的重要性。

9. Diamond, A., Barnett, W. S., Thomas, J., & Munro, S.（2007）. Preschool program improves cognitive control. *Science*, 318（5855），1387-1388. https://doi.org/10.1126/science.1151148. 在低收入城市进行的一项研究表明，"思维工具"课程显著提高了学龄前儿童的执行功能，该课程对学龄前儿童的入学准备比智商或基本学术技能更为重要。

10. Elhusseini, S. A., Tischner, C. M., Aspiranti, K. B., & Fedewa, A. L.（2022）. A quantitative review of the effects of self-regulation interventions on primary and secondary student academic achievement. *Metacognition and Learning*, 17(3), 1117-1139. 一项对50年来46项研究的荟萃分析表明，自我调节干预可以显著提高学生在数学、阅读和写作方面的学业成绩，这表明实施自我调节干预对学生的学业成绩大有裨益。

第十八章

1. Dweck, C. S.（2002）. Messages that motivate. *Improving Academic Achievement*, 37-60. https://doi.org/10.1016/b978-012064455-1/50006-3. 社会心理学证明，改变学生对智力的看法（从认为智力是静态的转变为智力是可扩展的）可以显著提高他们的积极性、韧性和成就感，鼓励他们培养一种拥抱学习和克服挑战的成长型思维模式。

2. Mueller, C. M., & Dweck, C. S.（1998）. Praise for intelligence can undermine children's motivation and performance. *Journal of Personality*

and Social Psychology,75(1),33. https://doi.org/10.1037/0022-3514. 75.1.33. 研究表明，表扬学生的智力而不是他们的努力，会导致他们面对挫折时的毅力、乐趣和表现下降，形成一种将智力视为不可改变的固定型思维模式。

3. Vygotsky, L. S. (1978). Mind in society. *Mind in society: Development of higher psychological processes*,1(1). https://doi.org/10.2307/j.ctvjf9vz4. 维果茨基的《社会中的心智》强调了"最近发展区"，即社会互动有助于学习者弥合靠自己努力取得的成就和靠别人指导取得的成就之间的差距，这也凸显了社会环境在认知发展中的关键作用。

4. Limeri, L. B., Carter, N. T., Choe, J., Harper, H. G., Martin, H. R., Benton, A., & Dolan, E. L. (2020). Growing a growth mindset: Characterizing how and why undergraduate students' mindsets change. *International Journal of STEM Education*,7,1-19. 一项针对高年级 STEM 学生的研究表明，面对学业挑战，尤其是像有机化学这样的严格课程，他们往往会将思维模式转变为对智力的固定信念，这表明促进成长型思维模式的干预措施可以显著提高学业成绩。

5. Miller, H. B., & Srougi, M. C. (2020). Using metacognitive strategies to improve academic performance in biochemistry. *BioRxiv (Cold Spring Harbor Laboratory)*. https://doi.org/10.1101/2020.07.08.193649. 一项针对生物化学课程高年级本科生的研究发现，虽然旨在促进成长型思维模式的干预措施并没有改变学生的思维模式，但却使他们的学习态度更加积极，并提高了期末考试的批判性思维成绩，这表明这些干预措施可以提高具有挑战性科目的学习成绩。

6. Yeager, D. S., Hanselman, P., Walton, G. M., Murray, J. S., Crosnoe, R., Muller, C., ... & Dweck, C. S. (2019). A national experiment reveals where a growth mindset improves achievement. *Nature*,573(7774),364-369. 一项针对美国中学生的全国性研究表明，一种基于网络的、旨在促进成长型思维模式的简短干预大大提高了成绩较差学生的成绩，并增加了高等数学课程的报名率，尤其是在那些有同伴支持干预原则的学校，突出了支持性环境对教育策略有效性的影响。

7. Lurie, L. A., Hangen, E. J., Rosen, M. L., Crosnoe, R., & McLaughlin, K. A. (2022). Reduced growth mindset as a mechanism linking childhood trauma

with academic performance and internalizing psychopathology. *Child Abuse & Neglect*,105672. 一项针对408名10~18岁青少年的研究发现,旨在促进成长型思维模式的干预可以减轻童年逆境（尤其是威胁）对学业和心理健康的不利影响,因为研究表明,较低的成长型思维与较差的学业成绩以及较高的焦虑和抑郁有关,这凸显了此类干预应对逆境相关挑战的重要性。

8. *Edison Quotes*.（n. d.）. Thomas Edison. https://www.thomasedison.org/edison-quotes.

9. Wolken,D.（n. d.）. *Giannis Antetokounmpo puts Bucks' NBA playoff "failure" in perspective with honest answer*. USA TODAY. https://www.usatoday.com/story/sports/columnist/dan-wolken/2023/04/27/giannis-puts-bucks-playoff-failure-perspective-raw-answer/11753021002/.扬尼斯·阿德托昆博（Giannis Antetokounmpo）强调了积极心态和韧性在他面对密尔沃基雄鹿队季后赛挑战时的重要性。他倡导关注过程和成长,而不仅仅是结果,并将挫折作为未来成功的基础,为应对职业体育的起起落落提供了一个鼓舞人心的视角。

第十九章

1. Cabrera,D.（2018,January 3）. *The whole story of Beethoven's deafness—The California Symphony*. The California Symphony. https://www.californiasymphony.org/composer/beethoven/the-whole-story-of-beethovens-deafness/.卡布雷拉（D. Cabrera）在加利福尼亚交响乐团网站上发表的文章深入探讨了路德维希·凡·贝多芬克服耳聋的非凡能力,突出强调了他在听力严重受损的情况下,仍以无坚不摧的精神和创新的方法创作出令人敬佩的古典音乐作品。

2. Ding,Y.,Liu,R. D.,Xu,L.,Wang,J.,& Zhang,D.（2017）. Working memory load and automaticity in relation to mental multiplication. *The Journal of Educational Research*,110（5）,554-564.该研究探讨了心算如何影响学生的工作记忆负荷和自动性,发现低工作记忆负荷和高自动性可提高解题速度和准确性,这些效果在成绩较差的学生中更为明显。

3. Waitzkin,J.（2008）. *The art of learning：An inner journey to optimal per*

formance. Free Press. 在《学习之道》(The Art of Learning) 一书中，乔希·维茨金（Josh Waitzkin）分享了他在国际象棋和武术竞技中的心得体会，强调了注重长远发展而非眼前成败的重要性，展示了持久的挑战如何能够带来巨大的成就。

4. Logan, G. D. (1988). Toward an instance theory of automatization. *Psychological Review*, 95 (4), 492-527. https://doi.org/10.1037/0033-295X.95.4.492. 本文提出了一种理论，将自动化视为在稳定环境中通过实践开发特定领域知识库的过程。它根据幂函数的变化规律来解释任务速度加快和变异性下降的原因，并为自动性提供了一个新的视角。

5. Bergs, A. (2018). Learn the rules like a pro, so you can break them like an artist (Picasso): Linguistic aberrancy from a constructional perspective. *Zeitschrift Für Anglistik Und Amerikanistik*, 66 (3), 277-293. https://doi.org/10.1515/zaa-2018-0025. 该研究深入探讨了语言创造力，以毕加索的名言"只有像专家一样学习规则，才能像艺术家一样打破规则"作为指导原则，探索了遵守语言规范与创造性地超越语言规范之间的平衡。

6. Wang, Q., Ding, Y., & Yu, Q. (2018). Working memory load and automaticity in relation to problem solving in college engineering students. *Journal of Engineering Education*, 107 (4), 636-655. https://doi.org/10.1002/jee.20233. 这项涉及 31 名工程专业学生的研究表明，无论工作记忆负荷如何，高度的自动性都能显著提高解决静力学或结构分析问题的成绩，这突出了自动性在教育策略中的重要性。

7. De Ridder, I., Vangehuchten, L., & Gomez, M. S. (2007). Enhancing automaticity through task-based language learning. *Applied Linguistics*, 28 (2), 309-315. https://doi.org/10.1093/applin/aml057. 安特卫普大学对中级西班牙语学生进行的一项研究显示，与传统的交际课程相比，基于任务的学习显著提高了自动化程度，展示了该方法能有效提高任务执行的速度和效率，而无须有意识地努力。

8. *Grigori Yakovlevich Perelman—Biography*. (n. d.). Maths History. https://mathshistory.st-andrews.ac.uk/Biographies/Perelman/.

9. *About Teodor Currentzis*. (n. d.). Teodor Currentzis. http://www.teodorcurrentzis.com/index.php/about/.

第二十章

1. *Grigori Yakovlevich Perelman—Biography*.（n.d.）. Maths History. https://mathshistory.st-andrews.ac.uk/Biographies/Perelman/.

2. Csikszentmihalyi, M., Rathunde, K., & Whalen, S.（1997）. *Talented teenagers: The roots of success and failure*. Cambridge University Press. 这本书详细介绍了一个研究项目，该项目对200多名资优青少年进行了为期四年的跟踪调查，旨在揭示一个现象：在类似的情况下，为什么有些青少年坚持不懈地发展自己的才能，而其他同样有潜力的同龄人却中断了学习，无法提高自己的技能。

3. Fong, C. J., Zaleski, D. J., & Leach, J. K.（2015）. The challenge-skill balance and antecedents of flow: A meta-analytic investigation. *The Journal of Positive Psychology*, 10(5), 425-446. 一项针对28项研究的荟萃分析显示，挑战和技能的平衡状态与心流之间存在适度的相关性，而与内在动机之间的联系较弱，这突出表明了这种平衡以及明确的目标和控制对于在各种情况下促进心流状态的重要性。

4. Kong, S., & Wang, Y.（2021）. The influence of parental support and perceived usefulness on students' learning motivation and flow experience in visual programming: Investigation from a parent perspective. *British Journal of Educational Technology*. https://doi.org/10.1111/bjet.13071. 该研究通过1196位家长观察其6~12岁的孩子在编程展上的表现，揭示了父母的感知和支持可以增强学生在视觉编程中的学习动机和心流体验，对缺乏创造性倾向的学生的影响更为明显，这凸显了家长积极参与的重要性。

后记　培育终身学习的园地

当我们接近这一变革旅程的终点时,我们正站在一个新起点的边缘,这是一个由我们播下的知识和成长的种子所塑造的未来。在"老园丁和小园丁"中,我们谈到了园丁在培育和滋养种子方面的作用。学生就像一颗种子,拥有无穷的潜能,等待着我们去栽培和培育。他们带着与生俱来的好奇心和对知识的渴求,开始了一生的探索之旅。他们的成长得益于学习动机、任务价值、控制信念、自我效能感以及有意义的目标的设定,这些都是他们教育经历的坚实基础。

然而,种子的成长需要园丁的培育,这就是教育者的作用所在。教育者就像一位技艺精湛的耕耘者,为学生提供必要的知识、指导和支持以促进他们在智力、情感和社交方面的发展。

我们旅程的序幕还介绍了"学校大楼"模型,这是一个概括了学习多方面内容的框架。它是我们的指导蓝图,为我们的探索和理解奠定了基础。从学习动机、任务价值、控制信念、自我效能感和目标设定等学习基础出发,我们穿过校门,面对考试焦虑等障碍,掌握求助的技能。

穿过校门，我们来到了学校的橱窗前，在这里，我们瞥见了一个深度互动的世界。在这里，我们深入研究了排练、阐释、组织、批判性思维和元认知技能。这些技能让我们与知识建立了深刻而有意义的联系，并将信息转化为智慧。

继续前行，我们来到了学校的墙壁前，这里为我们提供了结构框架和支撑体系。时间和空间管理让我们懂得了分清轻重缓急的重要性，同时也为我们创造了一个最佳的学习环境，培养我们专注而富有成效的学习。努力程度调控策略指导我们平衡资源。同伴学习策略促进合作和集体成长。

最后，我们登上了学校大楼的屋顶，这是我们教育之旅的顶峰。在这里，我们遇到了保护我们免受挑战、推动我们终身学习的品质，那就是"坚毅力"，即克服困难的坚定决心，让我们充满了韧性。我们致力于自我调节，学会了管理时间和集中精力，进一步促进了我们的成长历程。我们秉持成长型思维模式，明白自己的能力可以通过奉献和努力得到发展。自动性使我们能够毫不费力且高效地完成任务，为高阶思维腾出精神空间。此外，在学习过程中体验"心流"的时刻，会给我们带来一种和谐感和深度参与感，使我们的教育之旅不仅仅是一条求知之路，更是一种充实的体验。

我们终于登上了学校大楼的顶端，这标志着我们的校园生活进入了一个高潮。在这里，我们发现了帮助我们面对挑战、终身学习的重要特质。勇气，即克服困难的坚强意志，让我们更加坚韧不拔。学会规划时间、集中精力工作有助于我们成长。我们相信只要努力就能进步，因此，我们发现自己的技能可以变得更好。我们还善于轻松快速地完成一些任务，这让我们能够思考更复杂的想法。此外，在学习过程中找到乐趣并深深融入其中，让我们的学习之旅不仅仅是为了获得知识，而是真正有所收获。

现在，当我们回顾这段历程时，我们明白教育并不局限于学校的墙壁或书本的纸页。教育远不止于此，而是渗透到我们生活的方方面面。我们在此探讨的课程和原则，是我们更深入了解自己和周围世界的垫脚石。当我们结束这本书时，请记住，终身学习的旅程永远不会真正结束。这是一个不断成长、适应和探索的过程。我们播种和培育的种子将在我们与世界交往、寻求知识、争取个人和集体进步的过程中结出硕果。

愿这本书成为灵感和指导的源泉，使学生和教育者能够接受他们作为教育园丁的角色。让我们共同培育一个终身学习的园地，在这里，我们求知若渴，我们思维开阔，我们播下的知识种子让世界变得更加丰富多彩。

作者简介

1. 阿蒂姆·津琴科

阿蒂姆·津琴科（Artyom Zinchenko）
认知神经科学博士

阿蒂姆·津琴科博士是一位颇有成就的作家兼认知神经科学家，在该领域拥有丰富的经验。他在德国马克斯－普朗克研究所的莱比锡分所获得了认知神经科学博士学位，研究重点是情绪和认知冲突处理。

津琴科博士现在是慕尼黑路德维希－马克西米利安大学的一名研究员和教员，他的研究兴趣包括视觉搜索过程中的"认知－情感"互动和长期记忆引导的注意力。他使用多种神经生理学方法来支持自己的研究，如经颅磁刺激、脑电图、皮肤电导、眼动追踪和脑电图、功能磁共振成像联合方法。

津琴科博士在研究工作之外，还是一位经验丰富的教师，他曾教授脑电图方法、认知神经科学和数据分析课程。他还致力于向高中生介绍认知神经科学。

津琴科博士是两个孩子的父亲，他喜欢辅导孩子们学习，这也激励他自己继续学习。他目前正在学习机器学习、统计学和应用程序设计等领域的新知识。

2. 苏宪平

苏宪平（Wallace Panlilio II）

教育心理学博士

苏宪平博士拥有教育心理学哲学博士学位，专攻线上学习、最佳学习实践和育儿话题。他曾就读于著名的菲律宾大学，在该校学习期间积累了丰富的知识和经验。

苏宪平博士与教育机构合作，致力于提高菲律宾的教育质量，他曾在一所 IB 世界学校担任校长长达 14 年。他的同事们将他视为有远见的人，并对他在教育领域的专业知识和创新精神表示赞赏。他在推动教育机构的终身学习、成长和成功方面发挥了重要作用。

除了教育工作，苏宪平博士还投身于数字经济领域，是一位经验丰富的商人，在数字化企业私营有限公司（Digital Ventures Pte. Ltd.）担任董事，他的工作使命是通过数字出版和平台计划促进创新创业。

作为一名终身学习者，苏宪平博士和他的妻子谢丽尔（Sheryl）一起周游世界，追求更多彩的生活和学习。他还是一名初露锋芒的公开水域游泳运动员，在过去几年中完成了许多 1～10 公里的游泳项目。

解锁学生增强学业韧性的秘诀
智慧学习（智学）的核心从家庭转移到了课堂

在成功推出《超级聪明的学习者：揭秘培养孩子学业成功

的原则和策略（父母版）》之后，我们很高兴推出其配套产品，《超级聪明的学习者：揭秘培养学生学业韧性的原则和策略（教师版）》。教师版建立在父母版的基础上，但开辟了其独特的空间，重点是赋予教师将智慧带入课堂的能力。

目标：支持教师培养超级聪明的学习者

如果说父母版为家长提供了家庭方面的帮助，那么，教师版则旨在帮助教育者引导学生成为课堂上超级聪明的学习者。本书探讨了教师在塑造学生的智力和未来方面发挥着至关重要的作用，将教育心理学和认知神经科学的真知灼见融为一体，专门用于课堂教学。本指南作为教师教学过程中的搭档，旨在改进教育方法，为学生提供更丰富的学习体验。

内容：将科学与实用策略相结合

本书根植于教育心理学和认知神经科学，内容既科学合理，又具有可操作性。每一部分都提供了策略和见解，帮助教师从认知和情感方面挖掘有效学习的方法。无论是提升批判性思维和创造力，还是提高记忆力和积极性，本书都充满了基于研究的实用建议。

参与和行动：延伸到课堂之外

鉴于我们认识到了教育不断发展的性质，本书侧重于现实世界的应用，其中包括：

- 鼓励教师反思和成长的自我反思问题。
- 具有启发性和洞察力的故事,展示了有效的"教与学"动态。
- 实用可行的策略,鼓励教师为学生营造一个具有支持性的学习环境。

续集与超越:创建学习生态系统

《超级聪明的学习者:揭秘培养学生学业韧性的原则和策略(教师版)》是以《超级聪明的学习者:揭秘培养孩子学业成功的原则和策略(父母版)》为基础的宝贵资源。除此以外,"智学品牌"下的更多资源(如评估、线上课程、研讨会、有声读物、播客和练习册等)也在开发之中,有望扩大支持范围和学习机会。这一正在进行的努力标志着一个不断扩展的系列的开始,旨在为教育者、家长和学习者提供广泛的资源和丰富的生态系统。这一举措致力于通过全面的教育方法培养未来一代智慧学习者。

结束语:致力于卓越教育

教育是一段旅程,教师作为学生成功的设计师,在其中扮演着至关重要的角色。本书体现了我们对卓越教育的执着追求,将理论知识与实际应用相结合以增强教师的能力。让我们携手合作,把每间教室都变成智慧、好奇心和终身学习的中心。